改革开放与创新发展理论和实践丛书

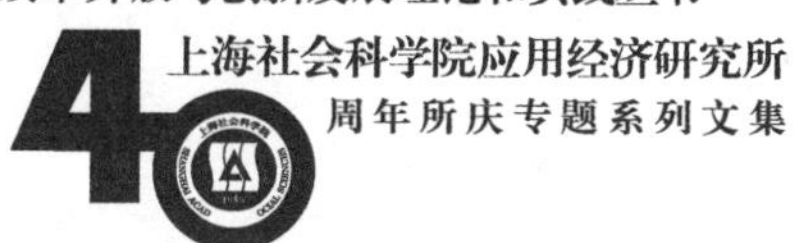

经济循环与增长

基于投入产出理论和方法的研究

徐赟◎著

内容提要

本书分为理论篇和实证篇。理论篇简要梳理了西方经济学在经济循环和经济增长思想方面的发展脉络，力图折射出投入产出理论形成的历史定位和理论价值。实证篇主要针对1997年东亚金融危机后至2008年全球金融危机前我国的经济循环和增长情况，围绕主导产业演进与技术升级、经济增长与收入分配、区域经济联动与产业转移这三大关系展开实证分析，力争反映出投入产出分析理论作为实证分析工具的现实意义。

本书适合经济学专业的本科和研究生，以及相关理论工作者阅读和参考。

图书在版编目(CIP)数据

经济循环与增长：基于投入产出理论和方法的研究/徐赟著.
—上海：上海交通大学出版社，2018
ISBN 978-7-313-20298-7

Ⅰ.①经… Ⅱ.①徐… Ⅲ.①投入产出—影响—中国经济—经济增长—研究 Ⅳ.①F124.1

中国版本图书馆CIP数据核字(2018)第235938号

经济循环与增长——基于投入产出理论和方法的研究

著 者：徐 赟
出版发行：上海交通大学出版社　　地 址：上海市番禺路951号
邮政编码：200030　　电 话：021-64071208
出 版 人：谈 毅
印 制：常熟市文化印刷有限公司　　经 销：全国新华书店
开 本：710mm×1000mm 1/16　　印 张：13.75
字 数：257千字
版 次：2018年9月第1版　　印 次：2018年9月第1次印刷
书 号：ISBN 978-7-313-20298-7/F
定 价：58.00元

编　委　会

前言

经济循环思想得益于医学对生物体血液循环和生物体结构的认识深化，自解剖学者威廉·配第(William Petty)将相关医学理念引入经济学研究后，为经济学研究采用自然科学的研究方法架起了一座“浮桥”，量化、实证等自然科学的研究手法在经济学研究领域得以发展。如同研究血液循环和机体结构对研究生物体存续的重要性一样，研究经济循环对研究经济体可持续发展也是不可或缺的。尤其对于发展中经济体而言，好比处在成长发育阶段的幼稚生命体，厘清其在成长过程中血液循环和机体结构的成长变化特征，不仅有助于理解生命体的成长规律，而且有益于聚焦成长过程中的病灶对症施药，同样研究经济循环与增长在促进发展中经济体的经济建设方面意义非凡。处于不同发展阶段的经济体，其内外的经济循环具有不同的相互关联的性质和特点，因而也具有不同的经济结构。而由于经济结构不同，往往导致不同的收入分配结构，从而影响经济体的投资利润率和增长速度。

本书以经济循环与增长为主题，有两个主要理由。一是对任何经济学派而言，这个题目都是绕不开的研究核心，有必要基于各自的学派理论，论述对此经济发展基本问题的认知与理解。不断深化对经济循环与增长的理论探讨，不仅对实际的宏观经济调控政策具有一定的指导或借鉴意义，同时在简要梳理各学派论断的基础上，展开相关实证分析检验其论断的有效性又具有重要的理论意义；二是笔者的工作单位有意开设投入产出理论的专项课程，这个选题可以与实际教学直接联系起来，便于笔者口后的教学工作，对笔者而言具有重要的现实意义。在当下我国以西方经济学为主流的经济学科建设中，投入产出理论被认为是经济统计学的一种数量统计分析工具，对其作为一种重要的经济理论思想不被经济学专业的本科生所理解。事实上，投入产出分析理论的创始者，华西里·列昂契夫(Wassily W. Leontief)教授在综合继承了瓦尔拉斯的联立方程式、魁奈的经济“解剖图”和配第注重实证的理念的基础上，从1931年开始研制美国的投入产出表，大大推进了一般均衡理论在计量与实证方面的应用，因其投入产出分析理论对经济学发展的卓越贡献，于1973年获得了诺贝尔经济学奖。

投入产出理论及其分析方法，不仅适用于产业结构分析，其分析框架摄取了诸多主流经济理论的精华，承载了从古典政治经济学到马克思经济学，进而到凯恩斯宏观经济学等一系列经济分析框架的思想要素，其在多部门乘数、多部门生产函数和多部门经济增长理论方面，对凯恩斯宏观经济学理论、新古典经济学理论以及新剑桥学派经济学理论都做了有益的补充，使多部门经济学理论的研究在复杂的现实世界中，越来越显示出经济理论作为研究工具的价值。在实证应用方面，本书主要着眼于主导产业演进与技术升级、经济增长与收入分配、区域经济联动与产业转移这三大关系的研究，运用投入产出分析理论分析了1997年东亚金融危机后至2008年全球金融危机前我国经济循环和增长情况，作为本书的实证部分用以反映投入产出分析理论作为实证分析工具的现实意义。

回顾我国经济发展的历程，在改革开放初期，为加快调整产业结构、提升产业技术，我国政府首先尝试了积极进口的方法。大量的进口的确会造成外贸收支不平衡的问题，但从提升产业技术的角度而言，其意义是不容忽视的。出口导向型发展路径的成功条件是贸易品国际竞争力的比较优势，而产业技术的改良和创新是提高贸易品比较优势的重要途径之一。在高端技术产业相对不发达，高附加价值商品的国际竞争力相对劣势的情况下，依托具有比较优势的商品出口，侧重出口导向型发展路径的同时，重视高端产业商品的进口，以高附加价值的回报促进国内市场的竞争，把握好生产技术的溢出效应，带动主导产业的技术升级，引导主导产业向高端发展是促进产业结构升级的有效路径。为此，本书构建了一种既可以把握经济增长和产业结构、贸易结构这三者之间关联，又可以反映技术升级情况的模型，意在图示分析期内主导产业的外贸依存变化，通过揭示带动经济增长和产业结构变化的主导产业的中间投入品进口贸易的变化，解释主导产业技术升级的情况。

值得注意的是，我国经济在经受了东亚金融危机后，虽然通过加大财政投资力度，提高对外开放水平，成功推动了产业结构优化，使产业结构呈现出从农业和劳动密集型制造业向资本密集型和技术密集型制造业升级，出口结构也出现相应升级的良好发展趋势。但是，在此期间我国经济也经历了一段长期消费增长低迷的发展过程。在快速实现工业化、主导产业领先发展的此消彼长中，农业渐渐呈现出发展动力不足、产业比重萎缩的态势。就分析城乡收入差距而言，本书从经济循环的角度，分析了农村居民消费支出增长低速的原因。从我国经济结构调整的角度看，城乡结构和区域产业结构是结构调整的核心内容。通常，一个经济体内部的区域间不存在国境问题。与国际相比，区际的生产要素和商品更具有流动性，但是现实中区际的贸易壁垒仍然存在。若按传统的贸易分工理论，区域产业结构的变化更加富有专业化分工的特征。不过,如果参照发展经济学的各类“追赶”战略理论,区域产业结构也可能更趋“同构化”。本书对1997—2007年间上海、浙江和江苏的主导产业展开比较分析,区分对外贸易和省际贸易对长三角区域内三地的经济增长的不同影响;并考察全国各省市1997—2007年10年间的区位商的变化,直观地把握全国各省市间各部门的比较优势的变化;对长三角各地区的产业结构的升级优化与雁阵模型经验的吻合程度展开研究,从而梳理长三角区域各地主导产业的演变趋势,并分析各地产业结构的异同,为探讨未来如何推动长三角区域内产业协同发展提供实证依据和政策建议。

需要说明的是,本书三大关系的实证分析都是基于笔者之前的研究成果修改而成,所以在分析时间上未能反映出近年来我国经济增长和经济循环的相关特征。特别是经历了2008年全球金融危机之后,我国经济发展逐步进入“三期叠加”的特殊时期,即增长速度换挡期、结构调整阵痛期和前期刺激政策消化期,未来我国经济发展是否会跌入“中等收入陷阱”成为经济学界关注的热点问题之一。毋庸置疑,贯彻好五大发展理念,牢牢把握住一切可能提升我国高新产业技术的机会,不断增加经济增长中科技的含金量,稳步促进供给侧结构性改革,是未来我国经济发展的核心内容。为此,笔者会在未来的研究中,继续围绕我国经济增长和经济循环的主题,深入研究全球经济一体化进程出现放缓后的世界经济分工体系的变化,对我国国民收入可持续增长造成的影响。由于笔者水平有限,书中存在的差错望读者不吝赐教。最后,感谢教育部青年基金项目“国内外价值链演变机制的研究”(项目号:15YJC790120)、上海社会科学院对本书的资助。

目录

第二篇 实证篇

导论

自弗朗斯瓦·魁奈(François Quesnay)首创“经济表”(Tableau Économique)，为世人提供了展现经济体中血液(价值)循环的图式之后，马克思继承和发展了“经济表”的图表范式，并在此基础上完成了用数学公式表达的表式，为后世留下了著名的再生产表式，让我们对经济循环的单纯再生产和扩大再生产有了进一步的认识。马克思很早就注意到分配和生产的紧密关系，不仅认为生产关系决定分配关系，而且认为分配对生产具有反作用，并将这种关系与社会扩大再生产相结合。马克思的扩大再生产(经济增长)理论以及积累与消费按比例发展的理论，不仅揭示了自由市场经济发展的内在规律，为社会主义国家的收入分配制度奠定了理论基础，也对现代西方宏观经济学，特别是新剑桥学派的发展产生了重要影响。

显然，马克思对再生产表式的研究给出一个重要启示，即对静态的经济循环研究不仅必需而且重要，但这并不影响进一步从动态的角度研究经济在循环中增长扩张的机制和路径。20 世纪 30 年代，英国经济学家凯恩斯运用国民收入总量概念对宏观经济进行了开创性的研究，在其名著《就业、利息和货币通论》(*The General Theory of Employment, Interest, and Money*)中详细阐明了其宏观经济思想理论并建立了宏观经济模型。该书的分析工具基本是静态的，即只就同一时点对经济数量间的关系进行分析，但它在经济分析史上的地位却又与它对宏观动态学的推动具有密切联系，即对不同时点间的宏观经济数量间的关系分析起到了推动作用。

在凯恩斯的静态体系中，乘数理论在连接消费、投资和收入之间的关系上发挥了重要作用。虽然总量分析的框架不存在任何逻辑上的错误，但是总量分析在结构视角上的缺失，使得在多国贸易模型中中间品贸易参与生产活动，即中间品循环无法反映到国内经济循环中，而恰恰是这种涉及生产面的波及过程，才最终引发了收入循环过程。

事实上，投入产出分析理论通过细化分类产业部门，不仅拓展了马克思的生产决定分配和分配制约生产的经济循环思想，作为多部门乘数的代表性理论还抓住了宏观乘数理论无法分析的经济系统内部结构，在详细分析外部冲击的波及过程方面具有明显的优势，特别是反映了经济体的生产结构对收入决定起到重要作用。投入产出理论在发展过程中，通过不断拓展传统投入产出模型，逐步发展将需求结构、生产结构和分配结构综合分析的手法，其分析特点与优势是宏观经济模型所无法提供的。特别是，之后在投入产出表的基础上发展起来的社会核算矩阵，不仅对现代国民经济账户体系的研究领域，而且对经济政策分析领域的常用模型、可计算一般均衡模型的研究发展都发挥了重要作用。总而言之，投入产出理论在多部门乘数、多部门生产函数和多部门经济增长理论方面，对凯恩斯宏观经济学理论、新古典经济学理论以及新剑桥学派经济学理论都做了有益的补充，使多部门经济学理论的研究在复杂的现实世界中，越来越显示出经济理论作为研究工具的价值。

本书在第一篇理论篇中简要梳理了经济循环与经济增长方面若干重要理论，进而透视投入产出理论作为经济学思想的重要理论价值。在第二篇实证篇中，运用投入产出分析理论研究 1997 年东亚金融危机后至 2008 年全球金融危机前我国经济循环和增长情况，主要着眼于主导产业演进与技术升级、经济增长与收入分配、区域经济联动与产业转移这三大关系的研究，作为本书的实证部分用以反映投入产出分析理论作为实证分析工具的现实意义。

第一节 解剖学者对政治经济学的艺术创新

根据 Miller 和 Blair(2009)的前期研究，投入产出理论的思想最早可以追溯到威廉·配第的《政治算术》(*Political Arithmetick*)，成为考证线索的关键词是循环流。早在其名著之一《美国经济结构，1919—1939》(*The Structure of American Economy*, 1919 - 1939)问世之前，列昂契夫教授已公开发表了其博士论文《作为循环流的经济》(*The Economy as a Circular Flow*)的部分内容。在该篇论文中，他提出了两部门的投入产出框架，并用线性方程式将一个经济体的生产、分配和消费等要素特征集成为一个整体系统。同样，威廉·配第从紧密地相互连接的角度去把握一国财富的生产、分配和处置的特征，将核算财富价值问题作为反映这些特征相互之间关系的核心问题来展开论述。但是，列昂契夫与配第的交集绝不仅仅停留在经济循环思想上的契合，更为有价值的是，两者都倡导基于经济数据展开实证研究的理念。

虽然 Miller 和 Blair 的研究认为威廉·配第继承了 17 世纪政治哲学者汤姆

斯·霍布斯(Thomas Hobbes)的衣钵[①],视其为重商主义者。但是,在经济学史的领域中,威廉·配第还被视为培根主义的继承者。在此不妨从其名著《爱尔兰的政治解剖》(*The Political Anatomy of Ireland*)的原序中引用部分内容,探究其对自身作为培根主义者的定位,“弗兰西斯·培根(Francis Bacon)爵士在其所著《学术的进步》(*The Advancement of Learning*)一书中,曾从许多方面对人体和国家作了恰当的对比,也把保持这二者强健的方法作了恰当的对比。解剖学是前者最好的基础,也是后者最好的基础,这种说法是十分合理的。要搞政治工作而不了解国家各个部分的匀称、组织和比例关系,那就与老太婆和经验主义者的办法一样荒唐了”[②]。

配第完成对政治体解剖这种创新性研究方法绝非百分百的偶然。理由很明显,在他作为政治经济学学者登上经济学史舞台之前,他是以医生和解剖学教授的身份为社会做贡献,而且配第曾对解剖论述道,“由于解剖学不仅对于医生是必需的,而且对于任何一个哲学家也极为有用,所以我这个不是专门搞政治的人,为了满足我的好奇心,试着写下了这第一篇关于政治解剖的论文”[③]。

将医学手法活用至政治经济学的创意和研究方法,通过其信奉者理查德·坎蒂隆(Richard Cantillon)的研究,被另一位医生同时也是经济学者魁奈所继承。正是魁奈,对列昂契夫创作投入产出表的基础理论给予了重大影响。通常,魁奈的“经济表”被认为是最古老的经济循环解剖图,但是值得注意的是,从威廉·配第开始已经将解剖理念应用到政治经济学的研究中。实际上,将政治经济学推向实证科学方面,威廉·配第的创新不仅仅在于将解剖学的研究理念引入政治经济内部结构的分析中,在《政治算术》中,他对自己的研究方法做出了如下的论述,“与只使用比较级或最高级的词语以及单纯作思维的论证相反,我采用了这样的方法,即用数字、重量和尺度的词汇来表达我自己想说的问题,只进行能诉诸人们的感官的论证和考察在性质上有可见的根据的原因。至于那些以某些人的容易变动的思想、意见、胃口和情绪为依据的原因,则留待别人去研究”[④]。

这极简短的引用文足以表明威廉·配第极力推崇基于数据展开实证分析的研究理念。正是因为配第推动了基于“数字、重量或是尺度”的分析,他也被西方经济学者视为最初的计量经济学者[⑤]。配第的研究方法是一种排除假设性的讨论,采

---

① MILLER R E, BLAIR P D. Input-output analysis: foundations and extensions [M]. New York: Cambridge University Press, 2009: 725.

② 威廉·配第. 爱尔兰的政治解剖[M]//周锦如,译. 配第经济著作选集. 北京:商务印书馆,2011:4.

③ 威廉·配第. 政治算术[M]//陈冬野,译. 配第经济著作选集. 北京:商务印书馆,2011:4.

④ 威廉·配第. 政治算术[M]//陈冬野,译. 配第经济著作选集. 北京:商务印书馆,2011:8.

⑤ MILLER R E, BLAIR P D. Input-output analysis: foundations and extensions [M]. New York: Cambridge University Press, 2009: 724.

取以量化性的实证分析为主要手段的研究方法。这种分析方法的理念不单是从量化角度去观察社会现象,也不仅仅是归纳研究对象的规律性,其真正的意义在于赋予了实证分析的合理性,让世人发现了基于实证分析的劳动价值,这个贡献足以让后人敬仰。

综上所述,威廉·配第确立了具有实证科学色彩的政治经济学,其主要创新是引入了解剖学理念和基于实证数据的研究方法,而投入产出理论恰恰完美继承了配第的这两个创新理念。

第二节 投入产出分析的双翼——经济"解剖图"与一般均衡

一、经济循环的图式化

无论古今,在理解和分析一个抽象的研究对象时,为了便于从视觉上捕获有效信息,借助适当的制图方法,将其抽象的内在关联机制尽可能可视化,是一种极为有效的研究方法。举一个典型的例子,在软件工程学领域中,通过图形具现化开发流程和内容的方法是一种核心的开发技术手段,发挥着十分重要的作用。在经济学领域中,借助图表具现化研究内容的分析方法同样是十分重要的手段,具有悠久的历史。早期最有名的经济"解剖图"当属魁奈的《经济表》。

为了理解魁奈《经济表》问世的历史脉络,此处不妨先提及一个将威廉·配第的理想交接给魁奈的重要人物——理查德·坎蒂隆(Richard Cantillon)。坎蒂隆不仅继承了威廉·配第的主张,即土地与劳动是生产财富的源泉,而且进一步展开了其自身的论说。他将土地的生产物[①]分为三部分,最初的三分之一是租地农场主的支出,其次的三分之一是租地农场主的经营利润,最后的三分之一是土地所有者的份额。进而,他又给了一个假定,即总人口的一半居民生活在城市,土地所有者获得的地租在城市中消费[②];另外,租地农场主拿出其可支配的三分之二部分中的1/4购买在城市中的产品,如此,农业的总产出的一半收入将会转移到城市,成为商人、企业家和城市从业人员的收入。然后,这些人又将这部分收入用于购买粮

① 生产物,即我们通常所用的产物,既可以是经济生产的产出,也可以是自然生产的产物,在这个意义上,产品通常易被理解为根据某种标准,经过分类后的生产物。一般在我国的国民经济核算中多用产品一词,另外,商品这一术语更注重产品的交易过程,在国民经济核算中,基本与产品可以相互替换,通常我们所说的经济活动,既包括产品的生产活动,也包括商品的交易活动。在本书之后的内容中生产物、产品和商品不再做严格区分。

② 坎蒂隆.商业性质概论[M].余永定,徐寿冠,译.北京:商务印书馆,1986:22—23.

食、原材料和其他物品。虽然坎蒂隆没有用图表将以上的假设展现出来,但是很明显他为我们提供了一种经济循环的概貌。其现金流的循环图是把从农业活动获得的收入分割为三种收入开始,经过不同经济主体的交换再次环流至农业。坎蒂隆这种经济循环思想无疑对其之后的重农主义者的代表人物,魁奈的《经济表》产生了巨大的影响。

如图 0-1 所示,生产阶层为了生产总计 100 亿利费尔(当时的货币单位)价值的农业产品,在年初 t 时点,投入价值 40 亿利费尔的农业产品和价值 20 亿利费尔的工业产品,同时,生产价值 40 亿利费尔的工业产品,需要投入 20 亿利费尔用于购买原材料。为此,不生产阶层在年初 t 时点,投入 20 亿利费尔的货币[①]。所有者阶层收取地租 40 亿利费尔的货币用于 1 年的生活。换而言之,根据魁奈的假定,在年末 $t+1$ 时点,为了维持价值 40 亿利费尔的农产品和 20 亿利费尔的工业产品的再生产状态,需要生产 100 亿农业产品。在节点①、③、⑤交易的 60 亿利费尔可以看作为生产成本。魁奈将这 60 亿中的 20 亿称为原预付,相当于固定资产的折旧,用于购买工业产品来维持再生产的状态,另外 40 亿为年预付,包括 20 亿的饲料、20 亿的食品,用于农业产品的自家消费。不生产阶层投入 20 亿利费尔的货币从生产阶层购入原料,用于生产价值 40 亿利费尔的工业产品。从年末的收支结

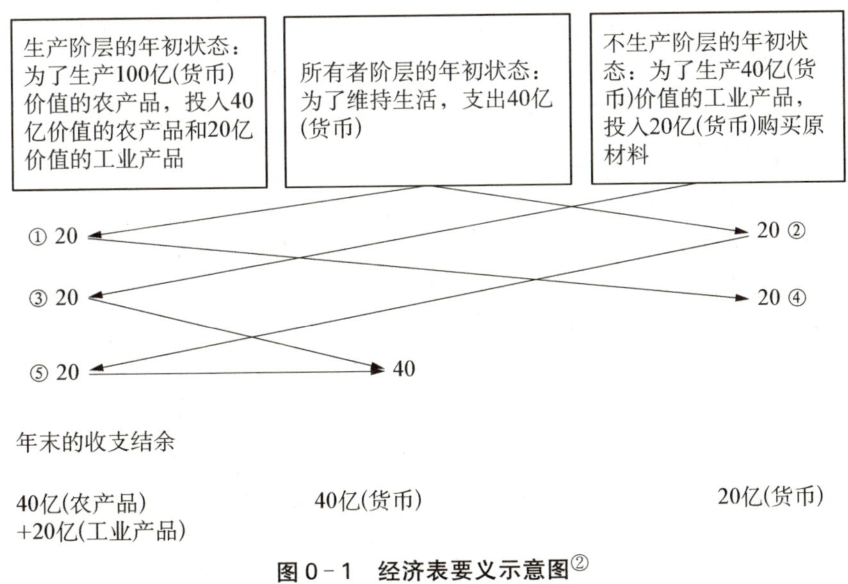

图 0-1 经济表要义示意图[②]

① 对经济表更为具体的解释,可参考魁奈.经济表的分析[M]//晏智杰,译.经济表及著作选.北京:华夏出版社,2013:353—360。

② 本书中的图表如未特别标注来源,皆为笔者制作。

余可以发现，依照魁奈的假定，各阶层的年末状态与年初状态没有变化，也就是说，魁奈的“经济表”图示了一种所谓单纯再生产的经济循环。以下对图 0-1 各阶层间的交换过程再做简要的说明。

最初，所有者阶层将 40 亿利费尔的货币均分成两份用于支出，分别向生产阶层购买食品等农业产品，向不生产阶层购买工业产品，从而维系一年的生活。同时，不生产阶层为了生产工业产品，向生产阶层购买原材料。显然，在①、②、③节点上，产品交换成了货币。此后，生产阶层使用获得的货币，向不生产阶级购买器具、机械等工业产品。因此，节点①的货币换成了工业产品，在节点④上则是工业产品换成了货币。同样，不生产阶层使用获得的 20 亿货币用于向生产阶层购买食品，那么节点②上的货币换成农产品，节点⑤上的农产品换成了货币。至此，一年的交换终止，进入第二年的生产。换而言之，生产阶层生产了价值 100 亿利费尔的农产品，其中 60 亿的农产品通过与其他阶层交换获得 20 亿的工业产品和 40 亿的货币。这 20 亿的工业产品将作为次年的原预付，40 亿货币将作为地租支付给所有者阶层，另外剩余的 40 亿农产品作为次年再生产的年预付，最终生产阶层又以年初状态进入第二年的生产。不生产阶层生产了价值 40 亿利费尔的工业产品，其中 20 亿与农产品交换用以维持必需的生活，另外的 20 亿工业产品交换成货币作为次年生产的年预付，同样不生产阶层又以年初状态进入第二年的生产。显然，若结构及规模一定，则同样的经济循环将年复一年周而复始，这就是经济表描绘出的单纯再生产的经济循环。

对投入产出表而言，魁奈的经济表的意义绝不是支配阶层的明示，抑或是重农主义的意义，而是在于经济表作为经济分析方法本身的价值，即将复杂的经济现象、经济主体间的相互联系用一张明确的“解剖图”直白地勾勒出来的分析手法。特别是，将属性类似的内容分类归并的手法，与宏观经济学“汇总”的概念相通，当然在投入产出表中也继承了这一手法。另外，经济表中也揭示了总产出的概念和群体间交换的图式。虽然投入产出表通过矩阵方式更加清晰地展示了各经济主体间的关系，即投入—产出这一个新概念，但是不得不承认经济表才是图式这个概念的原点。当然，仅仅凭借经济“解剖图”的理念要素来编织投入产出理论显然是不可能的。因此，直到另一个要素出现之后，投入产出理论方法才能够出现在经济学的舞台上，那就是微积分、联立方程式等在经济学上的应用。特别是对投入产出理论而言，一般均衡理论的出现是不可或缺的成因。

二、一般均衡理论的问世

众所周知，在经济学说史上积极引入数学方法，发起“边际革命”的被称为新古典经济学派。作为代表人物的莱昂·瓦尔拉斯(Marie-Esprit Léon Walras)不仅用公式定义了一种生产物的交换[①],或称定义了特定的一个市场中价格与数量的关系,而且他注意到多个市场或多种生产物交换间的相互依存关系,针对各种变量(多个消费品、生产资料品或生产要素的价格与数量)用多个方程式来定义其中的各种数量关系。通常,用公式定义特定一种生产物交换成立时价格与数量间关系的分析称为局部均衡分析。在局部均衡理论中,对某种生产物的需求量 D、供给量 S 是这种生产物价格 P 的函数。可以用式子表达为

$$D = D(p) \tag{0-1}$$

$$S = S(p) \tag{0-2}$$

当这种生产物的交换成立时,其价格被称为均衡价格,交换的数量为均衡需求量 $D(p^*)$ 和均衡供给量 $S(p^*)$。

相应的,用多个方程式来定义各种变量之间的各种数量关系被称为一般均衡分析。一般均衡论中,对 N 个产品或服务的需求量 D_i、供给量 S_i 分别是 N 个该产品或服务价格 p_i 的函数。可以用式子表达为

$$D_i = D_i(p_1,\ p_2,\ \cdots,\ p_N)(i = 1,\ 2,\ \cdots,\ N) \tag{0-3}$$

$$S_i = S_i(p_1,\ p_2,\ \cdots,\ p_N)(i = 1,\ 2,\ \cdots,\ N) \tag{0-4}$$

此处 D_i 是消费品需求、投资品需求、原材料需求、政府支出需求等来自所有经济主体或机构部门对第 i 种产品需求量的总和。S_i 是除进口之外企业提供第 i 种产品的供给量。那么,供求均衡方程式将 N 个产品交换全部成立时的状态表达为

$$D_i^*(p_1^*,\ p_2^*,\ \cdots,\ p_N^*) = S_i^*(p_1^*,\ p_2^*,\ \cdots,\ p_N^*)(i = 1,\ 2,\ \cdots,\ N) \tag{0-5}$$

同时满足这 N 个方程式的价格向量 $\boldsymbol{p}^* \equiv [p_i^*]$,$(i=1,\ 2,\ \cdots,\ N)$称为均衡价格。将均衡价格向量 $\boldsymbol{p}^*$ 代入需求和供给函数所得到的是 D_i^* 和 S_i^*,称为一般均衡需求量和均衡供给量。在货币作为交换介质而成立的经济体系中,所有交换成立时产品的需求与供给意味着对其交易金额当量的货币的需求与供给。因此,(产品、服务总需求的金额)-(产品、服务总供给的金额)=(货币供给量)-(货币需求量),这种收支平衡关系在全部的经济主体和机构部门中都成立。根据这种收支关系,假定第 N 种产品是货币(不变价格标准商品)且 $p_N = 1$,那么在这个经济系统处于一般均衡状态时,对包括全部经济主体和机构部门的各种生产品的超额

① 相关具体说明可参考瓦尔拉斯. 纯粹经济学要义[M]. 蔡受百,译. 北京:商务印书馆,2016:188—194。

需求的总金额是

$$D_N^* - S_N^* = \sum_{i=1}^{N-1} p_i^* D_i^* - \sum_{i=1}^{N-1} p_i^* S_i^* = 0(i=1, 2, \cdots, N-1) \quad (0-6)$$

这也称为瓦尔拉斯定律(Walras Law)[①]。众所周知，瓦尔拉斯在其《纯粹经济学要义》(*Elements of Pure Economics*)一书中，不仅对交换的一般均衡、生产的一般均衡、资本形成以及信用的一般均衡，乃至对货币及流通的一般均衡都有相应的论述，非常系统地研究了资本主义经济循环的结构。但是，从其名著的题目也可以看出，由于使用了过于严密的数学方法，将一般均衡理论应用到计量与实证方面存在着重大困难。直到列昂契夫在综合继承了瓦尔拉斯的联立方程式、魁奈的解剖图和配第注重实证的理念的基础上，从 1931 年开始研制美国的投入产出表，大大推进了一般均衡理论在计量与实证方面的应用。

第三节　投入产出理论的登场

列昂契夫以瓦尔拉斯的一般均衡理论体系为基础，构建了一个可以分析可观察变量间对应关系的实证模型。与同样试图完成一般均衡理论实证化而闻名的亨利·摩尔(Henry Ludwell Moore)的《综合经济学》(*Synthetic Economics*)相比较，风靡一世的投入产出分析最大的特点是，用于反映经济循环的解剖图非常简单明了。

最初，列昂契夫将经济体系中的相互依存关系视作各经济主体部门之间相互依存的交易结果，通过构建封闭体系的经济模型来反映决定产品和服务的均衡供求量以及均衡价格的机制。为此，列昂契夫将封闭体系分成 n 个生产活动单位以及经济主体(产业部门、居民、政府等)，着眼于这些部门之间生产物的数量和金额两方面的收支平衡关系。表 0－1 反映的是在封闭体系经济中 n 个部门之间相互依存的循环图。其中，$[z_{ij}](i, j=1, 2, \cdots, n)$ 表示第 i 部门销售给第 j 部门的产品交易量。$[X_j](j=1, 2, \cdots, n)$ 表示第 j 部门产品的产出量。$[p_j](j=1, 2, \cdots, n)$ 表示第 j 部门产品的价格。

表 0－1 中的各行表示，第 i 部门产品的产出额 $[p_i X_i]$ 分别销售给除自部门以外的第 j 部门 $[p_i z_{ij}](i, j=1, 2, \cdots, n;\ j \neq i)$ 的交易额。同时，第 i 部门为了生产

① 相关理论的具体说明可参考瓦尔拉斯. 纯粹经济学要义[M]. 蔡受百，译. 北京：商务印书馆，2016：188—194。

表 0-1　封闭体系经济的相互依存关系

i \ j	1	2	3	…	n	总产出
1	0	$p_1 z_{12}$	$p_1 z_{13}$	…	$p_1 z_{1n}$	$p_1 X_1$
2	$p_2 z_{21}$	0	$p_2 z_{23}$	…	$p_2 z_{2n}$	$p_2 X_2$
3	$p_3 z_{31}$	$p_3 z_{32}$	0	…	$p_3 z_{3n}$	$p_3 X_3$
⋮	⋮	⋮	$[p_i z_{ij}]$	$(i, j = 1, 2, \cdots, n)$	⋮	⋮
n	$p_n z_{n1}$	$p_n z_{n2}$	$p_n z_{n3}$	…	0	$p_n X_n$
总投入	$p_1 X_1$	$p_2 X_2$	$p_3 X_3$	…	$p_n X_n$	

价值$[p_i X_i]$的产品，需要从其他部门购买原材料和其他中间品$[p_j z_{ji}]$($i, j=1, 2, \cdots, n; j \neq i$)投入到生产活动中。换而言之，表 0-1 中的各列表示，各部门维持生产活动所需的费用构成。当然，在封闭体系 n 个部门中还包含了居民、政府等经济主体，此时各经济主体的行与列分别表示其收入和支出。若用数学表达式来表示封闭体系的行和列的平衡，行方向的均衡一般被称为数量均衡，即(0-7)表达的联立方程式体系成立。

$$\begin{cases} X_1 - z_{12} - z_{13} - \cdots - z_{1n} = 0 \\ -z_{21} + X_2 - z_{23} - \cdots - z_{2n} = 0 \\ -z_{31} - z_{32} + X_3 - \cdots - z_{3n} = 0 \\ \vdots \qquad\qquad\qquad\qquad\qquad \vdots \\ -z_{n1} - z_{n2} - z_{n3} - \cdots + X_n = 0 \end{cases} \tag{0-7}$$

列方向的均衡一般被称为价格均衡，即式(0-8)表达的联立方程式体系成立。

$$\begin{cases} p_1 X_1 - p_2 z_{21} - p_3 z_{31} - \cdots - p_n z_{n1} = 0 \\ -p_1 z_{12} + p_2 X_2 - p_3 z_{32} - \cdots - p_n z_{n2} = 0 \\ -p_1 z_{13} - p_2 z_{23} + p_3 X_3 - \cdots - p_n z_{n3} = 0 \\ \vdots \qquad\qquad\qquad\qquad\qquad\qquad \vdots \\ -p_1 z_{1n} - p_2 z_{2n} - p_3 z_{3n} - \cdots + p_n X_n = 0 \end{cases} \tag{0-8}$$

显然，列昂契夫通过由几个分类加总后的产业部门与经济主体组成的封闭体系来表示经济循环，并试图构建一种能够使各部门的相互依存机制在体系内达到自我完结状态的模型。

但是，在通常的投入产出分析框架中，居民、政府、国外等经济主体被放置于封闭体系之外，即基于所谓开放体系的模型展开，其主要理由在于相关系数的稳定性问题。众所周知，固定的生产系数是投入产出分析的一大特点。根据保罗·萨缪尔森(Paul A Samuelson)、克莱茵(L R. Klein)等的替代定理,固定生产系数的合理性获得认同①。通常,分成 n 个产业部门时,反映生产结构的生产系数(投入系数)可以表示为 $[a_{ij}]=\frac{[z_{ij}]}{[X_j]}(i, j=1, 2, \cdots, n)$。将投入系数代入式(0-7),可以获得以下的联立方程式:

$$\begin{cases} 1-a_{12}X_2-a_{13}X_3-\cdots-a_{1n}X_n=0 \\ -a_{21}X_1+1-a_{23}X_3-\cdots-a_{2n}X_n=0 \\ -a_{31}X_1-a_{32}X_2+1-\cdots-a_{3n}X_n=0 \\ \vdots \qquad\qquad\qquad\qquad\qquad \vdots \\ -a_{n1}X_1-a_{n2}X_2-a_{n3}X_3-\cdots+1=0 \end{cases} \tag{0-9}$$

由于在封闭体系中包含居民、政府等经济主体是其前提,此处假设第 n 个部门是居民,那么式(0-9)中的系数就不仅表示反映生产结构的生产系数 $[a_{ij}]=\frac{[z_{ij}]}{[X_j]}(i, j=1, \cdots, n-1)$,而且反映居民消费结构的消费系数$[c_{in}]=\frac{[z_{in}]}{X_n}(i=1, \cdots, n-1)$ 也包含在其中。那么,如果将时间纳入考量因素时(即不是静态,而是动态时),即便可以接受生产系数的稳定性,而在同一体系中将消费系数与生产系数同样看作固定的系数,实际上是不可能的。因此,列昂契夫之后将封闭体系扩展至开放体系,通常如表 0-2 所示,将经济循环作为开放体系描述的统计表就是投入产出表②。

表 0-2 投入产出表

投入 \ 产出		中间需求					最终需求				总产出
		1	2	3	…	n	1	2	…	1	
中间投入	1	p_1z_{11}	p_1z_{12}	p_1z_{13}	…	p_1z_{1n}	p_1f_{11}	p_1f_{12}	…	p_1f_{11}	p_1X_1
	2	p_2z_{21}	p_2z_{22}	p_2z_{23}	…	p_2z_{2n}	p_2f_{21}	p_2f_{22}	…	p_2f_{21}	p_2X_2
	3	p_3z_{31}	p_3z_{32}	p_3z_{33}	…	p_3z_{3n}	p_3f_{31}	p_3f_{32}	…	p_3f_{31}	p_3X_3
	⋮	⋮	⋮	$[p_iz_{ij}]$	$(i, j=1, 2, \cdots, n)$	⋮	⋮	$[p_if_{ij}]$	$(i=1, 2, \cdots, n)$ $(j=1, 2, \cdots, 1)$	⋮	⋮
	n	p_nz_{n1}	p_nz_{n2}	p_nz_{n3}	…	p_nz_{nn}	p_nf_{n1}	p_nf_{n2}	…	p_nf_{n1}	p_nX_n

① 有关替代定理可以参考 Arrow(1951),Samuelson(1951),Klein(1952-53)。

② 本书的表式说明的是价值型投入产出表。通常,公开的价值型投入产出表中一般只表示金额,不会分别表示价格和数量。另外,还有实物型投入产出表,可参考刘起运,陈璋,苏汝劼投入产出分析[M]. 北京:中国人民大学出版社,2011:22—24。

(续表)

投入 \ 产出		中间需求					最终需求				总产出
		1	2	3	…	n	1	2	…	1	
增加值	1	v_{11}	v_{12}	v_{13}	…	v_{1n}					
	2	v_{21}	v_{22}	v_{23}	…	v_{2n}					
	⋮	⋮	⋮	$[v_{ij}]$	$(i=1, 2, \cdots, k)$ $(j=1, 2, \cdots, n)$	⋮					
	k	v_{n1}	v_{n2}	v_{n3}	…	v_{nn}					
总投入		p_iX_1	p_2X_2	p_3X_3	…	p_nX_n					

与表 0-1 封闭体系经济的相互依存关系相比，开放体系的投入产出表分为中间交易 $[p_iz_{ij}]$$(i, j=1, 2, \cdots, n)$，最终需求 $[p_if_{ij}]$$(i=1, 2, \cdots, n;\ j=1, 2, \cdots, l)$，以及增加值 $[v_{ij}]$$(i=1, 2, \cdots, k;\ j=1, 2, \cdots, n)$。

同样将投入产出表分行方向和列方向来说明，开放体系的行方向表示第 i 部门价值 $[p_iX_i]$ 的产品分别销售到第 j 部门的经济现象，不同的是第 j 部门区分了购买原材料等中间品的产业部门$(j=1, 2, \cdots, n)$和购买最终产品的经济主体$(j=1, 2, \cdots, l)$。列方向表示各产业部门$(j=1, \cdots, n)$生产价值 $[p_jX_j]$ 的产品和服务的费用和利润构成，不仅有从第 i 部门$(i=1, \cdots, n)$购入中间品的投入成本 $[p_iz_{ij}]$$(i, j=1, 2, \cdots, n)$，还有反映生产要素投入成本和利润的增加值 $[v_{ij}]$$(i=1, 2, \cdots, k;\ j=1, 2, \cdots, n)$（劳动报酬、折旧、间接生产税、营业盈余等）的两大部分，增加值部分同时也是经济主体收入的源泉。与封闭体系相比，开放体系中与经济主体的行为决策相关的系数并非完全固定，是由体系外来赋值（外生）。因此，基于开放体系的投入产出分析，并非完全是一个自我完结的（内生）经济循环，在进行不具观察数据的预测分析时，需要其他分析方法来进行补充。但是，根据封闭体系可知，列昂契夫的投入产出分析很明显，从最初开始就试图构建一个内生模型来具现化经济体系中的一般相互依存关系。

之后，为了强化开放体系投入产出分析的弱点，许多学者通过内生化外生变量，拓展了一些意在分析动态相互依存关系的解法。例如，列昂契夫自己拓展的动态投入产出模型(Dynamic I-O model)，克洛帕·阿尔蒙(Cloper Almon)(1966)的多部门宏观模型，克莱茵的列昂契夫-凯恩斯模型。尤其是阿尔蒙以投入产出分析为核心长期开发的 INFORUM(interindustry forecasting at the University of Maryland)类型的预测模型，在动态投入产出分析的应用领域被广泛推崇，是目前

在该领域中比较先进的模型之一[①]。

第四节　本书的主要内容和结构

本书通过在第一篇理论篇中简要梳理西方经济学在经济循环和经济增长思想方面的发展脉络，意图折射出投入产出理论形成的历史定位和理论价值。在经济学家看来，经济理论仅是一种研究工具。例如，从配第的《爱尔兰的政治解剖》开始，通过其用于解释经济政策间关系的各种例子已经可以看出，经济理论的这种工具性质。正是由于经济理论作为政策研究工具的这一性质，离开了描述经济社会发展变化的数量统计资料和实证分析，理论就不能产生具体结果。为此，本书在第二篇中针对 1997 年东亚金融危机后至 2008 年全球金融危机前我国经济循环和增长情况，围绕主导产业演进与技术升级、经济增长与收入分配、区域经济联动与产业转移这三大关系展开实证分析，力图反映出投入产出分析理论作为实证分析工具的现实意义。

第一章经济循环以国民收入为线索，从国民收入的生产、分配和使用(支出)三个方面着手，总体描绘一国的经济循环的状态。为此，第一章引入反映这种综合性经济思想的国民经济核算体系，进一步聚焦国民收入账户的要义，展现一国经济循环的状态。投入产出表作为对“国民收入账户”的有益补充和发展，不仅将最终生产物的交易和国民收入账户的各类经济主体纳入统计范围，还进一步将生产部门按产业属性分为农业、矿业、制造业等各类细分行业部门，揭示了隐藏在结构中的循环流。为此，第一章最后通过论述投入产出表对刻画中间品循环的独特创新，结合说明以投入产出思想为基础不断完善和发展起来的社会核算矩阵，突出投入产出分析理论的形成对促进经济循环理论发展的重要贡献。

第二章经济增长以乘数理论为线索，首先论述了凯恩斯乘数在其国民收入决定理论中的核心作用。凯恩斯的投资乘数将投资增加对其他需求的冲击路径限定在消费增加的一条路径上，且将投资效果漏出的路径聚焦在储蓄上，从这个意义上来讲，投资乘数是比较单纯的乘数。作为投资效应的漏出路径，除了储蓄，还有政府税收和通过进口的国外转移，将这些因素做不同组合后，可以构建各种类型的复

---

① 有关 INFORUM 模型的概要，可参考 Clopper Almon (1991)。收录 Clopper Almon (1991)的国际投入产出学会的会刊 *Economic Systems Research* 的第 3 卷第 1 号是有关 INFORUM 模型的特刊，着重介绍了属于 INFORUM 类型的各国模型、各种模块以及计算方法。日本 INFORUM 类型的模型，可参考篠井・長谷川・今川(2001)。

合乘数。事实上,乘数效应不仅发生在投资上,同样发生在消费和出口贸易上,而且不仅通过消费倾向,而且通过生产技术的投入系数来实现。换而言之,一方面买多少买什么最终消费品的消费意愿固然重要,另一方面,还存在不得不买,必须购买的经济活动。为此,第二节梳理了复合投资乘数、财政支出乘数、贸易乘数和多部门乘数的发展脉络,从而反映投入产出理论作为乘数理论有效补充的重要价值。经历了"凯恩斯革命"的洗礼之后,在主流经济学中形成宏观经济学这门学科,由此使主流经济学突破了在一百年中单纯研究价值论、分配论与资源配置问题的局限,主流的经济增长理论模型研究正是随着这场革命而产生的。为此,第二章第三节简要梳理了古典派、马克思、凯恩斯学派、新古典派、新剑桥学派的经济增长思想和作为多部门经济增长论的代表性模型。不难发现,除了多部门经济增长论以外,这些解释总量经济增长的理论对相对价格变动、产业结构变动的问题,基本上无法给出令人满意的诠释。为此,第四节以经济结构与经济增长为主题,通过论述内含中间品循环的宏观基本等式的拓展研究,进一步透视投入产出理论强调的结构分析对经济增长研究的重要意义。最后在第五节中,通过简要论述列昂契夫的动态投入产出模型和 INFORUM 型动态投入产出模型,意在梳理出投入产出动态体系的发展脉络。

第三章作为实证篇的引言,首先阐明了本书中结构分析的内涵和分析对象的时空尺度。其次,简要梳理了主导产业演进与技术升级,经济增长与收入分配,区域经济联动与产业转移这三大关系的主要内容和理论支撑,突出理论结合实际的现实意义。

第四章和第五章以主导产业演进与技术升级为研究主线,通过拓展一种既可以把握经济增长和产业结构、贸易结构这三者之间关联,又可以反映技术升级情况的模型,从而为分析我国经济的发展路径提供一个新的视角。一个经济体在不同的发展阶段往往存在一个或几个主导产业。这些主导产业的发展积极带动着产业结构和贸易结构的变化。一方面,通过积极承接国际产业转移和充分利用产业集聚的竞争优势,可以推动主导产业向高加工度化升级。另一方面,在向高加工度化的发展过程中,若能充分吸收国外生产技术的溢出效应,渐进性地实现技术升级势必会降低对外国高加工度产业的中间品进口依存度。

由于经济学家们的研究视角迥异,对于主导产业的认识不尽相同。在第四章中首先梳理了经济发展与产业结构的研究简谱,进而聚焦阿尔伯特·赫希曼(Albert O. Hirschman)的非均衡增长论和华尔特·罗斯托(Walt W. ROSTOW)的主导产业论。赫希曼的分析框架使用了投入产出理论,其结果强调产业关联度高的产业应作为优先发展的主导产业。同样,霍利斯·钱纳里(Hollis B. Chenery)在使用投入产出理论的基础上,进一步提出了从最终需求角度分析诱发经济增长的主要因素的DPG（Deviation from Proportional Growth）模型，这种分析逻辑与罗斯托的主导产业扩散理论也息息相关。第四章基于DPG模型展开实证分析，进而识别20世纪90年代以来，带动中国产业结构变化的主导产业及诱发主导产业增长的主要因素，考察各分析期间的主导产业部门的变化中是否出现向高加工度化发展的趋势。

根据第四章的分析结果发现，进入21世纪后，我国的主导产业已经出现由资本密集型制造业向高加工度化产业转变的迹象。这一方面体现出我国的产业结构继续向高加工度化升级；另一方面反映了东亚金融危机以后，工业化发展仍然是我国经济发展的主旋律。为此，第五章首先梳理了经济发展与产业结构优化路径的相关理论，将研究重点设定在产业技术升级上。

回顾我国经济发展的历程，在改革开放初期，为加快调整产业结构，提升产业技术，我国政府首先尝试了积极进口的方法。大量的进口的确会造成外贸收支不平衡的问题，但从提升产业技术的角度而言，其意义是不容忽视的。出口导向型发展路径的成功条件是贸易品国际竞争力的比较优势，而产业技术的改良和创新是提高贸易品比较优势的重要途径之一。在高端技术产业相对不发达，高附加价值商品的国际竞争力相对劣势的情况下，依托具有比较优势的商品出口，侧重出口导向型发展路径的同时，重视高端产业商品的进口，以高附加价值的回报促进国内市场的竞争，把握好生产技术的溢出效应，带动主导产业的技术升级，引导主导产业向高端发展是促进产业结构升级的有效路径。

为此，第五章拓展了天际图分析的框架，解释拓展后的天际图分析不仅区分了国内最终需求和国外最终需求对各产业部门发挥的不同影响，而且区分了各产业部门的中间品进口贸易与最终品进口贸易的变化情况，构建了一种既可以把握经济增长和产业结构、贸易结构这三者之间关联，又可以反映技术升级情况的模型，意在图示分析期内主导产业的外贸依存变化，通过揭示带动经济增长和产业结构变化的主导产业的中间投入品进口贸易的变化，解释主导产业技术升级的情况。

值得注意的是，虽然依靠积极财政政策、通过加大对外开放力度、积极加入世贸组织等宏观调控政策，我国经济相对平稳地经历了东亚经济危机的冲击，并在此期间产业结构实现了向技术密集型和资本密集型的转型升级，但是同时我国农村消费增长进入了一个低迷期，农业发展动力不足、农民收入增速趋缓以及农村发展滞后等"三农"问题一度成为经济研究的热点问题。

就分析城乡收入差距而言，有必要从分配结构的角度把握各产业劳动与资本的一次分配率，这对准确理解内需不足的原因至关重要。从经济循环的角度，分析农村居民消费支出增长低速的原因是第六章的目的之一。另一个目的是，通过设置社会保障基金账户并区分农业与非农业的劳动报酬，分析农村居民和城市居民的 SAM 会计乘数效果是如何变化的。第六章首先通过宏观统计数据来观察我国经济消费需求不足的问题，其次论述从经济循环的角度将消费支出的低增长的原因归结于收入分配和消费倾向的主要根据。再次基于 SAM 会计乘数分析法，研究经济循环中农业劳动分配率下降、对食品的平均消费倾向下降以及社会保障基金有和无的差别，在 SAM 乘数效果中会呈现出什么样的不同。最后简要总结分析结果并提出需要进一步研究的课题。

从实证篇前三章的内容可以发现，本书所指的产业结构，其实是指经济发展过程中形成的各次产业间的相互关联和数量比例关系。产业结构升级主要表现为主导产业的有序更替和技术进步。现实中，一个经济体的产业结构往往体现的是其内部各子系统产业结构的加总特征。换而言之，通常所谓的中国产业结构，实际上是一个相对抽象的概念，省略了我国内部的空间维度。由于我国的西部、中部和东部区域自然条件、要素禀赋等各不相同，形成了各自的区域比较优势，产生了区域分工，使各产业在不同区域的分布情况不同。聚焦不同地区的经济发展，因地制宜地调整产业结构对促进我国可持续发展至关重要。

一方面，从我国经济结构调整的角度看，城乡结构和区域产业结构是结构调整的核心内容；另一方面，从我国制定宏观产业政策的内容看，生产力布局历来是其重要内容之一。在这种背景下，关于区域产业结构的深入讨论，成为我国经济理论研究的一个热点。通常，一个经济体内部的区域间不存在国境问题。与国际相比，区际的生产要素和商品更具有流动性，但是现实中区际的贸易壁垒仍然存在。若按传统的贸易分工理论，区域产业结构的变化可能更加富有专业化分工的特征。不过，如果参照发展经济学的各类“追赶”战略理论，区域产业结构也可能更趋“同构化”。因此，理解各类经济学分支学科的理论发展，对研究产业结构的演变机制至关重要。

第七章首先简要梳理了国际经济学、发展经济学和区域经济学的相关理论对区域产业结构研究的推动作用，其次对 1997—2007 年间上海、浙江和江苏的主导产业展开比较分析，区分对外贸易和省际贸易对长三角区域内三地的经济增长的不同影响；并考察全国各省市 1997—2007 年 10 年间 LQ 的变化，直观地把握全国各省市间各部门的比较优势的变化；最后通过拓展后的天际图分析框架，对长三角各地区的产业结构的升级优化与雁阵模型经验的吻合程度展开研究，从而梳理长三角区域各地主导产业的演变趋势，并分析各地产业结构的异同，为探讨未来如何推动长三角区域内产业协同发展提供实证依据和政策建议。

第一篇　理论篇

第一章　经济循环

古今中外，人类社会为了生存繁衍以及改善生活，都离不开必要的物质消费。为此，人类群体通过劳动分工，不断提升生产产品和服务的能力。站在社会全体层面来观察，人类既作为产品和服务的生产者，同时又作为这些产品和服务的消费者，将自然界的天然资源经过不同的生产工序，最终加工成可供消费的产品和服务，并且消费这些产品来满足需求，这一系列社会经济活动的运行就如同生物体中血液的循环，周而复始维持着社会生命系统，所以这种经济活动的运行被称为经济循环。

自魁奈首创"经济表"，为世人提供了展现经济体中血液(价值)循环的图式之后，马克思继承和发展了"经济表"的图表范式，并在此基础上完成了用数学公式表达的表式，为后世留下了著名的再生产表式，让人们对经济循环的单纯再生产和扩大再生产有了进一步的认识。借助马克思对魁奈"经济表"的论述，可以更直观地理解经济循环的要义。"经济表把资本的整个生产过程表现为再生产过程，把流通过程表现为仅仅是这个再生产过程的形式；把货币流通表现为仅仅是资本流通的一个要素；同时，把收入的来源、资本和收入之间的交换、再生产消费对最终消费的关系都纳入这个再生产过程中，把生产者和消费者之间(实际上是资本和收入之间)的流通纳入资本流通中；最后，生产劳动的两大部分——原材料生产和工业——之间的流通表现为这个再生产过程的要素，而且把这一切总结在一张表上，毫无疑问这是政治经济学至今所提出的一切思想中最有天才的思想。"①

---

① 马克思恩格斯全集[M]. 第26卷(第一册). 北京：人民出版社，1974：366.

第一节　经济循环与国民收入

通常，经济活动会存在于某个指定边界，如国家、地区或经济体等，而在某个特定国家范围内的人类经济活动可以理解为国民经济①②。产品和服务从生产到消费的一系列国民经济活动的运行就是国民经济的循环，其中包括生产环节的再生产概念和国民收入分配概念。从国民收入的生产、分配和使用(支出)三个方面着手，可以总体描绘一国的经济循环的状态。也就是说，通过各种生产活动，各种产品和服务的价值得以创造，对于参与生产活动的各类人群，通过分配机制获得工资、利息、地租和红利等收入，该收入被用来购入产品和服务，进而维持生产活动的展开。按如此规律：生产→分配→支出→生产，周而复始的经济循环，其每年的运行结果决定了一国经济的规模与水平。

一、国民经济活动的净产值

一定时期内(例如一年内)，国民经济活动产生的净产值可以通过几个方面来把握。其中，最主要的两个方面就是生产和收入。就生产而言，净产值是指一定时期内一国所生产的产品和服务中新创造价值(附加价值)的合计。从收入角度看，净产值是指一定时期内一国通过生产所获得的全部收入(包括劳动报酬、利息、租金、红利等)的合计③。

通常所称的国民收入概念，包含了这两方面的内容。那么，这两者同时可以反映出净产值的内在联系就值得关注。从生产物的生产流通角度来看，在一个国民经济体系中，各产业都有众多企业(法人、个体)从事着生产活动。企业通过使用劳动、土地、设备等生产要素，并且投入原料、燃料和其他中间产品进行生产活动。一定时期内各企业生产的产品金额的合计，即国民经济全体的产出总金额被称为总产出额。显然，由于总产出额包含了中间生产物，而中间生产物其实是其他企业的产品，所以产生了重复计算的问题。总产出额并不是这期间通过生产活动所获得生产物价值的净额。为了去除重复计算，正确核算一定时期新创造的附加价值，企业间的中间生产物交易额必须从总产出额中去除，去除后的差额部分就是各企业

① 有关国民经济的定义概述，可参考钱伯海. 国民经济学[M]. 北京：中国财政经济出版社，1986：1。

② 杨灿. 国民经济统计学[M]. 北京：科学出版社，2008：1—2.

③ 有关净产值的说明，可参考钱伯海. 国民经济核算原理[M]. 北京：中国经济出版社，2003：176—178。

创造附加价值的合计，也就是国内生产总值(GDP)，同时这部分反映了生产最终阶段的产品，也称为最终生产物[①]。因此，国民经济整体的最终生产物，即居民和政府部门用于消费的产品和服务，用于固定资本形成的投资产品和库存净增加的产品的总价，与各生产工序的增加值的合计相同。

值得强调的是，将生产物分为中间生产物和最终生产物是为了区分经济循环过程中生产环节所需的中间生产物的循环，这是基于产品用途的区分，并非基于产品性质的区分。也就是说，一定时期内，用于满足消费、政府支出、固定资产形成、存货增加、出口等最终需求的产品就是最终生产物，用于生产环节、作为原材料等中间投入品所使用的产品就是中间生产物。

严格来说，这种区分标准有时会存在一定的争议。例如，企业投入生产过程的原材料和燃料若是中间生产物，那么居民为了维持劳动力所需投入的消费品，为何就不是中间生产物[②]。事实上，将劳动力的再生产费(为了劳动力能够保持活力必须支付的费用)作为中间生产物的费用从消费品中减去的做法一般不会被采用，其最大的理由就是这样的判定本身也带有一定的随意性，因为劳动力再生产费的涉及范围、不同地区间费用差异等判定标准很难得出一种客观的共识。

从生产要素的收入角度来看，为了创造一国经济活动的净产值，即最终生产物，人们以不同的社会分工角色(生产要素)参与了生产，并在此生产过程中，获得了工资、奖金、租金、利息、分红等不同的收入。人们依靠这些收入购买必要的最终生产物。显然，每个人购买最终生产物的收入都是在创造最终生产物的过程中形成的，因此可以认为对生产要素支付报酬其实就是一种对净产值价值的分配机制，这也是生产与收入存在内在关系的根据所在[③]。

当然，形成收入的经济活动不仅只是指直接生产最终生产物的活动。在生产最终生产物的过程中，参与中间生产物生产过程的生产要素也同样获得收入。生产与收入在国民经济净产值层面对应关系成立，是指国民经济活动中各生产工序所创造的收入总额与最终生产物的金额相一致。

---

① 这里的论述其实还涉及企业(工厂)法统计中企业分工粗细导致的统计问题，可参考钱伯海. 国民经济核算原理[M]. 北京：中国经济出版社，2003：160—162。

② 从对魁奈的经济表的介绍中，不难看出年预付中的一部分其实是为次年能够再生产的粮食储备，无论是生产农业原材料还是生产工业中间品的劳动都需要消费粮食，这部分严格来说都属于中间投入。

③ 投入产出理论通过按部门区分增加值分配和中间投入，实际上将生产和分配紧密结合，从而间接反映生产与收入存在内在关系，这无疑是将马克思经济学对生产和分配的关系进一步细化，这个特点将会在之后的章节中着重展开。

二、国民收入的多面性

根据不同的用途，生产物会以不同的形式被投入消费和使用。消费者为了维持和提高生活水平，会用收入的一部分购买消费品，企业为了扩大再生产，会购买设备、厂房等增加投资支出，政府会用财政收入购买必要的产品和服务，这些支出加上与国外的贸易差额即为国内生产总值的使用①。值得注意的是，就国民收入统计而言，这里的“使用”并不包括企业购买原材料等中间生产物的支出。

从通常我们所提的总供给与总需求的概念来看其与国民收入的关联，可以发现总供给是国内生产的最终生产物，即国内生产总值(GDP)加上来自国外的产品和服务的供给，如进口等，而总需求是指最终生产物的国内需求加上来自国外对国内最终生产物的需求，如出口等。简而言之，国民收入的概念可以有多种表示方式，其不同表示方式之间的主要差别有：一是国民收入的总额表示和净额表示的区别；二是市场价格表示与要素费用表示；三是国民概念与国内概念表示的区别。

国民收入的生产、分配和使用三个方面虽然从不同角度刻画着国民收入，但究其把握的实质而言，这三个方面的国民收入是等值的，也被称为三方等价原则。事实上这三个方面的等价，即使在理论上成立，在实际统计中要实现等价也并非易事，因为不仅需要对概念界定施以必要的约束，还需要在概念间做出相应的调整，进而在统计上实现三方等价原则，这样才更加有现实意义。

除了上述三方等价原则之外，国民收入还可以从另一个角度来研究，这就是收支均衡关系。就生产而言，若将一国经济看作一个巨型企业集团，可以从两个方面去考察该企业集团的活动。一是从营收方面来认识一国生产活动的净产值。一国经济的各企业营业收入通过销售产品获得，最终生产物可分为消费和投资两大类产品被出售，从而形成企业集团的收入；二是从成本和利润方面来认识一国生产活动的净产值。从一国经济的各企业总产出的累计值中减去中间生产物的投入成本，获得可分配的增加值。对于这部分增加值，企业为了进行生产活动需要展开进一步的分配，包括向劳动者支付报酬(要素费用)，向财税部门支付税金，向银行或股东支付利息和分红。企业盈余留存是其扩大再生产的主要来源，既是企业的支付项目，又是企业集团的收入项目，作为其投资产品的来源项目表现出来。企业集团进行生产活动，有收有支，周而复始收支不断，且收入和支出总量是相等的。

收支双方实际上代表两种不同的经济循环运动，收入方代表产品和服务的实

① 有关支出法和使用法的说明，可参考钱伯海.国民经济核算原理[M].北京：中国经济出版社，2003：195—197。

物运动,支出方代表产品和服务的价值运动。实物运动,即"产品流"是由生产转向最终使用,通过流通部门供居民、企业和政府消费、投资。价值运动是通过生产产品和销售获得收入,先在生产部门进行初次分配,然后通过财政信贷和其他再分配机制进行再分配,形成各部门、各经济主体的最终收入,从而购买相应的消费品和投资品,促进一国经济的循环运行。生产面的收支均衡关系,同时也表示了国民收入的两种计算法,一是"使用法",又称"最终产品法",二是"分配法"或"分配要素法"。实际上,在国民经济循环中,生产多少,分配多少,也使用多少,因此从生产角度计算的国民收入应该与"分配法"、"使用法"计算的国民收入在数量上相等。

第二节　国民收入与国民经济核算

上一节已经从国民收入的生产、分配、使用等不同活动形式来把握经济循环,并且从收支均衡的角度进一步解释了两种不同的经济运动。这一节结合以上两种把握经济循环的角度,进一步深入聚焦经济循环的理论问题。国民经济核算体系就是基于这种综合性想法构建起来的,将可以体现经济循环的统计数据成体系地用各类国民经济账户和平衡表形式组织起来,展现一国经济循环的状态①。

一、国民收入账户的要义——三个平衡

(一) 分配与使用的平衡

如上节所述,若将国民生产活动视为一个巨大企业集团的经营收支情况,则可以用表 1-1 来简化表示国民经济的生产账户。

表 1-1　国民经济的生产账户

<table>
<tr><td rowspan="5">国民收入
资产折旧
生产税 } Y</td><td>消费支出</td><td>C</td></tr>
<tr><td>投资支出</td><td>I</td></tr>
<tr><td>政府支出</td><td>G</td></tr>
<tr><td>出口等</td><td>E</td></tr>
<tr><td>扣除进口等</td><td>M</td></tr>
<tr><td>国内生产总值的分配</td><td colspan="2">国内生产总值的使用</td></tr>
</table>

① 有关国民经济核算的论述,可参考杨灿. 国民经济统计学[M]. 北京:科学出版社,2008:7—9。

表 1-1 的左边反映企业的要素成本支出，即分配要素法的国民经济，由对各类生产要素的支出，对政府的税金支出和资产折旧构成，其合计值就是国内生产总值，用 Y 来表示。表的右边表示了企业生产活动的"收入"，即生产部门向哪些经济主体销售最终生产物从而获得收入，其中 C 表示消费品支出，I 表示投资品支出，G 表示政府购买产品和服务的支出，另外，E 表示国外购买，即出口，其合计值 $C+I+G+E$ 就是总需求。与其相对应的总供给是由国内生产总值 Y 加上国外提供的产品和服务，即进口 M 构成，也就是

$$\text{(总供给)}Y+M=C+I+G+E\text{(总需求)} \tag{1-1}$$

将式(1-1)的左边进口 M 移动到右边，可得与表 1-1 相对应的式(1-2)。

$$\text{(国内生产总值)}Y=C+I+G+E-M\text{(各类经济主体的总支出)} \tag{1-2}$$

(二) 收入形成和支配、资本积累

如上节所述，国内生产总值 Y 与国内生产总值的使用等值，同时可以表示总收入，总收入 Y 通过初次分配和再次分配，最终形成各种经济主体的收入，进而各经济主体用于购买产品和服务，抑或形成储蓄，表 1-2 表示了简要的收入支配账户。

表 1-2 收入支配账户

消费	C	总收入	Y
储蓄	S		

与消费 C 流向最终生产物的实物运动不同，根据经济主体不同，储蓄 S 被分为企业储蓄和个人储蓄，前者被内部留存，后者通过金融部门形成融资资金的源泉，其最终又将被企业所用，成为投资支出 I。表 1-3 表示了简要的资本积累账户，反映资本形成的活动。

表 1-3 资本积累账户

投资	I	储蓄	S

(三) 储蓄与投资的平衡

值得注意的是，国内生产总值分配与使用的平衡关系从宏观角度来看，可以通过储蓄与投资的平衡关系来体现。无论在封闭经济体系，还是在考虑政府活动、贸易活动的开放经济体系，都可以借助总收入减去消费等于投资的等式，从总产值与

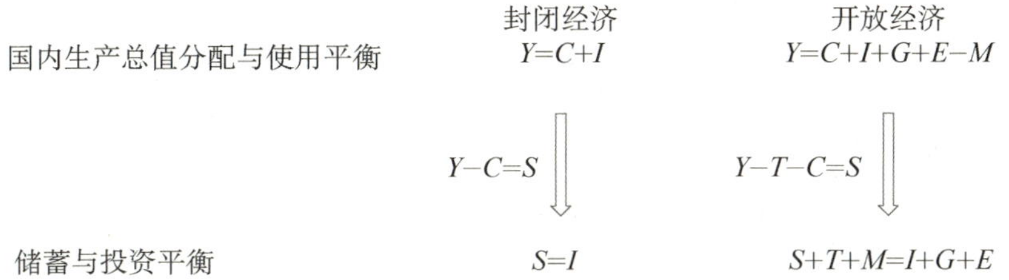

	封闭经济	开放经济
国内生产总值分配与使用平衡	$Y=C+I$	$Y=C+I+G+E-M$
	$Y-C=S$ ⇓	$Y-T-C=S$ ⇓
储蓄与投资平衡	$S=I$	$S+T+M=I+G+E$

图 1-1 储蓄与投资的平衡关系

总支出的平衡关系推导储蓄与投资的平衡关系(见图 1-1)。

也就是说从宏观角度来看,在封闭经济体系中,一国经济的循环规模决定于储蓄与投资的对应关系,在包括政府活动和对外贸易的开放经济体系中,除了居民和企业的储蓄与投资关系,还取决于政府财政收支(T 对 G) 关系和对外贸易收支(M 对 E)关系。换而言之,经济循环规模的大小及其变动的主要原因可以从居民和企业的储蓄和投资关系、政府部门财政收支以及与国外经济的国际收支这三方面的变化来展开论述。

当然,国内生产总值分配与使用平衡,或者储蓄与投资的平衡,并不是一直以同一规模发展的。居民和企业的储蓄与投资的水平是体现非公经济活跃度的指标;相应的,政府部门的征税和支出活动是反映对非公经济发展参与度的指标;以进出口贸易为主要内容的国际交易活动是反映该国经济对外交易能力的指标。这些方方面面的经济活动的综合结果,不仅创造了国民收入,而且维持着经济循环的平衡。

二、国民经济核算总体账户体系

以上用复式记账的收支平衡表式介绍了国民收入相关的统计逻辑,可以如实反映经济运行的实际情况。本节通过细化上述表式的实际统计数值内容进一步论述各国如何实际运用账户来描述国民经济生产、分配、使用和资产负债形式全过程的经济关联和数量关系,进而达到反映国民经济循环全过程的目的。

国民经济的总体账户体系主要由四个账户组成。第一个主要账户是对应国内生产总值分配与使用的收支平衡账户。表 1-4 的右侧(贷方)由居民与政府的消费与投资以及出口减去进口等项目构成,反映对最终生产物的各经济主体的总支出。表 1-4 的左边(借方)与国内生产总值的分配相对应,包括生产要素的净贡献部分,加上固定资产折旧(这两部分为国内生产净值)和政府税金,就是市场价格表示的国内生产总值。

表 1-4 国内生产总值分配与使用账户(2015) 单位：10 亿日元

劳动报酬	261 838.6	居民最终消费支出	300 081.6
营业盈余	105 510.1	政府最终消费支出	105 335.3
固定资产折旧	120 064.7	资本形成总额	126 842
生产税等间接税	44 824.7	货物和服务出口	93 566.3
(减去)补贴	3 441.4	(减去)货物和服务出口	95 280
统计误差	1 748.6		
国内生产总值分配	530 545.2	国内生产总值使用	530 545.2

总体账户的第二账户(见表 1-5)“国民可支配收入与使用账户”中,右边(贷方)的收入侧合计是以市场价格表示的国民可支配收入,即参与国内生产活动的人们所获得的(从表 1-4 左边移入的)国内生产要素收入、来自国外的生产要素净收入(对外账户的项目)和国外其他经常转移净收入的合计值,加减政府税金和补贴①。左边(借方)的支出侧表示国民可支配收入的使用,即作为居民(私人)和政府的最终消费支出。将右侧收入合计减去支出的差额就是储蓄部分,也就是说,储蓄项目是确保收入侧与支出侧平衡的差额调整项目。

表 1-5 国民可支配收入与使用账户(2015) 单位：10 亿日元

居民最终消费支出	300 081.6	劳动报酬	261 838.6
政府最终消费支出	105 335.3	国外劳动报酬净收入	109
储蓄	21 756.3	营业盈余	105 510.1
		国外财产收益净收入	19 969.4
		间接税	44 824.7
		(减去)补贴	3 441.4
		国外其他经常转移净收入	−1 137.1
国民可支配收入的使用	427 173.3	国民可支配收入	427 173.3

第三个主要账户(见表 1-6)“积累账户”中“资本交易与形成账户”反映了作为特定经济主体的国民经济的储蓄投资过程。右边有从第 2 账户移入的储蓄,加上从第 1 账户移入的固定资产折旧,形成了国内总储蓄。再加上国外资本转移净收入,反映了资本来源总额。左边反映了储蓄被用于投资,贷出(+)或借入(−)净

① 表 1-5 右侧的前四项合计为要素费用表示的国民收入,加减政府税金和补贴后为市场价格表示的国民收入。相关概念可参考杨灿. 国民经济统计学[M]. 北京：科学出版社,2008：75—79。

额也可视为对国外投资，也被称为对国外债权的净额，其合计值就是资本积累总额。若不存在统计误差项，资本积累总额与右边储蓄侧的资本来源总额正好一致，保持了复式记账的收支平衡原则。“金融交易账户”反映了对国外债权净额与国外金融资产、负债净额的关系。

表 1－6　积累账户(2015)　单位：10 亿日元

(1) 资本交易与形成账户

资本形成总额	126 842	储蓄	21 756.3
		固定资产折旧	120 064.7
贷出(＋)或借入(－)净额	16 456.3	国外的资本转移(净收入)	－271.3
		统计误差	1 748.6
资本积累总额	143 298.3	资本来源总额	143 298.3

(2) 金融交易账户

对外金融资产购买净额	43 671.1	贷出(＋)或借入(－)净额	16 456.3
		对外负债净额	27 215.4
合计	43 671.7	合计	43 671.7

第四个账户(见表 1－7)“对外经济账户”反映了国民经济各部门与国外进行的交易，包括经常交易账户和资本交易账户。货物、服务和各类与国外相关的生产要素收入的交易被统计在经常交易账户中，表 1－7 的右边是国内的货物和服务的进口以及支付国外各生产要素的收入，既是国内的支出，也是国外的收入。表 1－7 的左边是国外的支出，也是国内的收入，收支的差额被称为对外经常交易差额，是该表的平衡项。该项目移入“对外资本交易账户”的左边加上国外资本转移净收入的合计值，与“对国外债权的净额”相一致，该合计值也是右边“对外金融资产购买净额”与左边“对外负债净额”的差额。

表 1－7　对外经济账户(2015)　单位：10 亿日元

(1) 对外经常交易账户

货物和服务出口	93 566.3	货物和服务进口	95 280
来自国外的劳动报酬收入	138.8	支付国外劳动报酬收入	29.8
来自国外的财产收益	29 825.6	支付国外的财产收益	9 856.2
来自国外其他经常转移收入	3 354.3	支付国外其他经常转移收入	4 991.4
对外经常交易净额	－16 727.6		
合计	110 157.4	合计	110 157.4

(2) 对外资本交易账户

对外经常交易净额	16 727.6	对外金融资产购买净额	43 671.7
国外的资本转移(净收入)	−271.3		
对外负债净额	27 215.4		
合计	43 671.7	合计	43 671.7

三、国民经济核算账户的记账原则

通过上述四个主要账户的记账方式,可以发现以下几个主要的特点。一是各账户的平衡形式上存在两种不同的表式。在第一(见表1-4)和第三(见表1-6)个账户中,即国内生产总值的分配与使用账户以及积累账户中的资本交易形成账户,若不考虑统计误差项的存在,收支两边正好一致,不必另外设置收支的平衡项。然而,在第二(见表1-5)和第四(见表1-7)个账户中,即国民可支配收入与使用账户和对外经济账户中,收支两边的差额需要设置"储蓄"和"对外经常交易净额"两个平衡项。事实上,若换一种角度去看这种表式上的区别,可以得到另一种解释,即第一个账户中收支两边的差额的平衡项是"营业盈余",而第三个账户中,因为储蓄与投资活动的平衡状况是通过"对国外债权的净额"来反映的,这恰恰与第四账户对外交易的平衡项所对应。因此,反映国民经济活动的四个主要账户是相互关联的,从第一到第三账户"对内"交易的收支结余最终与第四账户的"对外"交易的收支结余相对应。

二是国民账户和企业会计账户在设计原理上基本一致。通过采用复式记账方式,对每项经济活动的来源与去向在相关账户中进行双重记录,有借必有贷,借贷必相等,有收必有支,收支必相等。如此,可以使各账户之间彼此勾连环绕,形成具有系统性的账户体系,这也被称为完全结合方式的账户体系。在这种体系中的一个账户,如果有一个数据出现差错,就必然引起连锁反应,不仅影响该账户的平衡,还通过该账户影响其他账户的平衡。

三是要素收入和转移收入的区别。在本节之前,各种转移收入并没有提及。但是在不同的部门或经济主体间分别设立账户,则必然产生反映部门间收入支付和获取的转移收入(支付)。将国民收入的概念只限定在通过生产活动新创造的要素收入范围的根据也恰在于此处。从一个部门向另一个部门的转账所获得的转移收入只不过是国民收入分配的一种形式,显然不能与要素收入加总在一起去求国民收入。

第三节　经济循环与国民经济核算

国民收入理论抓住国民收入的概念来诠释一国的国民经济的规模，其最大的理由在于这个概念揭示了一定期间内，一国通过经济活动所新创造的增加值，并可以通过国民收入直白地反映出国民经济的增长状态。但从经济循环的整体来看，国民收入的循环所覆盖的范围只是国民经济循环的一部分。

一、隐藏在结构中的循环流

首先，举个例子来说明国民收入的循环图式只表示了经济运行总过程的一个部分。某企业为了进行生产活动，向银行借入了 50 亿元资金，其中 15 亿元作为购买设备和扩大存货的投资资金，剩下的 35 亿元用于向其他企业购买正常生产所需的原材料和其他中间投入品。这种情况下，进入国民收入核算的部分是用于购买设备和扩大存货的 15 亿元投资资金。其一，购买原材料等中间投入品的 35 亿元，由于是在企业部门内部中间生产物的转移，并非基于新创造的净产值，所以不被计入国民收入的范围。其二，从银行借入的资金借贷关系也无法进入国民收入循环的范围。无论最初是依靠向银行借款还是自有资金来进行投资，两者的区别不会反映在国民收入的核算中。

当然，国民收入循环将这部分经济活动省略，只聚焦经济活动的净产值或附加价值部分，其本身也是一种十分重要的简便方法。但是，倘若进一步观察经济活动的结构，那么仅分析国民收入的循环就会存在一定的局限性。例如，两国发生了贸易摩擦，在分析国外的高端设备和中间品对某国禁运，这对该国国内生产活动造成何种程度影响的问题时，由于国民收入循环未能刻画生产部门间中间生产物的使用和投入(中间生产物的交易流量)，因此针对这类问题无法给出适当的回答。又如，在讨论用于投资活动的各类资金具有哪些结构性特征时，同样基于统计国民收入循环的账户也不能给出合理的回答。为了厘清这些结构特征，就需要进一步扩大把握经济循环的视野。为此，可以将构成经济循环的各类交易流向分解为以下三大类。其一，最终生产物的生产与基于这种生产所形成的要素收入和经济主体的支出流向；其二，原材料等中间生产物的生产与基于这种中间生产过程的投入与采购流向；其三，在流通过程中，与以上产品和服务反向流动的资金流向，以及与实物流通不直接相关联的资金流向，即通过金融借贷交易发生的货币和信用的流向。

二、经济循环的五大核算

事实上，通过国民收入来把握经济循环就是从国民经济整体的层面出发，将研究视野只聚焦在最终产品交易上，此时并不用考虑企业间的中间品交易和金融借贷交易，因为企业的中间品交易是生产部门的内部交易，企业间的买与卖从国民经济整体来看是相互抵消的。同理，资金的借贷交易，从国民经济整体来看也是可以相互抵消的，有一方贷必有另一方借。但是，若将整体拆分成不同部门，这类抵消就无法成立，把握部门间的交易关系就变得非常重要。

投入产出表就可以视为对“国民收入账户”的有益补充和发展，不仅将最终生产物的交易和国民收入账户的各类经济主体纳入统计范围，还进一步将生产部门按产业属性分为农业、矿业、制造业等各类细分行业部门。同样，“资金循环表”以机构部门分类将经济主体分为企业、个人、金融机构和政府等各机构部门，统计这些机构部门间货币和信用交易的流向和流量。除此之外，“国际收支表”和“国民资产负债表”也同样基于把握经济循环的目的，记录了相关交易的统计数据。这五张账户表通常被称为国民经济核算的五大核算。

一方面，由于国民经济核算的各类表式都是基于各自特定的角度来统计国民经济循环的各种“交易流”，其所统计的对象都属于国民经济活动，所以各类表式间存在着紧密联系。另一方面，各类表式都基于各自独有的分析目的和统计目的，其完善过程都遵循着自身的发展轨迹，其统计估算方式并不基于同一类基础统计数据和估算方法，因此这些账户统计表之间的概念和定义并不是完全一致的。这就引发了国民经济核算的标准化问题，在此问题上，联合国的国民账户的标准方式做出了巨大的贡献。

自 1968 年，SNA 提出全面整合的新发展方向以来，至今修订到了第 5 版，即 SNA2008。这里所说的全面整合是指引入投入产出、资金流量、资产负债以及不变价格核算的有关内容，将刻画经济循环的不同统计方式融合到一种统一的表现形式，从整体上设计一种用不同的核算方式刻画的反映经济活动和部门间交易之间相互内在关联的账户整合表。需要说明的是，SNA 作为一个标准的账户体系，包含了五大核算的统计数据和分析理念，但所谓“五大核算”只是人们从分析角度对 SNA 加以归纳和发掘的结果，两者之间并不能简单地画上等号①。

---

① 杨灿. 国民经济统计学[M]. 北京：科学出版社，2008，第 13 页.

第四节 经济循环与投入产出

一、投入产出中的中间品循环

投入产出表的统计范围不仅包括了国民收入统计的主要对象、最终生产物的流量数据，还包括了中间生产物的流量数据，用于揭示总生产过程中各生产单位的生产、分配和支出。与同样作为分析生产过程的表式相比，马克思的再生产表式将生产部门分为消费品生产部门和生产资料生产部门这两大部门，列昂契夫的投入产出表在产品需求方面继承了马克思的二分法，但是在投入产出表的部门分类中保持了独特的创新性。举个例子，就燃气来讲，将燃气投入制造工厂的蒸汽锅炉就是生产资料，而如果燃料被直接用于居民生活那就成了消费品。若按再生产表式，一个燃气制造业需要分成生产资料的生产部门和消费品的生产部门，显然若没有事先知晓供企业与供居民和政府使用的需求比例作为前提条件，这种同一部门生产上的分割就无法产生现实意义。在投入产出表中，更加重视产品的需求结构，燃气制造产业作为一个技术生产单位自身构成一个部门，与马克思对生产部门采用的二分法有所不同。值得强调的是，投入产出的分析目的在于分析生产部门间（不同产业间）生产活动的相互依存关系，在投入产出表中对产业部门的划分则是越细越好，这个改良对丰富和拓展马克思经济学具有重要的理论价值。

投入产出表从行方向和列方向分别以不同角度刻画了中间品循环和收入循环。投入产出表的横向，即行方向，反映了经济活动的收入，而纵向，即列的方向表示经济活动的支出。投入产出表中的收入与支出的均衡没有采用借贷形式的账户方式，而是采用了矩阵形式来表示，这种矩阵式的表示方式之后被理查德·斯通（Richard Stone）等纳入 SNA 体系并拓展成社会核算矩阵[①]。

从投入产出表的横行来看，可以知道各产业通过生产活动创造的产品被销售到哪些部门，销售量是多少，即该产品的分销结构。其中，区分作为中间生产物销售给各产业的部分（中间需求）和作为最终生产物销售给居民、企业和政府等机构部门的部分（最终需求）。国民收入账户只核算最终需求部分，即与国内总支出相对应。

从投入产出表的纵列来看，可以知道各产业为了生产其产品，需要从哪些部门购买哪些原材料等中间生产物，即该产品的采购结构或可称为成本费用结构。其中，区分作为中间生产物投入生产活动中的部分（中间投入）和作为劳动报酬、政府

① 有关社会核算矩阵的说明，可参考杨灿. 国民经济统计学[M]. 北京：科学出版社，2008，第 231—237 页。

税金和营业盈余的增加值部分。国民收入账户只核算增加值部分，即与国内生产总值相对应。

事实上，结合横向上的“供需平衡”和纵向上的“收支平衡”，进而聚焦产业间基于生产技术的相互依存结构来分析经济循环的机制是投入产出分析的主要目的。例如，当某种商品的需求出现增长时，这种需求会带动与其相关联的产品（即生产所需的各类零部件），进而带动与这些零部件相关联产品的需求，最终对生产活动产生何种程度的波及效应，可以通过产业间行和列的技术结合关系来量化估算。又如，当某产业的工资上涨或其产品价格出现上涨时，这种价格上涨通过产业间的成本结构必定会传导到其他产业的产品价格。这种价格波及传导效应，也可以从投入产出表中先计算反映各产业间生产技术关系的系数（投入系数），再根据投入系数算出投入产出乘数（列昂契夫逆矩阵）来进行量化分析[①]。

因此，投入产出理论对类似不考虑构成国民经济的各部门间的整体相互依存关系就无法解决的问题，提供了行之有效的综合判断方法。由于这个理论可以从生产结构与需求结构的相互关联，或者从生产和需求结构与分配结构的相互关联等不同角度切入研究经济循环与结构的特征，在经济分析的实证领域被广泛应用推广并取得了众多具有国际影响力的分析成果。可以说，想要知道国民收入循环的背后支持生产活动的结构对经济循环所造成的影响，就离不开投入产出理论。

二、SNA 方式投入产出的供给与使用

值得强调的是，列昂契夫提出投入产出分析的本来目的是通过聚焦产业间基于生产技术的相互依存结构来分析经济循环的机制和特征，在其编制投入产出表时，其产业分类基于一种纯部门假定。纯部门假定的一个重要作用就是确保投入系数的变化尽可能只反映技术变化。如果某一部门不是纯部门，假定包含两种产品，那么即使这两种产品的生产技术没有发生任何变化，只是由于两种产品的产出发生了变化，也会导致两种产品组合在一起的这个“混合部门”的投入系数发生变化。显然这种变化与技术没有任何关系。

从这一点而言，SNA 方式的投入产出表反映了一个产业生产多种产品的实际情况，使用了产业活动分类与产品分类两种不同的分类表式，即 V 表（供给表）与 U 表（使用表）。在 SNA 体系中，V 表和 U 表是投入产出核算的核心内容。其在核算中起到几个重要作用。一是对生产核算的补充，以及对货物与服务账户的深

① 有关投入产出的价格模型，可参考刘起运，陈璋，苏汝劼. 投入产出分析[M]. 北京：中国人民大学出版社，2011，第 185—192 页。

入细化，发挥协调各种数据来源的重要作用。二是在 U－V 表的基础上可以进一步推导对称的投入产出表①。

供给表也称为"产出表"，行方向是产品（包括货物和服务），列方向是产业部门和产品的进口与商业和运输费用，其表结构见表 1－8。供给表的左边部分是 V 表，反映各产业生产或供给哪些产品，$v_{ij}(i=1, \cdots, m; j=1, \cdots, n)$ 反映 i 产品由 j 部门生产的数量，或 j 部门生产的 i 产品数量。供给表右边部分的项目分别是，一是总产出，即某种产品的价值总量 $\sum_{j=1}^{n} v_{ij}(i=1, \cdots, m; j=1, \cdots, n)$；二是进口；三是按生产者价格计算的总供给，即总产出和进口的合计；四是按购买者价格计算的总供给，即按生产者价格计算的总供给加上产品的商业和运输费用。

表 1－8 供给表

		产业				总产出	进口	按生产者价格计算的总供给	商业和运输费用	按购买者价格计算的总供给
		1	2	…	n					
产品	1 2 ⋮ m	$v_{ij}(i=1, \cdots, m;$ $j=1, \cdots, n)$								

资料来源：杨灿. 国民经济统计学[M]. 北京：科学出版社，2008：90.

使用表也称为"投入表"，结构与投入产出表相似，反映各产业生产过程中的所有投入情况，其结构见表 1－9。使用表分为三个象限，第一象限从行方向看，反映各种产品如何被使用，此时u_{ij}表示 i 产品作中间投入品如何被 j 部门使用到生产过程中；从列方向看，反映各部门的中间投入成本，此时u_{ij}表示 j 部门生产过程中消耗的 i 产品所支付的成本。此外，第二象限反映各种产品的最终使用情况；第三象限则反映各部门创造的增加值及其构成。

值得注意的是，在 1968 年 SNA 提出了全面整合的新发展方向，其中引入投入产出理论，并提出 SNA 方式的投入产出的供给与使用，不仅因为投入产出理论在揭示中间品循环上的重要功能，而且最主要目的在于从统计上对投入产出、资金流量、资产负债以及不变价格核算的有关内容进行整合，像投入产出表一样，将刻画经济循环的不同统计方式融合到一种统一的矩阵表现形式，从整体上设计一种用不同的核算方式刻画的反映经济活动和部门间交易之间相互内在关联的账户整合表，之后社会核算矩阵的发展可以被视为这个研究方向的重要成果。

① 夏明，张红霞. 投入产出分析[M]. 北京：中国人民大学出版社，2013：389.

表 1-9　使用表

<table>
<tr><th colspan="2" rowspan="2"></th><th colspan="4">投入部门</th><th colspan="4">最终使用</th><th rowspan="2">总使用（购买者价格）</th></tr>
<tr><th>产业 1</th><th>产业 2</th><th>…</th><th>产业 n</th><th>最终消费</th><th>资本形成总额</th><th>出口</th><th>最终使用合计</th></tr>
<tr><td rowspan="4">产出部门</td><td>产品 1</td><td colspan="4" rowspan="4">第一象限 u_{ij} $(i=1, \cdots, m; j=1, \cdots, n)$</td><td colspan="4" rowspan="4">第二象限</td><td rowspan="4"></td></tr>
<tr><td>产品 2</td></tr>
<tr><td>⋮</td></tr>
<tr><td>产品 m</td></tr>
<tr><td rowspan="5">最初投入</td><td>雇员报酬</td><td colspan="4" rowspan="5">第三象限</td><td colspan="4" rowspan="5"></td><td rowspan="5"></td></tr>
<tr><td>生产税净额</td></tr>
<tr><td>固定资本消耗</td></tr>
<tr><td>营业盈余</td></tr>
<tr><td>增加值合计</td></tr>
<tr><td colspan="2">总投入（生产者价格）</td><td colspan="4"></td><td colspan="4"></td><td></td></tr>
</table>

资料来源：杨灿. 国民经济统计学[M]. 北京：科学出版社，2008：91.

三、社会核算矩阵

国民核算即国民经济核算，也称为社会核算或社会会计。其中，国民收入核算可谓是社会核算的长子，国民收入统计在西方经济学领域从 17 世纪后半期的配第开始已经有 300 多年的历史。但是，本章展开的国民收入账户体系形成于 20 世纪的英国，凯恩斯在其名著《就业、利息和货币通论》中建立了凯恩斯宏观经济模型，该模型抓住居民、企业和政府之间的经济流量循环关系，着重解决支出构成（消费、储蓄和投资等）变动情形下的国民收入决定问题。基于这个宏观模型构建的国民收入账户体系，最早出现于其 1940 年的著作 *How to Pay for the War* 的附录 1 中，其中理查德·斯通做出了重要贡献。其后，斯通毕生从事国民账户研究，领导联合国国民经济核算账户体系 SNA 的标准制定和修订工作，并因其在国民账户研究领域的卓越贡献荣获了 1984 年的诺贝尔经济学奖。

早在 1953 版的 SNA 中，并未纳入投入产出分析和资金流量分析。但是，投入产出理论的重要性已经被凯恩斯学派的学者所重视①。斯通在剑桥大学组织了经

① STONE. Simple transaction model, information and computing [J]. The Review of Economics & Statistics, 1951: 52.

济增长模型的计量小组，通过连接传统的国民收入账户和投入产出表，着手制作称为 SAM(Social Accounting Matrix)的账户矩阵，构建为剑桥经济增长模型服务的数据库①。其数据整理工作从解决传统的国民收入账户统计与 1954 年英国的投入产出表是否存在统计差异开始。从最初斯通提出的交易模型可以看出，其设想的社会核算体系的一般形式可以表示为交易矩阵，用于说明经济主体(账户)之间交易的相互依存关系。为了便于宏观模型的实证分析，斯通进一步将交易矩阵中的要素表示为交易主体的收入与支出对应状况，基于交易矩阵构造了对应矩阵，用于说明交易发生的原因。之后，斯通基于交易矩阵的理论，对其他会计体系重新分类，进一步拓展了分类矩阵理论②，最终形成以 SAM 来整合 SNA 的思路。

目前在学术界对于社会核算矩阵还没有一个完全统一的定义，因为其实质就是用矩阵式平衡表组织的国民账户体系，在某种程度上就是投入产出表的一种拓展应用。在 1993 版 SNA 中，SAM 的定义为“以矩阵形式表示的 SNA 账户，刻画了供给表、使用表与部门账户之间的关系；它反映了一定时期内社会经济主体间的各种联系”。与投入产出表相比，SAM 不仅补充了收入分配和再分配关系的缺失，而且开发了连接投入产出分析、消费者需求分析、政府支出分析之间各自交易分类基准(部门分类)的分类变换矩阵的功能，还可以区别资本扩张账户和资本更新账户并在产业部门、居民和政府各部门中得以细分。因此，通过 SAM 可以整合 SNA 中的其他账户的信息，更加完整地反映经济系统生产、收入分配、再分配、消费支出和再生产的经济循环。另外，SAM 构建的灵活性可以更加突出社会属性意义，例如，只要统计资料充分，可以在 SAM 中按收入的高低和职业属性细分居民和要素账户，从而进一步反映出收入分配的社会属性。

四、我国投入产出表部门分类

从上述内容可以看出，斯通无论是构建 SAM，还是将投入产出理论引入 SNA

---

① STONE. Input-output and the social accounts [M]// BARNA T. The Structural interdependence of the economy. New York: John Wiley & Sons, 1956: 429.
STONE. A computable model of economic growth, a programe for growth [R]. series 1. Cambridge: The Dept. of Applied Economics, University of Cambridge, 1962.
STONE. A social accounting matrix, a programe for growth [R]. series 2, 1962.
STONE. Input-output matrix, a programe for growth [R]. series 3, 1963.
PYATT G. Capital, output and employment 1948 - 1960, a programe for growth [R]. series 4, 1964.
STONE. Mathematics in the social sciences and other essays [M]. London: Chapman and Hall, 1966.

② STONE. Input-output and the social accounts [M]// Barna T. The Structural interdependence of the economy. New York: John Wiley & Sons, 1956: 153 - 157.

中，都借助供给表和使用表，其中最大的原因就是解决投入产出表和其他核算账户的部门分类问题。因此本节我们回到投入产出表的世界，了解一下我国投入产出表中的实际分类情况，进一步明确投入产出表中经济循环和各经济主体的具体意义。

一般而言，生产是将各种投入转化为产出的活动。生产活动包括经济生产和自然生产。经济生产是在个人、集体、企业等生产单位控制和管理下的生产活动，而自然生产则是非人为参与的纯自然生长过程。货物和服务是两种主要类型的生产活动的产出，也可称为生产物、产品或商品。通常我们所说的经济活动，既包括产品的生产活动，也包括商品的交易活动。投入产出表既从货物和服务的生产过程，也从货物和服务的交易过程来刻画经济活动，为此如何设定货物和服务的品目分类，即产品分类，对统计经济活动量的大小起到重要作用，在编制投入产出表的过程中，首先需要决定如何区分部门（产品）来刻画一定期间内特定地区的经济活动总量。

通常，由基层生产单位生产的，并在该基层单位之外使用的那些货物与服务才构成产出。当一个企业包括一个以上基层单位时，该企业的产出等于各个基层单位产出之和。以产品的生产单位为分类标准的部门分类称为产业。联合国制定并公布了《国际标准产业分类》（ISIC），至今已在大多数国家推广应用，作为制定本国产业分类的基础。此外，还有以产品的物理性质为分类标准的部门分类，联合国同样制定了《产品总分类》（CPC），作为产品分类的统一标准①。

我国投入产出表的部门分类与现行的国民经济行业分类有所不同，投入产出表一般采用产品部门分类，即以产品为对象，把具有某种相同属性（产品用途、消耗结构、生产工艺基本相同）的若干种产品组成一个产品部门，根据产品部门的资料编制投入产出表。在投入产出表中的部门分类是基于生产技术为标准的分类，与CPC的产品分类相比，更加偏重于生产工序和生产技术。值得注意的是，同一个产品部门的货物或服务在现实中很难同时满足三个基本相同的条件，往往只能根据某种货物或服务符合某一个基本相同条件而划归为同一个产品部门，而将符合另一个基本相同条件的其他货物或服务则划为另一个产品部门。总而言之，投入产出表采用了产品部门分类，确保了产品的“纯”部门前提，进而最大限度地确保了投入系数的稳定性，力求投入系数的变化真正反映技术变化。根据《国民经济行业分类》（GB/T4754—2011），中国2012年投入产出表划分为139个产品部门②。

---

① 有关产品和产业分类，参考夏明，张红霞. 投入产出分析[M]. 北京：中国人民大学出版社，2013：379—380。

② 国家统计局国民经济核算司. 2012年中国投入产出表[M.]北京：中国统计出版社，2015：6.

在投入产出表中，各部门的总产出反映了各部门的经济活动量。特定地区的总产出是指在一定时期内特定地区所有产品的产出值。我国的总产出，不仅包括在我国的经济领土内具有经济利益中心的经济单位，即常住单位所生产的最终产品，也包括其所生产的中间产品，依照指定的产品分类标准，全部纳入核算产品的产出总额。总产出按生产者价格计算，即从购买者价格中扣除不可抵扣的增值税、运输费用和商业贸易费。在投入产出表的编制中，各部门的总产出与其他所有部门都有相互关联性，准确估算总产出起到至关重要的作用。在实际制表中，首先基于行与列两端的总产出，调整平衡投入结构和销售结构，为此总产出也被称为控制总量。如果某个部门的产出额偏差很大，这将会影响其他所有部门，整张表的精度就会受损，为此精确估算总产出是编制投入产出表的重中之重。

值得注意的是，上述解释总产出时用了常住单位，而不是生产部门或是生产单位，其理由十分重要，这关系到投入产出表中内生部门的范围设定。何谓常住单位呢？从交易的角度看，交易的主体是机构单位与部门。机构单位强调的是能够拥有资产和承担负债的行为主体的法律含义。国民经济核算体系中涉及两类机构单位：住户与法律实体。机构部门包括非金融公司、金融公司、住户、政府、为住户服务的非营利机构五大类。这五大类都是常住单位，把经济活动中与常住单位产生联系的非常住单位统称为国外[①]。

在投入产出表中，中间投入或中间使用的部门，即反映产业部门间货物或服务交易关系的部门，被称为内生部门，是投入产出表的核心部分。由于投入产出表部门分类是基于产品分类，生产这些产品的产业范围如何选取是一个非常重要的问题。将以营利为目的的从事各类产品生产的企业作为企业部门纳入内生部门是毫无疑问的，除此之外，政府以及为住户服务的非营利机构的活动如何纳入内生部门就是一个需要研究的问题。

我国的投入产出表中，公立的教育和卫生机构，提供临时、长期住宿的福利和救济活动的社会工作机构，以及反映政府活动的公共管理和社会组织机构都纳入了内生部门。这些部门的大部分收入都来自政府的财政支出，也就是说，我国投入产出表将政府的活动区分为作为交易产品的政府服务的生产者和不作为交易产品的政府服务的提供方（社会工作机构）明确地刻画出来。

---

① 有关常住单位的解释，参考夏明，张红霞. 投入产出分析[M]. 北京：中国人民大学出版社，2013：359.

第二章 经济增长

从第一章讲述的经济循环理论的内容可以看出，经济循环理论的发展与国民经济统计学的发展是相辅相成的。经济学家对描述相关经济循环的统计，从最初的国民收入、国民财富的总量统计开始，逐步发展到投入产出表、资金流量表、国民资产负债表以及国际收支平衡表，形成了现代国民账户体系，从而促进了经济循环理论的不断发展。

显然，在经济学家看来，经济理论仅是一种研究工具。例如，从配第的《爱尔兰政治解剖》开始，从其用于解释经济政策间关系的各种例子可以看出经济理论的这种工具性质。正是由于经济理论作为政策研究工具的这一性质，离开了描述经济社会发展变化的数量统计资料和实证分析，理论就不能产生具体结果。20 世纪 30 年代，英国经济学家凯恩斯运用国民收入总量概念对宏观经济进行了开创性的研究，在其名著《就业、利息和货币通论》中详细阐明了其宏观经济思想理论并建立了宏观经济模型。凯恩斯模型借助于企业、居民和政府之间的经济流量循环关系，深入分析支出构成（消费、储蓄和投资等）变动情形下的国民收入决定问题。值得强调的是，没有统计数据，理论就不能产生实证结果。为此，在凯恩斯的推动下，斯通和詹姆斯·米德（James Meade）曾于 20 世纪 40 年代初率先运用复式记账方法出版了《国民收入与支出》（*National Income and Expenditure*）（1944 年）。

凯恩斯的分析工具基本是静态的，即对同一时点经济数量间的关系进行分析，但它在经济分析史上的地位却又和它对宏观动态学的推动具有密切联系，即对不同时点间的宏观经济数量间的关系分析起到了推动作用。而所谓经济增长就是指，国民生产额、国民收入等国内经济的基础指标随着时间的推移，在规模水平上出现增长，在结构上呈现优化。显然从第一章可以看出，对静态的经济循环研究不仅必需而且重要，但这并不影响进一步从动态的角度研究经济在循环中增长扩张的机制和路径。

事实上，早在古典学派时期，从长期动态角度研究经济增长已成为斯密、李嘉图和马克思经济学的核心主题之一。但是，经历了“凯恩斯革命”洗礼之后，在主流经济学中形成宏观经济学这门学科，由此使主流经济学突破了在一百年中单纯研究价值论、分配论与资源配置问题的局限，主流的经济增长理论模型研究正是随着这场革命而产生的。例如，在凯恩斯《通论》出版后不久，罗伊·哈罗德（Roy F. Harrood）出版了《贸易周期》（*The Trade Cycle*）一书，将凯恩斯的国民收入决定论、投资乘数理论和加速原理相结合，用于分析贸易周期变动机制，不仅为其之后的名著《走向动态经济学》（*Towards a Dynamic Economics*）奠定了一定的理论基础，而且对应用乘数——加速数模型分析经济波动现象起到了推动作用。

值得注意的是，无论是凯恩斯还是新古典学派，在其模型中都无法反映生产作为"循环流"的理念。尽管新古典派增长理论通过导入柯布-道格拉斯生产函数，完善了反映凯恩斯模型动态化思想的哈罗德模型的均衡增长稳定性问题，但其对生产的描述仍然是从初始的生产要素到生产出最终产品。同样，在凯恩斯的静态体系中，乘数理论在连接消费、投资和收入之间的关系上发挥了重要作用，为研究宏观经济增长奠定了理论基础，总量分析的框架也不存在任何逻辑的错误，但是总量分析在结构视角上的缺失，使得在多国贸易模型中中间品贸易参与生产活动，即中间品循环，无法反映到国内经济循环中，而恰恰是这种涉及生产面的波及过程，才最终引发了收入循环过程。事实上，乘数效应不仅发生在投资上，同样发生在消费和出口贸易上，而且不仅通过消费倾向，而且通过生产技术的投入系数来实现。换而言之，一方面买多少买什么最终消费品的消费意愿固然重要，另一方面，还存在不得不买，必须购买的经济活动。例如，做衣服就要买布料、制造设备就要买零部件和钢，不买布料和零部件，衣服和设备就造不出来。所以乘数效应不能仅从消费方面分析，从生产供给侧也是产生连锁反应的根本原因。

在这方面，以投入产出分析为代表的多部门乘数抓住了宏观乘数理论无法分析的经济系统内部结构，在详细分析外部冲击的波及过程方面具有明显的优势，特别是反映了经济体的生产结构对收入决定起到重要作用。投入产出理论的发展过程中，通过不断拓展传统投入产出模型，从消费结构的视角来诠释兼顾生产循环过程的消费倾向，逐步发展将需求结构、生产结构和分配结构综合分析的手法，其分析特点与优势是宏观经济模型所无法提供的。在动态化方面，冯·诺依曼（von Neumann）把联合生产作为模型的一般形式，用不等式取代等式，同时引入技术选择，把给定技术下的静态系统发展到一种增长率外生确定条件下的准静态体系，证明了在其假定的经济系统中存在一个最大增长率的均衡增长路径，且伴随着一个相应的固定价格与利息率。冯·诺依曼的一般均衡模型进一步推动投入产出模型扩展到最优增长路径的研究。通过将投入产出模型中的静态均衡转换为不等式的条件约束，并附加一定的目标函数，从而令投入产出模型中计算静态均衡解转变为满足约束条件的可行解与最优解的线性规划问题。在研究最优增长路径的同时，也自然解决了投入产出模型因果不确定性的内在逻辑矛盾。另外，在投入产出理论融合凯恩斯学派和新古典学派理论方面，克莱茵提出的列昂契夫-凯恩斯模型和阿尔蒙(1991)的多部门宏观计量经济模型都做出了极大的贡献。总而言之，投入产出理论在多部门乘数、多部门生产函数和多部门经济增长理论方面，对研究总量宏观经济的凯恩斯宏观经济学理论、新古典经济学理论以及新剑桥学派经济学理论都做出了有益的补充，令多部门经济学理论的研究在复杂的现实世界中，越来越显示出经济理论作为研究工具的价值。

第一节　凯恩斯乘数理论

一、凯恩斯的经济世界观

与古典学派，甚至新古典学派对经济的世界观不同，凯恩斯研究的经济对象具备以下几个主要特征。一是货币经济，而非物物交换经济。二是非弹性价格经济，而不是弹性价格经济。三是非自愿性失业经济，而非充分就业经济。四是有效需求可能存在不足的经济。

在现实经济交易中，各种商品的交易单位与交易单价各不相同，在市场决定的交换比率下，在较短的交易时间内与其他商品交换的容易度或灵活度被称为流动性。货币经济的一大特点是，货币与其他商品相比，具有最高的流动性，只要提供货币，就相对容易获得商品①。相反，通过提供商品来获得货币就会存在一定的不确定性。也就是说，在货币经济体系中，商品的需求方(提供货币方)相对而言可以考虑比较确定的商品供给，而商品的供给方需要面对不确定的需求市场。然而，在古典学派的经济世界观中，价格可以完全弹性变动，供需可以瞬时达到均衡，人们可以随心所欲地通过议价完成买卖交易，因此并不关注货币的强流动性的意义②。也正是因为价格是完全弹性的变动，因此货币作为交换中介商品，其本身的价值也不稳定，有损作为货币的功能。换而言之，货币经济中，货币之所以能发挥货币的作用，是因为商品价格无法迅速弹性变化，即通货膨胀相对较慢③。既然商品价格

① 凯恩斯对货币的灵活或流动性解释，参考凯恩斯. 就业、利息和货币通论[M]. 辛怡，译. 北京：中国华侨出版社，2017：69—73。

② 凯恩斯对古典派的货币认识批判，参考凯恩斯. 就业、利息和货币通论[M]. 辛怡，译. 北京：中国华侨出版社，2017：8—9。

③ 凯恩斯对通货膨胀和物价的说明，参考凯恩斯. 就业、利息和货币通论[M]. 辛怡，译. 北京：中国华侨出版社，2017：90—92。

无法通过迅速弹性变动来调节供需平衡，那么产品的过剩供给或过剩需求的状态就会发生。若是过剩供给的状态，供给方无法依照生产能力将生产的产品想卖多少就卖多少。相反，若是过剩需求的状态，需求方无法根据自身的购买意愿想买多少就买多少。另外，若产品的过剩需求和过剩供给的发生是无法避免的，那么，供给方受到需求方的约束，一定会考虑相应的供给计划。同样，需求方也受到供给方的约束，不得不考虑相应的需求计划。但是，无论是过剩供给还是过剩需求的发生，都是事先不知晓的。如上述所指，在货币经济中，产品的供给方比需求方更加受到不确定性的影响①。因此，若货币经济是一种价格不具备迅速弹性变化的经济，那这种经济也可以被理解为是一种由需求约束的经济活动，即需求决定的或需求约束的经济。凯恩斯有效需求理论的逻辑也正在于此。

相比不受需求约束的经济状态，在这种需求的不确定性强烈约束经济活动的状态下，产品的供给和劳动的供给会出现缩小的可能性。企业通过预判过剩供给的趋势，会选择非自愿减产的情况，而居民（住户）部门也会出现非自愿失业。凯恩斯对非自愿失业的理解是，如果工资品价格稍有上升，现行货币工资水平下愿意工作的劳动总供给量与总需求量都将增大，那么劳动者就处于非自愿失业状态，并定义没有非自愿失业的状态就是充分就业状态②。值得注意的是，凯恩斯不仅从劳动供给角度定义了非自愿失业和充分就业状态，还以企业产能利用的角度定义充分就业的概念，即无论有效需求如何增长，产出再也不能随之增长时的就业状态③。显然，后者的定义与其说是充分就业，不如说是产能的充分利用。进一步说，能否达到充分就业状态不仅受到有效需求的约束，同时也受到供给方实际生产能力的约束。

二、收入决定理论的基本框架④

凯恩斯的收入决定理论的中心思想，简而言之就是在供给侧条件给定的情况下，决定一定时期内国民收入水平的主要因素是消费和投资构成的总需求的大小。通过企业的生产活动，参与生产的人们获得了收入，其中作为消费支出的收入部分

① 凯恩斯对供给和需求之间面临不确定性的说明，参考凯恩斯. 就业、利息和货币通论[M]. 辛怡，译. 北京：中国华侨出版社，2017：64—66。

② 凯恩斯对非自愿失业和充分就业的说明，参考凯恩斯. 就业、利息和货币通论[M]. 辛怡，译. 北京：中国华侨出版社，2017：8—9。

③ 凯恩斯. 就业、利息和货币通论[M]. 辛怡，译. 北京：中国华侨出版社，2017：11。

④ 凯恩斯对投资乘数的说明，参考凯恩斯. 就业、利息和货币通论[M]. 辛怡，译. 北京：中国华侨出版社，2017：36。

成为需求——购买企业的产品，从经济整体层面看，这又形成了企业的收入，回流到企业家手中。但是，没有消费的收入部分，也就是储蓄，并不形成需求，无法回流到企业部门。因此，若没有以投资形式来弥补这部分消失的需求，企业就不得不缩小产能。相反，投资若以大于储蓄的水平展开，企业就会扩大生产活动的规模，国民收入水平就会出现上升趋势。这个经济运行逻辑无疑体现了凯恩斯对于经济增长机制的认知。

那么，我们想知道的是投资的变动 ΔI 所带动的收入水平的变动 ΔY 的大小究竟是多少。解答这个问题的关键在于，增加一单位收入时用于消费的比重，即边际消费倾向的大小。现假设边际消费倾向为 0.6，当加大投资 $\Delta I=10$ 时，通过生产可以获得收入增加 $\Delta Y_1=10$，其中 60%用于消费，$\Delta C_1=6$，而由于这部分消费增加，通过生产又可以带动收入增加 $\Delta Y_2=6$，再以 60%的比例将 ΔY_2 用于消费，则 $\Delta C_2=3.6$，这部分又可带动收入 ΔY_3 的增加，如此周而复始，当初 ΔI 带动的收入增加的累计值为

$$\begin{aligned}\Delta Y &= \Delta Y_1+\Delta Y_2+\Delta Y_3+\cdots \\ &= 10+6+3.6+\cdots \\ &= [1+0.6+0.6^2+\cdots]\times 10 \\ &= \frac{1}{1-0.6}\times 10=25\end{aligned} \tag{2-1}$$

一般化的表示为

$$\Delta Y=\frac{1}{1-c}\Delta I \tag{2-2}$$

换而言之，投资增量乘以(1－边际消费倾向)的倒数，可得收入增量，通常，这里的 $\frac{1}{1-c}$ 被称为凯恩斯投资乘数，以上的动态过程也称为乘数过程。

在经济学中，乘数通常指在一定的经济结构下，经济系统受到了外生冲击后，引发各种经济变量产生相互波及效应的倍数的一种概念。值得一提的是，萨缪尔森将内生变量间的波及效果的倍率称作拟乘数①。凯恩斯的投资乘数也是比较静态中最为单纯的事例。比较静态是指对于处于均衡状态的经济体系受到参数(经济限制因素)的变化(如消费者偏好的变化、技术进步等)的冲击时，经过一段时间会到达新的均衡，分析随着这种参数变化如何影响均衡值在相位图中变动方向的手法。一般而言，由于参数变化所引发的均衡值的相位变动方向事先是无法判断

① Samuelson P A.. The simple mathematics of income determination [M]// Metzler L A. Income employment and public policy. New York: Norton, 1948.

的，而通过分析均衡的稳定条件来确定变化方向的可能性就会大大提高。比较静态学与稳定条件的紧密关系也被称为对应原理①。

结合凯恩斯的投资乘数和比较静态学的概念来进一步理解乘数理论对收入决定理论的意义。假设 Y 不是均衡值，ΔY 是 Y 与均衡值 Y_e 之间的差，$C=cY+C_B$，C_B 代表基础消费，根据收入决定理论的中心思想，$C+I>Y$ 时，Y 会增加，$C+I<Y$ 时，Y 会减少。若 Y 的变化速度与有效需求$(C+I)$和 Y 之间的差存在比例关系，μ 代表调整速度的系数，可得

$$\frac{\mathrm{d}Y}{\mathrm{d}t}=\mu(C+I-Y),\ (0<u\leqslant 1) \tag{2-3}$$

从 Y_e 的定义可得

$$\frac{\mathrm{d}Y_e}{\mathrm{d}t}=0,$$

从而

$$\frac{\mathrm{d}Y}{\mathrm{d}t}=\frac{\mathrm{d}(Y_e+\Delta Y)}{\mathrm{d}t}=\frac{\mathrm{d}\Delta Y}{\mathrm{d}t},$$

$$\begin{aligned}\frac{\mathrm{d}Y}{\mathrm{d}t}&=\mu[c(Y_e+\Delta Y)+C_B+I-(Y_e+\Delta Y)]\\&=-\mu(1-c)\Delta Y\end{aligned}$$

故

$$\Delta Y=\Delta Y_0\mathrm{e}^{-\mu(1-c)t} \tag{2-4}$$

其中，ΔY_0 为 ΔY 的初值，只要 $c<1$，ΔY 将随时间而向 0 收敛，也就是说 $c<1$ 是唯一的稳定条件，满足这个条件也就意味着投资乘数是一个正的一定值。相反，若 $c\geqslant 1$，ΔY 将无穷大，无法确定 Y_e 的状态，乘数理论的经济意义也将消失。凯恩斯将乘数理论引入其宏观理论框架，成为收入决定论的核心部分之一，边际消费倾向越大，投资乘数越大，但是边际消费倾向不能大于等于 1，否则收入水平将不存在均衡值。

第二节　乘数理论的拓展

凯恩斯的投资乘数将投资增加对其他需求的冲击路径限定在消费增加的一条

① 萨缪尔森. 经济分析基础[M]. 何耀等，译. 大连：东北财经大学出版社，2006：152.

路径上，且将投资效果漏出的路径聚焦在储蓄上，从这个意义上来讲，投资乘数是比较单纯的乘数。在现实的国民经济中，或国民经济核算中，构成最终需求的还有政府支出和对外出口贸易。作为投资效应的漏出路径，除了储蓄，还有政府税收和通过进口的国外转移，将这些因素做不同组合后，可以构建各种类型的复合乘数。

一、复合投资乘数

兰格(1943)构建了一个经济模型用来说明当增加投资带动收入1次增加后，投资效应不仅可以波及消费需求还可以波及投资，从而导出复合投资乘数①。为了简化说明，姑且先舍去政府交易以及与国外的交易，投资分为与收入水平 Y 无关的自发投资 I_A 和依赖收入水平 Y 的诱发投资 I_i，从而 $I=I_A+I_i$。假定 I_A 是一定的，而 $I_i=rY(r>0)$。兰格将 r 定义为边际投资倾向，这与众所周知的加速数因子有所不同。加速数原理中，诱发投资并不依赖收入水平 Y，而是依赖收入水平的增量 ΔY，两种假定的背后是基于对企业投资行为的认识不同。那么在均衡情况下，有

$$Y_e=C+I=cY_e+C_B+I_A+rY_e \tag{2-5}$$

从而

$$Y_e=\frac{1}{1-c-r}(C_B+I_A) \tag{2-6}$$

因此若 I_A 的增量为 ΔI_A，那么

$$\Delta Y_e=\frac{1}{1-c-r}\Delta I_A \tag{2-7}$$

即复合投资乘数是边际储蓄倾向 $(1-c)$ 与边际投资倾向之间差的倒数。此时，均衡的稳定条件是边际储蓄倾向 s 大于边际投资倾向 r，同时也是乘数过程收敛的条件。复合投资乘数与凯恩斯投资乘数相比，由于分母多减去一个边际投资倾向，乘数效应会变得更大。但是，值得注意的是，卡尔多(1940)认为在经济景气不同情况下，边际投资倾向会有不同的取值，并提出了非线性诱发投资函数②。他认为，在经济不景气、收入水平相对较低时，往往产能过剩，边际投资倾向接近零值，与凯恩斯的投资乘数相似。当经济景气极度繁荣，追加投资会受到充分就业和金融约束，投资处在高水平并难以增长，此时边际投资倾向取值较小，只有中间阶段边际投资

① LANGE O. The theory of multiplier [J]. Econometrica, 1943(11): 227-245.

② KALDOR N. A model of the trade cycle [J]. Economic Journal, 1940(50): 69-86.

倾向取值较大，甚至会超出边际储蓄倾向。

二、财政支出乘数

众所周知，卡恩(1931)的就业乘数为凯恩斯投资乘数和有效需求的提出打下了前期理论基础①。卡恩认为通过增加公共事业的就业可以扩大工资收入和利润，从而可以扩大消费需求。只要不存在消费品的过剩库存，就会带动消费品的生产，从而又可以带动就业增加，再次重复上述的正反馈，最终带动就业成倍增加。显然，卡恩的就业乘数的主张内含财政政策的积极意义。类似的，财政支出乘数理论可以被视作一种主张积极财政政策的模型。

假定在封闭经济中，为了达到各种目标，政府要进行财政支出，同时为了平衡支出，需要征收税金。由于政府支出是由政策决定的，暂且视为外生变量 $\overline{G}$，税收 T 依赖于国民收入 Y，那么 $T=tY$，其中 t 表示税率，并且 $0<t<1$。另外，假定消费是基于可支配收入而支出，那么，$C=c(1-t)Y+C_B$。由于此处聚焦于财政支出，暂且将投资 I 视为一定量 $\overline{I}$，那么在均衡状态下，有

$$
\begin{aligned}
Y_e &= C+I+G = c(1-t)Y_e + C_B + \overline{I} + \overline{G} \\
Y_e &= \frac{1}{1-c(1-t)}(C_B + \overline{I} + \overline{G})
\end{aligned} \tag{2-8}
$$

因此，政府财政支出增加的乘数效果可以表示为

$$
\Delta Y_e = \frac{1}{1-c(1-t)}\Delta G \tag{2-9}
$$

与凯恩斯的投资乘数相比，此处的乘数值相对较小，表示由于征税，收入的溢出增大，乘数的波及效果减弱。因此，减税可以减少收入的溢出，从而提升乘数效应。但是，以上的论述是基于政府支出与税收无关的假定。如果考虑均衡财政，则有由政府支出 G 决定税收 T，以及由税收 T 决定支出 G 两种情况。前者，均衡预算的效果为1，政府支出的增加仅带动税收的增加，可支配收入不会发生变化。相反，若是税收决定支出，则

$$
\begin{aligned}
Y_e &= c(1-t)Y_e + C_B + \overline{I} + tY_e \\
Y_e &= \frac{1}{1-c(1-t)-t}(C_B + \overline{I})
\end{aligned} \tag{2-10}
$$

---

① KAHN R F. The relation of home investment to unemployment [J]. Economic Journal, 1931(41): 173-198.

显然，政府支出不再是外生变量，政府支出增加的乘数效应已无须考虑，此时与任何将政府支出作外生变量考虑的模型相比，投资的乘数效果会显得更大。

三、贸易乘数

在存在对外贸易的开放经济的模型中，有效需求需要加上国外的需求，即出口，同时供给侧也需要加上进口。假定此处暂不考虑政府的经济活动，且投资为一个外生的固定值，M 与 E 分别代表进口与出口，那么在均衡状态下，

$$Y_e + M = C + \bar{I} + E \tag{2-11}$$

若将进口视为国民收入的函数，边际进口倾向为 m，则 $M = mY(0 < m < 1)$。出口是外生决定的变量，此处假定为固定值$\bar{E}$，那么在均衡状态下，

$$Y_e = \frac{1}{1 - c + m}(C_B + \bar{I} + \bar{E}) \tag{2-12}$$

因此，投资（或者是出口）增加的乘数效果可以表示为

$$\Delta Y_e = \frac{1}{1 - c + m}\Delta I \tag{2-13}$$

即对外贸易乘数是边际储蓄倾向加上边际进口倾向的和的倒数①。换而言之，由于投资和出口增加的乘数效果会通过进口的增加向国外漏出，这部分收入的漏出会削减对国内收入增加的乘数效果。但是，这种对外贸易乘数尚未考虑中间品进口的漏出影响，这将在投入产出理论框架中进一步讨论。

以上的论述中暗含着一个重要的理论拓展空间，即国外经济的反向作用②。也就是说，当本国的投资增加带动进口增加时，实质上增加了对他国的有效需求，扩大了他国的国民收入，同时也会增大他国对本国的进口，对本国的国民收入造成影响，这就是所谓的反向作用。由于存在这种逆向效果，两国的国民收入会发生相互增大的乘数过程，如此就可以构建一个两国间相互作用的模型。假定，A 国与 B 国进行国际贸易，A 国的国民收入、消费、投资、进口和出口分别为 Y_a、C_a、I_a、M_a 和 E_a，B 国的以上对应的变量分别为 Y_b、C_b、I_b、M_b 和 E_b。若不考虑双方政府

---

① 凯恩斯乘数理论运用于对外贸易模型的说明，参考哈罗德. 国际经济学[M]. 黄澹哉，译. 上海：上海社会科学院出版社，2016。

② 对于国外经济反作用的说明，参考 MACHLUP F. International trade and the national income multiplier [M]. Philadelphia：Blakiston，1943。

的经济活动且投资作为给定的外生变量，消费函数分别为 $C_a = c_a Y_a + C_{B_a}$，$C_b = c_b Y_b + C_{B_b}$，且 A 国的出口是 B 国的进口，视为 B 国国民收入的函数，则

$$E_a = M_b = m_b Y_b$$

同样

$$E_b = M_a = m_a Y_a$$

那么均衡点的状态可以表示为

$$Y_{e_a} = C_a + I_a + E_a - M_a$$
$$Y_{e_b} = C_b + I_b + E_b - M_b$$

从而

$$\begin{aligned}(1 - c_a + m_a) Y_{e_a} - m_b Y_{e_b} &= C_{B_a} + I_a \\ -m_a Y_{e_a} + (1 - c_b + m_b) Y_{e_b} &= C_{B_b} + I_b\end{aligned} \tag{2-14}$$

假设 A 国的投资发生外生变化，对两国的国民收入的影响可以表达为

$$\begin{aligned}(1 - c_a + m_a)\frac{\mathrm{d}Y_{e_a}}{\mathrm{d}I_a} - m_b \frac{\mathrm{d}Y_{e_b}}{\mathrm{d}I_a} &= 1 \\ -m_a \frac{\mathrm{d}Y_{e_a}}{\mathrm{d}I_a} + (1 - c_b + m_b)\frac{\mathrm{d}Y_{e_b}}{\mathrm{d}I_a} &= 0\end{aligned} \tag{2-15}$$

求解后可得

$$\frac{\mathrm{d}Y_a}{\mathrm{d}I_a} = 1\Big/\left(1 - c_a + m_a - \frac{m_a m_b}{1 - c_b + m_b}\right) \tag{2-16}$$

因此，与不考虑反向作用相比，考虑 A 国贸易对象的反向作用的乘数值会相对偏高。

四、多部门乘数

Lloyd Appleton Metzler (1950)在以上两国间贸易模型的基础上拓展了分析多国间国民收入相互波及效果的乘数理论①。事实上，这种模型的结构样式与多部门乘数或矩阵乘数的结构样式有许多相同之处。

由 John Somerset Chipman (1950)和 Richard M. Goodwin(1949)拓展的多部

① METZLER L A. Multi-region theory of income and trade [J]. Econometrica, 1950(18): 355 - 374.

门乘数理论抓住了宏观乘数理论无法分析的经济系统内部结构，在详细分析外部冲击的波及过程方面具有明显的优势[①]。例如，我国著名经济学家钱伯海教授明确指出，乘数效应也就是连锁反应，不是通过边际消费倾向，而是通过生产消耗的消耗系数来实现，消费倾向表明消费者的意愿，乘数效应不是愿不愿意购买，而是必须购买，不能不买，生产才是产生连锁反应的根本原因[②]。换而言之，基于总量分析的乘数理论没有将中间品循环纳入分析框架中。多部门乘数或者矩阵乘数理论中，将国民经济体系（国际贸易模型中则为世界经济）分成多个部门，以矩阵形式表示部门间交易收支的关系，借此计算某个部门的支出变化对各部门经济活动的波及效果的整体效应。假定经济系统分为 n 个部门，各部门的收入由系统内各部门的支出和来自系统外的收入构成，i 部门对 j 部门的支出就是 j 部门从 i 部门获得的收入。假定 i 部门的总收入为 Y_i，从 j 部门获得的收入为 E_{ij}，且 E_{ij} 是 j 部门总收入 Y_j 的函数，E_i 是对 i 部门产品的外生需求。另外，$\mathrm{d}E_{ij}/\mathrm{d}Y_j = E'_{ij}$，即 E'_{ij} 为 j 部门对 i 部门产品的边际支出系数，在均衡状态下，有

$$Y_i = \sum_{j=1}^{n} E_{ij} + E_i \quad (i = 1,\ 2,\ \cdots,\ n) \tag{2-17}$$

若对各部门产品的独立需求出现变化，势必会影响各部门的收入，这种收入变化记作 $\mathrm{d}Y_i$，则

$$\mathrm{d}Y_i = \sum_{j=1}^{n} E'_{ij}\,\mathrm{d}Y_j + \mathrm{d}E_i \quad (i = 1,\ 2,\ \cdots,\ n) \tag{2-18}$$

若以矩阵形式表示，$\boldsymbol{I}$ 为单位矩阵，$\boldsymbol{M} = \begin{bmatrix} E'_{11} & E'_{12} & \cdots & E'_{1n} \\ E'_{21} & E'_{22} & \cdots & E'_{2n} \\ \vdots & \vdots & & \vdots \\ E'_{n1} & E'_{n2} & \cdots & E'_{nn} \end{bmatrix}$，$\mathrm{d}\boldsymbol{Y} = \begin{bmatrix} \mathrm{d}Y_1 \\ \mathrm{d}Y_2 \\ \vdots \\ \mathrm{d}Y_n \end{bmatrix}$，$\mathrm{d}\boldsymbol{E} = \begin{bmatrix} \mathrm{d}E_1 \\ \mathrm{d}E_2 \\ \vdots \\ \mathrm{d}E_n \end{bmatrix}$，则前式可以改写为

$$(\boldsymbol{I} - \boldsymbol{M})\,\mathrm{d}\boldsymbol{Y} = \mathrm{d}\boldsymbol{E}$$

通过

① CHIPMAN J S. The multi-sector multiplier [J]. Econometrica, 1950: 17.
Goodwin R M. The multiplier as matrix [J]. Economic Journal, 1949(59): 537 - 555.

② 钱伯海. 对投资乘数理论的质疑[J]. 宏观经济研究, 2001(6): 36—40.

$$dY = (I - M)^{-1} dE \tag{2-19}$$

求解可得 dY。此处的 $(I-M)^{-1}$ 就是多部门乘数。不难发现，投入产出理论中，列昂契夫的逆矩阵也可以视为一种特殊的矩阵乘数。在投入产出分析的开放体系框架中，构成最终需求的各变量（消费、投资、政府支出、进出口）的相互关系未成为分析对象，而在多部门乘数理论中，则将此类关系放入了分析框架中。下文会进一步阐述，通过对投入产出模型的扩展将消费纳入内部生产，考虑消费的结构性，结合收入分配的结构性，可以获得一种多部门收入乘数，与凯恩斯乘数一样，可以用于分析最终需求变化对收入所带来的效应。

第三节　古典到新古典经济增长理论发展

一、古典派的经济增长思想

在以亚当·斯密和大卫·李嘉图为代表的古典经济学中，增长理论并不是作为一个成形的领域，独立成为古典学派理论的一大版块。但是，《国富论》《经济学原理》都内含了经济增长理论的萌芽①。根据艾尔玛·阿德尔曼（Irma Adelman）的论述，我们可以从生产技术、劳动供需、资本积累和经济增长过程四个方面来透视斯密和李嘉图的经济增长思想②。

在斯密和李嘉图的时代，由于农业产值的比重仍然很高，一国的生产技术会受到农业特殊性的很大影响。基于农业受到自然资源，尤其是土地地力的制约，斯密和李嘉图很自然地将土地和劳动、资本一样视为重要的生产要素。这是古典经济学的第一个特点，在李嘉图的理论体系中尤为明显。他认为土地的地力不同，肥沃的土地是有限的，农业发展自然会延伸到地力不肥沃的土地，即在外延边际方面，各要素的边际生产力是递减的。若在同一土地上加大资本和劳动的集约投入，即在集约边际方面，各要素的边际生产力也是递减的③。因此，在农业部门通常预设收益（报酬）递减的假定。相反，在工业部门，通常预设收入递增的假定。斯密认为，分工可以提高生产性，而且随着市场的扩大，由分工而来的生产性会随之提高④。就经济体系整体而言，收益（报酬）是递增还是递减，最终取决于哪种效应起

---

① 此处指斯密的《国民财富的性质和原因的研究》和李嘉图的《政治经济学级赋税原理》。

② ADELMAN I. theories of economic growth and development [M]. Calif: Stanford Univ, 1962.

③ 李嘉图的农业发展观，参考波塞卢普，邓涛. 农业增长与人口变化[J]. 农村经济，1993(4)：34—36。

④ 有关斯密对分工的论述，参考斯密. 国民财富的性质和原因的研究[M]. 上卷. 北京：商务印书馆，1972：5—8。

主导作用，斯密认为由工业部门的分工带动的收益递增效应起到支配作用，而李嘉图认为农业部门边际生产力的递减所造成的收益递减效应起到支配作用[①]。

古典经济学派的第二个特点是，认为劳动供给和人口是由经济系统内生决定的。这种主张在马尔萨斯(Thomas Robert Malthus)的理论体系中尤为明显。斯密和李嘉图的理论在这点上也基本相似，认为劳动供给和人口的变动是工资的函数，工资上升，劳动供给和人口也会上升，相反，工资下降，劳动供给和人口也会下降。而且，古典经济学认为在任何特定时点上的特定经济体系中，都存在一种给定的工资率，在这种特定工资率水平下，劳动力供给和人口是一定的，这种工资被称为必要生存工资或者自然工资。劳动需求是由所谓的工资基金论决定的。斯密认为工资基金取决于一国财富，即国民收入、资本存量的增加会促使工资上涨[②]。当工资基金处在一定水平，劳动需求也是一定的，此时，若劳动供给大于劳动需求时，实际工资就会下降，当下降到低于必要生存工资时，人口就会减少，劳动供给也会减少到劳动需求水平。

在资本积累方面，除了马尔萨斯之外，古典派经济学中，一般都没有认识到储蓄与投资的背离问题[③]。斯密和李嘉图都认为储蓄和投资是一体的，储蓄决定了资本积累，而储蓄与消费的分配比率是由利润率或者利息率所决定的，因此特别重视利润率，从而决定资本积累的首要因素就是利润率。斯密和李嘉图从不同的角度说明利润存在长期下降的趋势，这也是古典派经济学的第三个特征，斯密认为由于企业间的竞争，资本积累的增加会导致工资上升，以及更加有利可图的投资机会会逐渐减少，因此，利润率会出现长期下降的趋势。李嘉图认为农业部门的收益递减效应压制了工业部门的收益递增效应，因此利润率存在长期下降趋势，从而资本积累也会逐渐下降[④]。

古典派经济学的第四个特征是存在“静止状态”[⑤]。在土地、劳动和资本三种生产要素中，即使劳动可以内生供给，但是土地供给是固定的。在农业比重相对较高的古典派经济学时代，经济增长过程中，若遇到土地瓶颈，生产停滞的发生也是可以料想的，因此古典派经济学认为“静止状态”是经济增长的终点也是可以理解的。

---

① 李嘉图.政治经济学级赋税原理[M]//斯拉法.李嘉图著作和通信集：1.北京：商务印书馆，1983：101—102.

② 斯密.国民财富的性质和原因的研究[M].上卷.北京：商务印书馆，1972：67.

③ 马尔萨斯.政治经济学原理[M].北京：商务印书馆，1962：328—331.

④ 李嘉图.政治经济学级赋税原理[M]//斯拉法.李嘉图著作和通信集：1.北京：商务印书馆，1983：103—107.

⑤ 约瑟夫·熊彼特.经济分析史[M].第一卷.朱泱，等，译.北京：商务印书馆，1995：314.

斯密的经济增长过程可分为发散扩张期、收敛扩张期和“静止状态”期，而李嘉图的经济增长过程是从收敛扩张迈向“静止状态”的过程。所谓收敛扩张是指随着经济不断增长的过程，利润率会下降，从而资本积累速度迟缓，劳动需求的增长出现钝化，最终工资增长率、人口增长率和劳动供给增长率都出现钝化现象。这个过程最终会将经济带入增长率为 0 的“静止状态”。

斯密的发散扩张是基于分工所产生的收益递增效应的表现。由于分工依赖于市场规模，市场规模的扩大会促进分工进而提高生产性。这种良性循环会提高利润率，加快资本积累的速度，扩大劳动需求，充实国民财富[①]。但是，市场规模往往会受到一国内外经济交易规则的影响，因此斯密强调自由放任和自由贸易的主要理由就在于他认识到对经济增长而言，这两点具有十分重要的政策意义。

二、马克思经济增长思想

与古典学派不同，马克思采用了历史唯物主义辩证法，认为资本主义经济是继封建主义经济体系崩溃后产生的，是早晚要被社会主义经济取而代之的过渡型经济体系。在马克思的分析体系中，资本积累理论占据着重要地位。和古典学派的主张一样，马克思认同利润是资本积累的源泉，同时马克思强调为了保持高利润需要资本积累。后者所强调的内容正是资本主义经济的特征之一，即为了积累而积累的内在机制[②]，在马克思的经济分析体系中，利润与积累的双向关系成为核心内容。

对于古典派的工资、劳动供给和人口理论，就短期而言，马克思认可实际工资会因资本积累促进的劳动需求上升而出现上涨。但是，针对长期工资会下降到必要生存工资水平的主张，马克思没有继承古典学派的分析观点，而是创立了失业者产业后备军理论，即资本主义经济社会中，产生的大量失业者产业预备军会与就业劳动者产生竞争，进而趋势性地将工资缩小到必要生存工资水平。当然，累进的资本积累也会促进劳动需求的增长，进而提升工资。但是，作为企业经营者会想方设法采用节约劳动成本的生产方法，即导入资本有机构成相对较高的生产方法，为此与资本存量相比，必要劳动量会相对减少，这也会成为促使工资滑落的影响因素。从技术进步角度提出的资本有机构成的高度化现象，正是马克思判断利润率存在长期下降趋势的主要依据。假定经济社会全体的产出累计 w 的价值，由不变资本部分 c（包括机器设备的损耗费和原材料费）、可变资本部分 v（包括对劳动的工资

---

① 斯密．国民财富的性质和原因的研究[M]．上卷．北京：商务印书馆，1972：82—87．

② 马克思．资本论[M]．第 1 卷．北京：人民出版社，1975：649—650．

预付)、相当于利润的剩余价值部分 m,这三个部分构成[①],那么

$$w = c + v + m \tag{2-20}$$

依据马克思的假定,资本设备的所有价值将在给定的单位期间内物化至生产物的价值中,如此,资本的有机构成可表示为可变资本 v 对不变资本 c 的比率 c/v。另外,剩余价值 m 与可变资本 v 的比率 m/v 被称为劳动价值的榨取率,与近代经济理论中的利润与工资的分配率相对应。利用这两个比率表示利润率 $m/(c+v)$ 可得

$$\frac{m}{c+v} = \frac{m}{v} \Big/ \left(1 + \frac{c}{v}\right) \tag{2-21}$$

若假定此处的 m/v 长期保持不变,为了对冲资本积累引发劳动需求增长而导致的工资上升压力,企业会引进劳动节约型的技术,从而资本的有机构成 c/v 会趋势性上升,最终造成利润率 $m/(c+v)$ 下降的趋势。利润率的下降意味着资本积累源泉的枯竭,造成积累过度的下滑。因此,作为资本积累的最终结局,资本主义经济的发展内含自我崩溃的机制。除了这一点之外,马克思还指出两点资本主义经济存在自我崩溃机制的理由。其一是生产资料生产部门与消费品生产部门的不均衡发展倾向[②]。因为缺少政府部门的统筹规划,资本主义经济社会的生产不存在计划性机制,与消费品生产部门相比,生产资料部门的发展可能过度扩张而导致比例失衡,这种比例失衡往往会成为危机和崩溃的潜在原因。其二是劳动者贫困化的理论[③]。以劳动者为核心的无产阶级由于受到资本家的剥削,收入水平被限制在一定范围内,从而他们的消费品需求也被限制在一定范围内,这种需求不足会成为危机与崩溃的内在诱因。马克思对资本主义经济发展的悲观预言,为后世的学界留下了无尽的研究空间。无论如何,与古典派经济学相比,马克思更加重视资本主义经济运行过程中技术的发展,也不再过于强调土地的作用,其卓越的分析方法和丰富的理论内含,为后世的政治经济学发展以及凯恩斯宏观经济学的问世,都奠定了不可或缺的理论基础。例如,马克思两部类扩大再生产模型和《剩余价值论》(*Theories of Surplus Value*)中分别蕴含了投资乘数概念和加速原理的思想[④]。即便始终反对马克思经济学的新古典综合派代表人物萨缪尔森也不得不承认,“马

---

① 马克思恩格斯全集[M]. 第 26 卷(第三册). 北京:人民出版社,1974:272—273。此处 w, c, v 和 m 的字母表示含义仅限于表达马克思经济增长思想部分的内容。

② 马克思. 资本论[M]. 第 2 卷. 北京:人民出版社,2004:457.

③ 马克思. 资本论[M]. 第 1 卷. 北京:人民出版社,2004:737—742.

④ 陶为群,陶川. 马克思两部类扩大再生产模型中的投资乘数[J]. 当代经济研究,2011 (6):19—24.
徐春华,吴易风. 马克思经济学与西方经济学“加速原理”比较研究[J]. 当代经济研究,2015(8):37—44.

克思是第一个表述过稳定状态均衡的逻辑连贯的人，这是马克思对经济分析的不朽贡献”①。

三、凯恩斯学派的增长理论

凯恩斯自其代表作《就业、利息和货币通论》问世后，在经济学领域造成了极大的影响，被世人赞誉为“凯恩斯革命”。但是在该书中，基本是以短期的经济分析为主，为此将宏观经济理论向长期分析方向拓展，成为一个重要领域。哈罗德 1948 年出版的《走向动态经济学》(*Towards a Dynamic Economics*)为凯恩斯的宏观经济理论填补了这个空白②。几乎与哈罗德同一时期，美国经济学家埃弗塞·多马(Evsey David Domar)独立提出了与哈罗德经济增长模型结构相似、结论相近，但出发点不同的经济增长模型③，一般被称为哈罗德-多马模型④。

哈罗德的增长理论由三个相对单纯的假定和三个增长率概念构成。假定一：从国民收入 Y 中根据给定的边际储蓄倾向(等同于平均储蓄倾向)s 作为比例获得储蓄 S，即 $s = S/Y = \Delta S/\Delta Y$。假定二：资本存量 K，与资本完全利用水平下的国民收入 Y_P 的比率是一定的，也就是说，在一定的技术水平下，创造更多的国民收入需要更多的资本，即 $v^* = \Delta K/\Delta Y$，其中 $\Delta K = I$。假定三：劳动生产性与劳动人口的增长率为给定的 γ 和 λ，γ 也是技术进步率。在这三个假定的基础上，哈罗德提出了以下三种增长率概念。

一是实际增长率。若 G 为实际增长率，则由 $G = \dot{Y}/Y$ 可得 $\dot{Y}/Y = (\dot{Y}/\dot{K}) \cdot (\dot{K}/Y)$。若边际资本系数为 v，则 $v \equiv \dot{K}/\dot{Y}$。因为 $S = sY = \dot{K}$ 成立，所以 $G = s/v$，即实际增长率与储蓄率除以实际边际资本系数的商相等。

二是有保证的增长率，也就是资本完全利用水平下的增长率 G_w。根据假定二的定义，$K = v^* Y_P$，对两边以时间 t 求导，可得 $\dot{K} = v^* \dot{Y}_P$，这其实就是加速数理论型的投资函数。为了保持资本的完全利用，这种投资必须与 Y_P 水平下的储蓄相等，即 $\dot{K} = sY_P$。由 $v^* \dot{Y}_P = \dot{K} = sY_P$ 可得，$G_w \equiv \dot{Y}_P/Y_P = s/v^*$。

---

① SAMUELSON P A. Marx as mathematical economist: steady-state and exponential growth equilibrium [M]// Horwich C, Samuelson P A. Trade, stability and macroeconomic. New York: Academic Press, 1975: 269 - 307.

② HARROAD R F. Towards a dynamic economics [M]. London: Macmillan, 1948.

③ DOMAR E D. Capital expansion, rate of growth, and employment [J]. Econometrica, 1946, 14(2): 137 - 147.

④ 左大培，等. 经济增长理论模型的内生化历程[M]. 北京：中国经济出版社，2007：66—75.

三是自然增长率，也就是充分就业条件下的增长率 G_n。若充分就业时的劳动力为 L_f，单位劳动力的生产性为 y_f，充分就业时的国民收入为 Y_f，则 $Y_f = y_f L_f$，两边取对数后，对时间 t 求导，可得

$$\frac{\dot{Y}_f}{Y_f} = \frac{\dot{y}_f}{y_f} + \frac{\dot{L}_f}{L_f} \tag{2-22}$$

根据假定三可得，$G_n = \gamma + \lambda$。哈罗德通过分析以上三个增长率的相互关系，论述了资本主义经济增长的长期过程。首先，关注哈罗德模型中的均衡增长，假定初期资本完全利用与充分就业条件同时成立，之后三种增长率在所有的时间点都保持一致。若出发点是资本完全利用状态，之后 G 与 G_w 一致的话，资本完全利用可以得以持续；若出发点是充分就业状态，之后 G 与 G_n 一致的话，充分就业可以得以持续。此时，货物和服务市场与劳动市场都处于均衡状态。由于 $G=G_n$，实际增长率与自然增长率 $\gamma+\lambda$ 相等，人均国民收入增长率为 γ。且 $G = G_w$，则 $v = v^*$，即实际边际资本系数与在一定技术条件下必要的资本系数一致。换而言之，资本积累率与自然增长率相等，即 $G_w = G_n$，这种状态对均衡状态而言是十分理想的。但是，要进入并保持这种状态，即 $s/v^* = \gamma + \lambda$ 在所有时点成立，根据其三个假定可知这四个变量都是给定的参数，要求四个相互独立给定的参数保证上述条件成立，显然是不现实的，即哈罗德的增长理论中，均衡增长在现实中一般是不存在的，即便存在，那也只是偶发性的。现假定偶发性的均衡增长存在，即有 $G_w = G_n$，但初始状态不是均衡状态时，即 $G(0) \neq G_w = G_n$ 时，那么我们对实际增长率 $G(0)$ 是否会接近均衡增长率 $G_w = G_n$ 这个稳定性问题，可以通过区分两种情况来讨论。

情况一：$G(0) > G_w = G_n$，从 G 与 G_w 的定义可知，$Gv = s$ 和 $G_w v^* = s$ 总是成立的，那么 $G(0) > G_w$ 时，$v(0) < v^*$。即实际的边际资本系数小于一定技术条件必要的资本系数。换而言之，实际的资本存量不足。这种情况下，一般投资的预期收益率相对较高，企业会积极投资，进而国民收入会出现上升，很明显这反映了凯恩斯的乘数过程。如果收入上升能够进而带动收入增长率上升，即 $G(1) > G(0) > G_w$，那么出发点的实际增长率与均衡增长率的背离将进一步扩大，这意味着 $v(1) < v(0) < v^*$，所以资本不足的情况将进一步加剧，经济增长会进入累积的发散过程。

情况二：$G(0) < G_w = G_n$，则 $v(0) > v^*$，即实际的边际资本系数大于一定技术条件必要的资本系数。换而言之，实际的资本存量过剩。这种情况下，一般投资的预期收益率相对较低，企业的投资活动会出现钝化，进而通过乘数过程，国民收入的增长会减速，增长率的变化可能出现 $G(1) < G(0) < G_w = G_n$，那么出发点的实际增长率与均衡增长率的背离也将进一步扩大，这意味着 $v(1) > v(0) > v^*$，所以资本过剩的情况将进一步恶化，经济水平会进入累积的收缩过程。

显然，哈罗德的经济增长理论中均衡增长一般是不存在的，任何初始状态的不平衡都会变为累积的发散或收缩过程，只有初始状态与均衡增长一致时，经济体系才能维持可持续性的均衡增长，且也被称为刀刃上的均衡来形容这种均衡的不稳定性。其理论的最大贡献在于将凯恩斯的短期经济分析框架中的增长因素，如资本积累、人口增长以及技术进步等引入动态长期化的经济分析中。哈罗德之后的宏观经济增长理论，基本都是沿着部分修改三个假定、改善均衡增长的不稳定性的方向发展起来的。例如，新古典派增长理论对 v^* 赋予了可变性，新凯恩斯学派增长理论对 s 和 γ 赋予了可变性。显然，哈罗德模型作为现代经济增长理论的起点，同时也是经济增长理论模型内生化过程的出发点。

四、新古典派增长理论

20 世纪 50 年代后期罗伯特・索洛(Robert M. Solow)、詹姆斯・米德(James E. Meade)和特雷弗・斯旺(Trevor W. Swan)等的增长理论都对哈罗德的均衡增长的不稳定性做出了改良①。其共同之处在于对哈罗德的假定二的修改，即不再假定资本系数的技术固定性，进而引入了要素之间可以替代的生产函数，最终论证了均衡增长的稳定性。这类增长理论被称为新古典派经济增长理论②。

新古典派增长模型假定一国经济的投入与产出之间存在一个总生产函数。若国民收入、资本存量、劳动投入以及技术水平分别为 Y、K、L 和 A，那么总的生产函数可以表示为

$$Y = F(K, AL) \tag{2-23}$$

此处，A 也可以理解为技术进步是劳动增进型的，即哈罗德型技术进步③，而且作为"新古典生产函数"，该式还有两个假定，即各要素投入都为边际收益递减和不变规模报酬。

与哈罗德模型不同，新古典派的总函数中代表所有生产要素的劳动与资本在所有时点上的充分就业和资本完全利用都是成立的。哈罗德增长论继承了凯恩斯

---

① SOLOW R M. a contribution to the theory of economic growth [J]. The Quarterly Journal of Economics, 1956,70(1): 65 - 94.
MEADE J E. A neo-classical theory of economic growth [M]. London: Allen and Unwin, 1961.
SWAN T W. Economic growth and capital accumulation [J]. Economic Record, 2007,32(2): 334 - 361.

② 相关模型介绍，参考左大培，等. 经济增长理论模型的内生化历程[M]. 北京：中国经济出版社，2007：81—90。

③ 相关哈罗德中性技术进步，参考左大培，等. 经济增长理论模型的内生化历程[M]. 北京：中国经济出版社，2007：74—78。

学派的主张，对资本与劳动没有设置完全利用和充分就业的假定，反而通过区分 G、G_w 和 G_n，研究经济体的实际状态与一般均衡状态的异同，经过各时点短期不均衡的累积获得长期不均衡的动态经济学理论。新古典派在接受价格机制的调整功能足以信任的前提下，认为要素价格（单位工资和资本单位时间的租金）具有弹性，会调整到与要素边际生产力一致水平，即实际工资 w 根据劳动市场的供需可以弹性变化，使所有的可支配劳动都就业，利息率或利润率也同样发挥这种功能，因此，$w=\partial F/\partial L$，$r=\partial F/\partial K$ 成立，使各时点短期均衡成立，增长过程就是短期均衡的累积过程。

在凯恩斯学派中，储蓄与投资的背离可以通过收入来调整，在新古典学派中，这种背离主要通过利息率来调整。另外，凯恩斯将企业与居民作为两个完全分离的部门，而新古典学派并不一定对两者做清楚的区分。但是，索洛模型还是遵循了哈罗德模型的部分假定，一是认为总储蓄是国民收入的一个固定比例 s，储蓄将用于投资，形成资本存量，即

$$\dot{K}=sY \tag{2-24}$$

二是认为劳动力人口与技术进步是以一定的比率增长，使用与哈罗德模型一样的记号可得 $\dot{L}=\lambda L$，$\dot{A}=\gamma A$。

将式(2-23)代入式(2-24)可得

$$\dot{K}=sF(K,\ AL) \tag{2-25}$$

由于 F 的一次齐次性，两边除以 K 可得

$$\dot{K}/K=sF(1,\ AL/K) \tag{2-26}$$

这里可以引入新的变量 x，通常被称为单位有效劳动的资本装备率 $x=K/AL$。两边取对数，对时间 t 求导可得

$$\frac{\dot{x}}{x}=\frac{\dot{K}}{K}-(\gamma+\lambda) \tag{2-27}$$

将式(2-26)代入式(2-27)可得

$$\frac{\dot{x}}{x}=sF\left(1,\ \frac{1}{x}\right)-(\gamma+\lambda) \tag{2-28}$$

式(2-28)其实还表达了新古典学派的经济增长路径。右边第一项为

$$sF\left(1,\ \frac{1}{x}\right)=\frac{s}{x/F(x,\ 1)} \tag{2-29}$$

这表示了资本积累率，与哈罗德模型的 G 相对应，右边第二项就是哈罗德模型中的 G_n。由于新古典学派假定要素间的替代是充分的，所以在新古典学派的模型中，G 总是与 G_w 相一致，从而 G 与 G_n 的背离问题是新古典学派增长理论的主要问题。

首先假定 $G_w = G = G_n$ 的均衡状态一定存在。由于 v^* 的可变性，G_w 不再是一定不变的。随着 x 的上升，基于要素投入边际收益递减的假定，v^* 会随之变大。那么，在 s 不变的情况下，G_w 会随着 x 的上升而下降。由于自然增长率 G_n 是一定的，那么在 $G_w = G = G_n$ 成立时，一定存在 x^*，表示资本存量完全利用且劳动充分就业的均衡增长状态。由式(2-28)可知，当 $x = x^*$ 时，$\dot{x}^* = 0$，代入式(2-27)可得，$\dot{K}/K = (\gamma + \lambda)$，又因式(2-23)是一次齐次方程，所以 $\dot{Y}/Y = (\gamma + \lambda)$ 也同时成立。此时，x^* 的值是一定的，资本存量 $K = AL \cdot x^*$ 和国民收入 Y 的增长率均为常数 $(\gamma + \lambda)$。单位工资 w 与技术进步 A 以相同比率增长，利润率 r 保持在一定水平，内生变量 Y、K、w 和 r 的时间路径是确定的，储蓄率 s、技术水平 A 等参数仅影响 x^* 的水平，对 Y 和 K 的增长率则没有任何影响。

新古典派的增长模型中，均衡增长只存在一种状态，即 $\dot{x}^* = 0$ 时的状态。当初始状态 $x(0) < x^*$ 时，资本存量 $K(0)$ 的生产性相对较高，因此它的倒数，即资本系数就相对较小，从而作为储蓄率与资本系数的比值的资本积累率大于 G_n。根据式(2-27)可知，此时 $\dot{x} > 0$，故而资本深化将持续发展，又因为要素投入收益递减的假定，资本的生产性会逐渐下降，只要达到 x^*，资本积累率就会与 G_n 保持一致，此时资本深化也将终止[①]。相反，初始状态 $x(0) > x^*$ 时，相反的机制将发挥作用，随着时间的推移，最终也将到达 x^* 的均衡状态。因此，新古典学派的模型中，不受初始状态的限制，最终收敛于 x^* 的均衡状态，即全局稳定性是成立的。

新古典派增长理论，由于假定价格机制的调整作用足以信任，构建了 G 与 G_w 保持一致的均衡动态的分析框架，使模型从操作性角度而言，更为容易接受。此外，其理论也符合卡尔多总结的“特征性事实”，即国民收入的增长率大于人口增长率；资本系数长期没有趋势性变化；资本利润率长期也没有趋势性变化。从长期经济分析来看，新古典派增长模型诠释了资本主义经济增长的本质动向，为此成为之后主流经济增长理论发展的重要基石。但是，也需要注意到，新古典学派的增长理论回避了哈罗德关注的实际增长率与 G_w 不一致的经济现象，即资本存量不足或过剩状态下的短期经济增长问题。

---

① 这个过程也反映了前述斯密的发散扩张到收敛扩张，再到静止状态（稳定状态）的过程。

五、新剑桥学派增长论

自阿尔弗雷德·马歇尔(Alfred Marshall)以来的早期新古典学派通常被称为"剑桥学派",受到凯恩斯理论的影响,其之后以尼古拉斯·卡尔多(Nicholas Kaldor)、琼·罗宾逊(John Violet Robinson)、卢伊季·帕西内蒂(Luigi L. Pasinetti)为代表的学派,提出了许多与新古典学派迥然不同的主张,故自称"新剑桥学派"。因其增长理论继承了诸多凯恩斯的理论思想,故又称为"新凯恩斯派增长理论"。其理论特点,一是重视收入分配率的短期可变性,二是基于资本统计评估的困难性,不采纳新古典派的总生产函数,总资本存量等概念。以下通过卡尔多的增长理论来分析新剑桥学派增长论的特点。

在新古典派的增长理论中,价格机制的调整功能假定为有效充分的,同时假定储蓄主体与投资主体是互为一体的,储蓄与投资之间不存在背离问题。这些基本上都是凯恩斯批判古典派经济学思想的主要内容。作为深受凯恩斯理论影响的新剑桥学派,否定新古典派增长理论中的古典派思想,这也是十分自然的。他们提出新古典派的生产要素报酬取决于其边际生产力的假定,陷入了"循环论证",并不能说明问题。换而言之,边际生产力可视为边际产品价值,而边际产品价值是由工资率、利润率、利息率和地租衡量的,本来要决定生产要素的边际生产力,结果又要借助于工资率、利润率、利息率和地租来计算,故而他们指出这是一种循环论证。

值得注意的是,在卡尔多的增长模型中,也将各时点的资本完全利用与劳动充分就业作为前提假定。换言之,新剑桥学派并未能基于凯恩斯经济学中短期不均衡构建成功的不均衡动态化分析框架。他们将分析的中心放在了收入分配上。卡尔多将居民部门的收入分为以利润作为收入源泉的居民收入 P 和以工资作为收入源泉的居民收入 W①。

$$Y = W + P \tag{2-30}$$

经济整体的储蓄由这两类居民储蓄组成,工资收入的储蓄倾向 s_W 和利润收入的储蓄倾向 s_P 是外生给定的,全体的储蓄倾向是对这两种储蓄倾向分别以收入分配率为权重,计算的加权平均,即

$$s = \frac{S}{Y} = (s_P - s_W)\frac{P}{Y} + s_W \tag{2-31}$$

① KALDOR N. Alternative theories of distribution [J]. Review of Economic Studies, 1995 - 1956(23): 83 - 100.

利润收入与总收入的比例 P/Y 是可变的，通常利润收入的储蓄倾向大于工资收入的储蓄倾向，若收入分配对资本有利，那么总储蓄倾向会上升，若对资本不利，即 P/Y 下降，那么总储蓄倾向也会下降。当 $G_n > s/v^*$ 时，即劳动人口增长率大于资本积累率的状态持续时，工资率会下降，从而导致劳动的分配率下降，此时收入分配对资本有利，总储蓄倾向上升会促使 $G_n > s/v^*$ 的状态向 $G_n = s/v^*$ 的状态接近。只要劳动的增长率与资本的增长率存在差异，通过工资率的起伏促使分配率变动发挥作用，消除哈罗德经济增长模型中的不稳定问题，使 G_w 能够自动向 G_n 调整。另外，新剑桥学派认为资本存量的计量是十分困难的，汇总的资本存量概念在逻辑上根本无法成立，卡尔多、罗宾逊(1953)对总量生产函数、总量资本和边际生产力分配理论提出了质疑。

与新古典派基于生产函数的增长理论不同，在新剑桥学派增长理论中，帕西内蒂认为："利润率的决定基于增长率和利润收入的储蓄倾向，而独立于任何资本的生产力，而且事实上也独立于任何东西。令人惊奇的是，如此获得的长期利润率甚至还独立于资本，因为在长期中，资本本身也将成为一个变量，从而不得不适应于一个外生决定的利润率，而不是相反。"① 同时，又认同皮耶罗·斯拉法(Piero Sraffa)将利润率水平与一定的物质技术条件联系在一起，即 $r=R(1-w)$，其中，R 代表纯产品对生产资料的比例，w 为工资率。由于工资率与资本—劳动比(K/L)相关，在 R 一定的情况下，K/L 越大，即资本增长率大于劳动增长率，工资率越大，利润率越小。显然，卡尔多通过 K/L 的构建反映生产性增长的技术进步函数②，意在利用技术进步率 α 的可变性来消除哈罗德经济增长模型中不稳定的问题。在新剑桥学派的增长理论中，技术进步和投资是息息相关的，单位工人所拥有的资本量 K/L 的增加会导致技术进步。相反，利用和吸收新技术的进度，要受到资本积累能力的限制。人均资本和劳动生产率具有同步增长的趋势，并不存在脱离资本增长之外的生产力增长因素——技术进步。这和新古典增长理论形成了鲜明的对比，在新古典增长理论中，由于资本的边际报酬递减，在长期稳态条件下，资本对人均增长率的贡献接近于零，这时的稳态人均增长率由外生的技术进步决定。卡尔多的技术进步函数事实上强调了投资对经济增长的决定性作用，继承了凯恩斯的主张，否定了新古典增长理论通过把增长归因于技术进步而忽视投资重要性的做法。

另外，值得一提是，在新剑桥学派的增长理论中，企业家的投资决策并不是基

---

① PASINETTI L. Growth and income distribution [M]. Cambridge: Cambridge University Press, 1974: 144.

② KALDOR N, MIRRLEES J A. A new model of economic growth [J]. Palgrave Macmillan UK, 1971,29(80): 174-192.

于利润最大化的目标函数，而是基于企业家对资本积累的热情和冲动，这种热情和冲动被称作“动物精神”，可以用反映计划积累率G_p与预期利润率r_e之间关系的一个函数来表示，即$G_p = a + br_e$，它说明了利润率驱动投资，而驱动力取决于动物精神，动物精神的强弱由系数a和b表示。若企业家基于某一预期利润率进行的资本积累产生的实际利润率恰好和预期一致时，企业家对其投资结果满意，在之后的投资中此积累率将被维持，该积累率被称为“意愿积累率”。可见，意愿积累率由预期利润的实现机制和资本家积累冲动的强度之间的相互作用决定。与此概念相对应的是潜在积累率。潜在积累率取决于人口增长和技术进步，它等于人口增长率和人均产出增长率之和，与哈罗德的自然增长率定义相似。琼·罗宾逊认为，当技术进步是中性的且稳步前进，人口以稳定的速度增长，在充分就业的状态下，实际工资率会随人均产出成比例地增加，利润率及工资与利润的相对份额在资本积累过程中都保持不变，在这种状态下，只要外部经济条件不变，企业家愿意和过去一样保持匀速积累，经济也会处于稳定的发展过程中。此时，意愿积累率和潜在积累率将一致且等于产出增长率，这种稳定的经济增长状态被称作“黄金时代”[①]。事实上，动物精神是造成“黄金时代”不稳定的最大扰动项，企业家的预期不仅受到当前情况的影响，而且受到过去运动过程的影响，因此实际利润率上升往往会引起进一步上升的预期，利润率下降会引起进一步下降的预期，各种不确定性会通过改变动物精神而扰乱经济系统。当现状的资本利润率相比过去出现上升趋势，就会导致企业家的意愿积累率高于利润率不变时所对应的意愿积累率，一旦实际利润率停止上升甚至出现下降趋势，预期会出现恶化，进而导致意愿积累率也随之下降。

六、多部门经济增长论

以上从古典派到凯恩斯学派，再到新古典派和新剑桥学派的经济增长理论中，分析对象基本限定在单一产品模型，即假定了所谓的合成产品，来应对多种产品存在的现实。但是，不难发现，这些理论对相对价格的变动、产业结构变动的问题，基本上无法给出令人满意的诠释。相反，多部门经济增长理论提供了一个诠释这些问题的分析框架。本节选取冯·诺伊曼、塞缪尔·卡林(Samuel Karlin)以及森岛通夫(Michio Morishima)的模型，来说明多部门经济增长论的主要内容。事实上，与单一部门的增长模型类似，对均衡增长是否存在，其性质及稳定性的研究也是多部门经济增长理论的主要内容。

在冯·诺伊曼的模型中，有n种产品$G_1, G_2, \cdots, G_n$，通过m个生产活动P_1，

---

① 琼·罗宾逊. 资本积累论[M]. 于树生，译. 北京：商务印书馆，1963：99.

P_2, …, P_m 进行生产。在其封闭体系模型中,劳动是由经济社会系统内部无限提供,产品的消费只在生产过程中发生,即工资维持在古典派的必要生存工资水平,劳动供给对工资具有弹性。在各生产活动 P_i 中,各产品 G_j 以 a_{ij} 被投入生产活动中,又通过生产活动以 b_{ij} 生产。各个生产活动如式 2-32 所示。

$$P_i: \sum_{j=1}^{n} a_{ij} G_j \rightarrow \sum_{j=1}^{n} b_{ij} G_j \tag{2-32}$$

其中 a_{ij}、b_{ij} $(i=1, \cdots, m; j=1, \cdots, n)$ 为常系数,另假定一是 $a_{ij} \geqslant 0$, $b_{ij} \geqslant 0$ $(i=1, \cdots, m; j=1, \cdots, n)$;二是任何生产活动投入都是必需的,即任何一个 i,至少存在一个正的 $a_{ij}>0$;三是任何产品都能被某个生产活动所生产,即对任何一个 j,至少存在一个 i,使 $b_{ij}>0$。

对于每个生产活动,都使用一个活动水平,类似于产能利用率 z_i $(i=1, \cdots, m)$,若各生产活动的生产周期相同,则式(2-32)乘以 z_i 加总后可得总生产 Y。

$$Y=\sum_{i=1}^{m} z_i P_i \tag{2-33}$$

若在经济系统整体结构不变的前提下考虑经济增长,相当于考虑 z_1, …, z_m 的水平变化,而经济系统结构比例不变的均衡增长路径。冯·诺依曼(John von Neumann)的多部门增长理论的意义就在于诠释这种均衡增长路径的存在。那么,模型中的未知数有生产活动 P_1, P_2, …, P_m 的活动水平 z_1, …, z_m 与增长率 $\alpha-1$,产品 G_1, …, G_n 的价格 p_1, p_2, …, p_n 以及利息率 $\beta-1$。其中,$z_i \geqslant 0$ $(i=1, \cdots, m)$, $p_j \geqslant 0$ $(j=1, \cdots, n)$,即活动水平和价格水平为非负数。而且由于 $z_1=\cdots=z_m=0$ 以及 $p_1=\cdots=p_n=0$ 的解没有任何经济意义,因此以下的不等式成立:

$$\sum_{i=1}^{m} z_i > 0 \tag{2-34}$$

$$\sum_{j=1}^{n} p_j > 0 \tag{2-35}$$

在上述条件下,冯·诺依曼模型用以下的方程体系来说明均衡增长路径的存在。

$$\alpha \sum_{i=1}^{m} a_{ij} z_i \leqslant \sum_{i=1}^{m} b_{ij} z_i \quad (j=1, \cdots, n) \tag{2-36}$$

当式(2-36)的不等号成立时,式(2-36)′成立,即

$$p_j=0(j=1, \cdots, n) \tag*{(2-36)′}$$

式(2-36)与式(2-36)′的意义可以这样理解:由于在诺依曼的模型中,产品

的消费只在生产活动过程中发生，因此前期生产的产品 G_j 在当期消费，即在当期生产活动过程中发生是不可能的，对于过度供给的产品 G_j，其价格将为 0。

$$\beta\sum_{j=1}^{n} a_{ij}p_j \geqslant \sum_{j=1}^{n} b_{ij}\ p_j(i=1, \cdots, m) \tag{2-37}$$

当式(2-37)的不等号成立时，式(2-37)′成立，即

$$z_i = 0(i=1, \cdots, m) \tag{2-37$'$}$$

式(2-37)与式(2-37)′的意义可以这样理解：在完全竞争的条件下，到达均衡时任何生产活动都无法实现超额利润。相反，若发生损失，这种生产活动P_i将不会继续，则其活动水平z_i将为 0。根据以上方程式体系，诺依曼证明了以下的定理。

该经济系统存在一个均衡的活动水平，即均衡的产品生产结构和一个均衡的价格水平，使各种产品产出能够达到最大均衡增长率 $\alpha^* - 1$，且存在令 $\alpha^* = \beta^*$ 成立的均衡增长路径。

对于诺依曼的定理，其后有许多学者都进行了论证。其中，卡林基于集合论的证明被认为具有最为广义的形式①。卡林通过将生产的技术可能性用一个具有某些特定性质的技术集 T 来表示。T 是具有 n 维的$\{x, y\}$集合，当$\{x, y\} \in T$时，从投入 $x=(x_1, \cdots, x_n)$ 到产出 $y=(y_1, \cdots, y_n)$ 的生产在技术上是可能的。此技术集还满足以下假定：一是 T 为 $2n$ 维向量空间中非负象限的闭凸锥，这主要假定规模报酬不变；二是$\{x, y\} \in T$，$x' \geqslant x$ 且 $0 \leqslant y' \leqslant y$，则$(x', y') \in T$，这主要假定处理多余的投入是无须费用的。另外，以大于技术可能的投入，获得相对较小的产出在生产上也是可能的；三是$\{0, y\} \in T$，必然有 $y=0$，这主要假定没有投入就没有产出；四是对任何 i，存在$\{x^i, y^i\} \in T$，则满足 $y^i > 0$。这主要假定任何产品都可以生产出来。

结合假定一和假定四考虑可以得到假定五，$\{x^0, y^0\} \in T$，满足 $y^0 > 0$，对非零的投入产出关系$\{x, y\} \in T$，增长率$\lambda\{x, y\}-1$定义为$\lambda\{x, y\} = \max\{\lambda \mid y \geqslant \lambda x\}$。这实际上定义了在 n 种产品中，以增长率最小的产品的增长率作为经济整体的增长率。

冯·诺依曼模型的生产条件只是卡林模型的生产条件的一个特例。若卡林模型中的均衡增长存在，同时诺依曼定理也就成立。以下进一步说明卡林定理及其证明。

卡林定理 1，存在一对投入产出 $(x^*, y^*) \in T$，

---

① KARLIN S. Mathematical methods and theory in games, progamming and Economics [M]. New Jersey: Addison-wesley, 1959.

$$y^* = \lambda^* x^*,\ \lambda^* = \lambda(x^*,\ y^*),\ (x^* > 0) \tag{2-38}$$

且当 $x > 0$ 时，对每组 $(x,\ y) \in T$，

$$\lambda^* \geqslant \lambda(x,\ y) \tag{2-39}$$

证明[①] 因为 T 是一个闭的凸锥，存在一个向量组 $(\tilde{x},\ \tilde{y}) \in T$，存在极值 $\lambda^* = \lambda(\tilde{x},\ \tilde{y})$，而且满足 $\lambda^* = \sup\{\lambda(x,\ y) \mid (x,\ y) \in T,\ x \geqslant 0\}$，根据假定二，能够找到一个 $(x^*,\ y^*)$，满足定理 1 中的两个条件，从而获得一个平衡增长路径 $y^* = \lambda^* x^*$，且 $\lambda^* \geqslant \lambda(x,\ y)$，由此定理 1 得证。

同时，根据假定五，存在 $(x^0,\ y^0) \in T$，使得 $y^0 > 0$，因此增长率不能为 0，必然有

$$\lambda^* \geqslant \lambda(x,\ y) > 0$$

利用反证法证明 $0 < \lambda^* < \infty$，若 λ^* 为非有限的，那么存在一个序列 $(x^v,\ y^v) \in T$，使得 $y^v \geqslant 0$，$y^v \geqslant \lambda^v x^v$，且 $\lim\limits_{v \to \infty} \lambda^v = \infty$。对 y^v 标准化，使得 $\sum\limits_{i=1}^{n} y_i^v = 1$。取 $\{y^v\}$ 的极限点 $\bar{y}$，随着 $y^v \to \bar{y}$，$\lambda^v \to \infty$，此时 x^v 只要是任意有限数，不等式都不成立，因此必然有 $(0,\ \bar{y}) \in T$，其中 $\bar{y} \geqslant 0$，而这又与假定三矛盾。如此就有 $0 < \lambda^* < \infty$。

向量组 $\{x^*,\ y^*\}$ 反映的是均衡增长路径，$\lambda^* - 1$ 是在此路径上经济可得的最大均衡增长率，与此对应的是，存在一个如下的均衡价格体系。

卡林定理 2： 对于所有的向量组 $\{x,\ y\} \in T$，存在一个向量 $\boldsymbol{p}^*$，使得 $\boldsymbol{p}^* > 0$，且 $\boldsymbol{p}^* y \leqslant \lambda^* \boldsymbol{P}^* x$

证明 定义如下集合：

$$V = \{y - \lambda^* x \mid \{x,\ y\} \in T,\ \sum_{i=1}^{n} (x_i + y_i) \leqslant 1\} \tag{2-40}$$

因为 T 是闭的凸集，而 V 也是闭的凸集。根据凸集分离定理，基于 λ^* 的定义，V 不会与正的象限重合，所以存在一个经过原点的超平面，分离正的象限与 V。故存在一个非零向量 $\boldsymbol{p}^*$，使得对于所有 $\{x,\ y\} \in T$，使得

$$\boldsymbol{p}^* (y - \lambda^* x) \leqslant 0$$

且对于所有 $z > 0$，$\boldsymbol{p}^* z \geqslant 0$。

由此，得到 $\boldsymbol{p}^* \geqslant 0$，而上面的 $\boldsymbol{p}^* (y - \lambda^* x) \leqslant 0$ 正好表明了定理 2 中的结论。定理由此得证。

---

① 对卡林定理的证明引用夏明，张红霞．投入产出分析[M]．北京：中国人民大学出版社，2013：135。

在诺依曼的封闭体系模型中，劳动是由经济社会系统内部无限提供，产品的消费只在生产过程中发生，即工资维持在古典派的必要生存工资水平，劳动供给对工资具有弹性。因此，工资收入(劳动)的储蓄倾向为0，只有利润收入(资本)具有储蓄倾向，并将储蓄用于再投资。森岛通夫通过修改一部分强约束的假定，进一步提升诺依曼模型的一般适用性。森岛通夫模型的假定具有以下三个主要特点①：①劳动不是经济体系内部自动完成，而是作为外生变量，以增长率为 λ 的速度增长。最大增长率是实际工资的递减函数，通过实际工资的增减可以平衡最大增长率与人口增长率，并可将经济调整到维持充分就业的水平。②劳动的消费依靠工资收入和价格水平，其恩格尔弹性为1。③资本的消费也依靠价格水平，其恩格尔弹性小于1。

在以上假定的前提下，森岛通夫的模型由以下的联立方程式体系构成：

$$\boldsymbol{pB} \leqslant \beta(\boldsymbol{pA} + w\boldsymbol{l}) \tag{2-41}$$

$$\boldsymbol{pBz} \leqslant \beta(\boldsymbol{pA} + w\boldsymbol{l})\boldsymbol{z} \tag{2-42}$$

$$\boldsymbol{Bz} \geqslant \alpha[\boldsymbol{Az} + w\boldsymbol{l}q(\boldsymbol{p})\boldsymbol{z}] + (\beta - 1)(\boldsymbol{pAz} + w\boldsymbol{lz})h(\boldsymbol{p}) \tag{2-43}$$

$$\boldsymbol{pBz} = [\alpha + (\beta - 1)c][\boldsymbol{pA} + w\boldsymbol{l}]\boldsymbol{z} \tag{2-44}$$

$$\boldsymbol{pBz} > 0 \tag{2-45}$$

其中 $\alpha = 1 + \lambda$，$\boldsymbol{z}$ 与 $\boldsymbol{p}$ 分别表示标准化后的产能利用水平，以及价格水平的向量，$\boldsymbol{A}$ 与 $\boldsymbol{B}$ 分别表示投入和产出矩阵。$\boldsymbol{l}$ 为劳动投入系数向量，w 为实际工资水平，假定为一个反映一定水平的值。$\boldsymbol{q}(\boldsymbol{p})$ 和 $\boldsymbol{h}(\boldsymbol{p})$ 分别为劳动和资本的恩格尔系数向量，是价格水平的连续函数，并假定 $\boldsymbol{q}(\boldsymbol{p})\boldsymbol{p}=1$ 以及 $\boldsymbol{h}(\boldsymbol{p})\boldsymbol{p}=c$，$c$ 是资本的消费倾向，λ 为劳动人口的增长率。那么对于以上各式，可以理解为式(2-41)表示了在均衡状态下，任何生产活动都不存在超额利润，与诺依曼模型不同的是，劳动投入与中间品投入被明确区分；式(2-42)表示了当生产活动出现亏损，这种生产活动将不会继续，产能利用水平 $\boldsymbol{z}$ 将为0；式(2-43)表示了生产出来的产品都用于消费。除了诺依曼所解释的用于生产的消费外，还包括劳动的消费与资本的消费。资本的投入为生产成本的货币价值($\boldsymbol{pAz} + w\boldsymbol{lz}$)乘以利息率($\beta - 1$)；式(2-44)与式(2-42)一样，表示根据诺依曼定理过度供给的产品价格为0；式(2-45)表示与诺依曼模型一样，产品的价值都为正值。

森岛通夫根据不动点定理证明了在以上方程式体系中存在均衡增长。值得注意的是，森岛通夫模型与新剑桥学派宏观增长模型的相似性。根据森岛通夫模型

---

① MORISHIMA M. Equilibrium, stability and growth [M]. Oxford: Clarendon Press, 1964. MORISHIMA M. Theory of economic growth [M]. Oxford: Clarendon Press, 1969.

的式(2-42)与式(2-44),可得

$$\beta[\boldsymbol{pA}+w\boldsymbol{l}]\boldsymbol{z}=\boldsymbol{pBz}=[\alpha+(\beta-1)c][\boldsymbol{pA}+w\boldsymbol{l}]\boldsymbol{z}$$

从而可得 $\beta=\alpha+(\beta-1)c$, 即

$$\alpha-1=(\beta-1)(1-c)=\lambda \tag{2-46}$$

不难看出当资本不消费时,$\alpha=\beta$, 与诺依曼模型的结果一致。而且,均衡利润率独立于技术,由人口增长率和资本的储蓄倾向决定,这与新剑桥学派增长论的主张相同。通过以上从古典派到凯恩斯学派,再到新古典派和新剑桥学派,乃至对本节的多部门经济增长理论的梳理,不难发现,在各种经济增长理论中,研究均衡增长是否存在、是否稳定是非常重要的问题,围绕是何种因素导致实际增长偏离了均衡增长,是否会向均衡增长收敛也是非常重要的问题。无论是新古典学派的增长理论更加强调技术进步也好,还是其他增长理论相对重视资本积累也罢,有关利润率对促进经济增长的重要作用是一个难得的共识。为了反映工资率和利润率之间的关系,李嘉图假定所有部门保持单一的资本密度,马克思假定所有部门保持单一的资本有机构成,然而这种假定的约束性极强,近乎不切实际的假定。在新剑桥学派帕西内蒂和森岛通夫的多部门经济增长理论中都部分融入了斯拉法的主张,能够在一种更为一般的体系中展示工资率和利润率的关系,其中研究相对价格变化是一个核心问题。相对价格变化带来分配关系的不确定,而分配关系的变化将导致不同的技术选择。从投入产出理论的角度来看,各部门工资率的变化,即初始投入要素的价值是通过中间品的相互需求把要素成本的变化传导到整个经济体系中,而相对价格变化的传导正是基于列昂契夫逆矩阵及其性质,这也是经济结构问题的本质。不同的经济具有不同的相互关联的性质和特点,因而也具有不同的经济结构。而由于经济结构不同,导致不同的收入分配结构从而影响利润率,这样的问题在总量分析中是不会遇到的,在这点上新古典派虽然重视生产函数,但是放弃了在生产体系中对分配关系进行说明的分析路径,转而引入效用与需求来解决相对价格与分配关系相互影响的循环论证。以下内容将进一步详细阐述经济结构与经济增长的相互关系。

第四节　经济结构与经济增长

一、贸易中的中间品循环

在前面几节的国民收入决定理论中,中间产品的循环并没有成为经济循环图

式的分析对象，自然在凯恩斯学派的经济增长理论中，中间品循环的影响也被忽视。但是通过分析含有贸易乘数的收入决定模型的基本方程表达式，可以发现对于收入水平的决定而言，中间品循环是一个不可回避的重要环节。

在开放经济体系的模型中，经济均衡状态一般表示为$Y+M=C+I+E$，这里就产生了一个问题，进口M中不但含有最终品，而且包括中间品。在两国贸易模型中，国内的经济循环通过舍去了中间品循环来考察收入循环。然而，在与国际贸易中却包含了中间品循环，很明显缺乏一致性。

在贸易乘数上，这个不一致性也十分明显。通过上一节，我们已经知道贸易乘数是边际储蓄倾向加上边际进口倾向的和的倒数，即$\frac{1}{s+m}$，此处$s=1-c$。假设q为国内产品的消费倾向，即$q=c-m$，那么贸易乘数也可以表示为$\frac{1}{1-q}$。值得注意的是，若从消费倾向减去进口倾向等于国内产品的消费倾向来考虑，m当然代表消费品进口倾向，但如果m不仅代表消费品(其中还包含原材料等中间品的进口倾向)，那么对于国内产品消费倾向的定义就需要另加一些内容。在凯恩斯流派的国际贸易理论中，通常会增加以下的假定，即收入增长带动的进口为最终产品，即使有中间品进口，也只限定于独立性质的产品。但是，不难发现在实证分析中，中间品进口通常也被作为由收入增长带动的进口品。两者之间明显存在矛盾。根据传统贸易乘数理论，收入增加的过程是

$$1+q+q^2+\cdots=\frac{1}{1-q} \tag{2-47}$$

虽然可以反映收入循环上乘数波及的全过程，但这背后其实是以生产面上的另一个乘数波及过程作为前提成立的。式(2-47)左边第一项的1代表1单位的投资或出口增加带动生产面上(投资品或出口品相关产业)的产出变化，最终产生等量的1次收入增加，第二项的q代表1次收入增加带动国内消费品需求增加q，同样带动等量q的二次收入增加，之后各项可同样类推。这也正是为何需求考虑中间品循环，因为这种涉及生产面上的波及过程，才最终引发了收入循环过程。

二、中间品循环中的乘数过程

若将中间品循环纳入考虑范围，1单位出口增加带动等量1单位1次收入增加的成立条件是，在生产面上(或生产过程中)这种带动效应的波及过程中不存在漏出。换而言之，只有假设不存在对外贸易的封闭经济，抑或是即使有贸易而完全没有中间品进口，以上的成立条件才能满足。生产过程中的这种波及过程可以表

达为

收入 Y 的增加：

$$(1-a)+a(1-a)+a^2(1-a)+\cdots=\frac{1-a}{1-a}=1 \qquad (2-48)$$

中间品 R 的增加：

$$a+a^2+a^3+\cdots=\frac{a}{1-a} \qquad (2-49)$$

此处 a 代表生产 1 单位的产出 X，所需要的中间品 R 的投入量，即所谓的投入系数 $a=R/X$。$(1-a)$ 代表增加值率。换而言之，当 1 单位的最终需求增大时，制造该产品的企业获得 $(1-a)$ 的工资和利润的增大，同时需要向其他企业购买等量 a 的中间品。第二项表示，第二个企业收到等量 a 的订单后，同样需要以 $(1-a)$ ∶ a 的比例分配工资利润和中间品采购。以下类推后，如第 1 行收入增加所示，通过生产面上波及过程，1 次收入增加的波及过程累计效果等于 1。

因此，在封闭经济体系中，或者进口只限于最终产品的经济中，1 单位的出口或投资的增加能带动等量 1 单位的 1 次收入增加。然而，若进口中包含中间品时，上式的波及过程就会出现变化，一般而言，生产过程中存在进口中间品的投入需求是十分普遍的，而且出口或投资的增大发生在不同产业，对中间品进口的种类和数量的要求也不相同。因此，将这一重要的中间品循环从收入增长的波及机制中舍去，在理论上是十分不妥的。故而，以上出口增加的例子并不应该将被乘数假定为“出口减去中间品进口”，而应该从内生的角度分析当 1 单位出口增加时，对中间品进口带动效应的波及过程。换而言之，上例的 1 单位出口增加带动 1 次收入增加的波及过程可以表示为

收入 Y 的增加：

$$(1-a)+ar(1-a)+a^2r^2(1-a)+\cdots=\frac{1-a}{1-ar} \qquad (2-48)'$$

中间品 R 的增加：

$$a+a^2r+a^3r^2+\cdots=\frac{a}{1-ar} \qquad (2-49)'$$

此处 r 代表中间品的国内自给率 $(r<1)$。当 1 单位的出口增大时，第 1 个生产该出口品的企业同样以 $(1-a)$ ∶ a 的比例分配工资、利润和中间品采购，而第 2 个获得中间品订单的企业获得的订单量为 ar，另一部分 $a(1-r)$ 的中间品订单作为对进口中间品的需求流向了国外。因此，第 2 个企业以 $(1-a)$ ∶ a 的比例分配的需求量

仅是ar。以下如此类推后，1 次收入增加的累计量就是上述例子中的$\frac{1-a}{1-ar}$，显然，$\frac{1-a}{1-ar}<1$。换而言之，在考量中间品循环后，由于生产过程中进口中间品的存在，会缩小对国内中间产品的需求，进而对收入增加产生影响，1 单位的需求增加无法获得等量的收入增长。$\frac{1-a}{1-ar}$可以视为国内收入留存率，若以g来表示，$1-g$也可以解释为"生产波及过程中的收入效应漏出率"。

如此，结合国内产品消费倾向q对收入增加的 2 次，3 次以及全波及过程，都考虑中间品循环过程，则收入循环的波及过程可以表示为

$$g+qg^2+q^2g^3+\cdots=\frac{g}{1-gq} \tag{2-50}$$

第 1 项代表 1 次投入增长的国内收入留存比例，由此带动的国内消费品增长为gq，那么第 2 项就代表由gq所带动的 2 次收替增长的国内收入留存比例，之后以此类推，可以获得嵌入中间品循环的贸易乘数。为了方便与传统的贸易乘数值比较，可以将上式稍作变换。假定总产出$X=Y+R$，增加值率为$(1-a)=Y/X$，1 单位净产值的生产所需的中间品比率暂且称为"中间品系数"λ，则$\lambda=R/Y$，也可以表示为$\lambda=a/(1-a)$，代入后可得

$$g=\frac{1-a}{1-ar}=\frac{1-a}{1-a+a-ar}=\frac{1}{1+\lambda(1-r)} \tag{2-51}$$

将此式再代入嵌入中间品循环的贸易乘数中，可得

$$\frac{g}{1-gq}=\frac{1}{1-q+\lambda(1-r)}=\frac{1}{1-(c-m)+\lambda(1-r)} \tag{2-52}$$

从上式可以发现在乘数波及过程中，收入增长的漏出项在支出面上，除了储蓄倾向s，还有消费品进口倾向m，在生产面上$(1-r)$，即中间品的进口依存率也是一个漏出项。

三、内含中间品循环的宏观基本等式

综上所述，凯恩斯学派的收入波及效应的全过程是基于从新创造的收入来进行支出从而再创造收入的理论逻辑，如果由此被带动的进口（诱发进口）全都是最终消费品，它们不进入国内的生产过程，那么这种理论逻辑应该是可以接受的。但是考虑到实际经济运行中进口往往包含了中间品进口，如果将包含中间品进口的进口倾向用m'来表示，那么国内产品消费倾向$q=c-m'$就不再代表购买国内最终

消费品的消费倾向。生产消费品的中间品进口，是在生产面或生产过程中发生投入需求的波及效应，并非在收入与支出的循环过程中所直接带动的进口。换而言之，就极端的案例而言，即使一个经济体从国外进口的消费品为 0，只要生产过程中需要国外的中间品，这也是国民收入的漏出项，但是其函数关系就不能简单地用 mY 来说明。借用凯恩斯流派的宏观基本等式，来进一步说明两者的区别。假定 M 为总进口，M^C 为最终品进口，M^R 为中间品进口，凯恩斯的宏观基本模型可以做以下的改变：

$$\begin{aligned} Y + M &= C + I + E \\ Y + M^R + M^C &= C + I + E \\ Y + (R - Z) + M^C &= C + I + E \end{aligned} \tag{2-53}$$

其中，R 为中间品使用额，Z 为国产中间品使用额。现假定，I 和 E 是给定的外生变量，消费 C 和最终品进口 M^C 是 Y 的函数：

$$C = C(Y) \text{ 或 } C = cY + C_B$$
$$M^C = M^C(Y) \text{ 或 } M^C = mY$$

借助上节说明的中间品国内自给率 r 和中间品系数 λ，则 $Z = rR$，$R = \lambda Y$。从而，中间品函数为

$$M^R = M^R(\lambda Y) \text{ 或 } M^R \equiv R - Z = (1 - r)\lambda Y$$

上式说明中间品进口并非简单的是 Y 的函数，而是 λY，即根据生产 Y 所需要的中间品需求总量 R 的大小来决定中间品进口量，这也是这个函数的意义。那么式(2-53)可以改写为

$$Y + M^R(\lambda Y) + M^C(Y) - C(Y) = \bar{I} + \bar{E}$$

全微分后可得

$$\Delta Y + \lambda(1 - r)\Delta Y + m\Delta Y - c\Delta Y = \Delta \bar{I} + \Delta \bar{E}$$

从而可得

$$\Delta Y = \frac{1}{1 - (c - m) + \lambda(1 - r)} \Delta(\bar{I} + \bar{E}) \tag{2-54}$$

如此，将中间品的循环纳入凯恩斯开放经济的基本模型中，可以弥补凯恩斯国际贸易理论的不足。值得注意的是，这同时也会引出之前提到过的问题，即中间品循环流的统计存在明显的不确定性。

在凯恩斯的封闭经济模型中，作为支撑经济循环的中间品循环流(凯恩斯称为

使用者消费循环流)没有出现的主要原因是难以统计测定。当然,利用净产值的概念来规避统计上的困难,这在封闭经济模型中是一种正确的处理方法。但是在开放经济模型中,分析目的本就内含研究中间品进口的循环流时,这种简便方法反而会造成分析上的困难。从上式可以看出,在嵌入中间品循环的贸易乘数中发挥重要作用的是 λ, r 乃至 a 这些系数。但是这些系数,根据不同的产业部门其取值也会不同。因此,要厘清出口和投资的增长所带来的直接和间接波及效应,最终不得不借助列昂契夫投入产出理论中产业结构的视角,这也是投入产出理论作为国民收入决定理论的有效补充的有力证据。

四、投入产出结构分析对国民收入决定理论的补充

从上节可以看出,从生产面考虑中间品循环对收入决定发挥着重要作用。换言之,经济体的生产结构(投入产出结构)对收入决定起着重要作用。那么,如果进口活动不存在,是否意味着生产结构对收入决定就不造成影响呢?

从凯恩斯的国民收入分析的乘数理论来看,需求增长无论发生在哪个部门,只要该增长额相同的话,其带动的收入波及效应也是相同的。相反,通过投入产出理论的分析框架,可以推出由于需求结构不同,不同部门需求增长对收入增长的波及效应是不同的。不过,值得注意的是,在列昂契夫的开放模型中,由于需求结构的不同,不同部门需求增长带动各部门的产出或经济体系整体的总产出的波及效应是不同的,并不是直接反映对收入增长的波及效应。因此,需要借助各收入部门的分配结构,进一步推出对收入增长的波及效应。根据宫沢健一(K. Miyazawa)的拓展方法,先将列昂契夫的开放模型中作为外生变量的消费进行内生化处理,使消费成为收入 Y 的函数,那么投入产出分析框架可以拓展为[①]

$$\begin{bmatrix} \boldsymbol{A} & \boldsymbol{C} \\ \boldsymbol{V} & 0 \end{bmatrix}\begin{bmatrix} \boldsymbol{X} \\ \boldsymbol{Y} \end{bmatrix}+\begin{bmatrix} \boldsymbol{F}_X \\ \boldsymbol{F}_Y \end{bmatrix}=\begin{bmatrix} \boldsymbol{X} \\ \boldsymbol{Y} \end{bmatrix} \tag{2-55}$$

其中,$\boldsymbol{A}=(a_{ij})$ 为投入系数矩阵,$\boldsymbol{V}=(v_j)$ 为第 j 产业生产 1 单位所分配给居民部门作为收入的分配系数(行向量),$\boldsymbol{C}=(c_i)$ 为居民部门每单位收入用于购买 i 部门产品的比例,即消费系数(列向量),$\boldsymbol{X}=(x_i)$ 为 i 部门的均衡产出(列向量),$\boldsymbol{Y}$ 为均衡收入,$\boldsymbol{F}_X=(F_{x_i})$ 为 i 部门产品的外生最终需求(为列向量),$\boldsymbol{F}_Y$ 为外生居民收入。

---

① 居民消费内生化的投入产出拓展模型,可参考 MIYAZAWA K. Input-output analysis and the structure of income distribution [M]. Heidelberg: Springer, 1976.

对 $\boldsymbol{X}$ 和 $\boldsymbol{Y}$ 求解可得

$$\begin{bmatrix}\boldsymbol{X}\\\boldsymbol{Y}\end{bmatrix}=\begin{bmatrix}\boldsymbol{I}-\boldsymbol{A} & -\boldsymbol{C}\\-\boldsymbol{V} & 1\end{bmatrix}^{-1}\begin{bmatrix}\boldsymbol{F}_X\\\boldsymbol{F}_Y\end{bmatrix}\tag{2-56}$$

该式中的逆矩阵可以利用$(\mathrm{I}-\boldsymbol{A})^{-1}=\boldsymbol{B}$ 的列昂契夫逆矩阵，再通过逆矩阵的分割表式法表示为

$$\begin{bmatrix}\boldsymbol{I}-\boldsymbol{A} & \vdots & -\boldsymbol{C}\\\cdots\cdots & \vdots & \cdots\cdots\\-\boldsymbol{V} & \vdots & 1\end{bmatrix}^{-1}=\begin{bmatrix}\boldsymbol{B}(\boldsymbol{I}+\boldsymbol{C}K\boldsymbol{VB}) & \vdots & \boldsymbol{BC}K\\\cdots\cdots & \vdots & \cdots\cdots\\K\boldsymbol{VB} & \vdots & K\end{bmatrix}\tag{2-57}$$

其中 $K\equiv(\boldsymbol{I}-\boldsymbol{VBC})^{-1}$为收入关联系数。此处 $\boldsymbol{BC}$ 可以理解为生产 1 单位居民收入带动的消费需求 $\boldsymbol{C}$ 所需要的各产业部门的产出额 $\boldsymbol{BC}$，由 $\boldsymbol{BC}$ 带动的居民收入增长为 $\boldsymbol{VBC}$，通过同样的经济循环过程(收入→消费→生产→收入)，收入增长波及过程的总效应是$(\boldsymbol{I}-\boldsymbol{VBC})^{-1}$。换言之，由外生居民收入 $\boldsymbol{F}_Y$ 带动的收入增长波及过程的总效应为

$$\boldsymbol{Y}=[I+\boldsymbol{VBC}+(\boldsymbol{VBC})^2+\cdots]\boldsymbol{F}_Y=K\boldsymbol{F}_Y\tag{2-58}$$

根据式(2-56)与式(2-57)，以生产系数(列昂契夫逆矩阵)$\boldsymbol{B}$ 和收入关联乘数 K 为主要元素可将均衡产出和均衡收入分别表示为

$$\boldsymbol{X}=\boldsymbol{B}(I+\boldsymbol{C}K\boldsymbol{VB})\boldsymbol{F}_X+\boldsymbol{BC}K\boldsymbol{F}_Y\tag{2-59}$$

$$\boldsymbol{Y}=K\boldsymbol{VBF}_X+K\boldsymbol{F}_Y\tag{2-60}$$

对 X 求解可得

$$\boldsymbol{X}=\boldsymbol{BF}_X+\boldsymbol{BC}K\boldsymbol{VBF}_X+\boldsymbol{BC}K\boldsymbol{F}_Y\tag{2-61}$$

其中，等式右边第 1 项为不通过居民部门直接由外生最终需求所带动的总产出的诱发效应。第 2 项和第 3 项都是通过居民部门后的反馈效应。第 2 项为在生产由外生最终需求所诱发的产出后，居民部门获得了收入，再通过收入关联乘数，经济体系整体的收入水平得到扩大，进而带动了次生消费，最终由次生消费所带动的总产出诱发效应。第 3 项为由外生居民收入诱发的收入波及总效应所带动的次生消费，并由其进一步带动的次生产出诱发效应。显然，这种收入波及效应的分解缺少了需求结构，生产结构和分配结构的任何一个环节都是无法诠释的。

与凯恩斯乘数相比，投入产出理论中的收入关联系数 $\boldsymbol{K}=(\boldsymbol{I}-\boldsymbol{VBC})^{-1}$中，$\boldsymbol{VBC}$ 与消费倾向 $\boldsymbol{C}$ 相对应。不同的是，在投入产出理论中，突出了收入循环是通过生产循环过程决定的，例如式(2-60)中的第 1 项与凯恩斯乘数理论的等式相对应，即

$$\boldsymbol{Y} = \boldsymbol{KVBF}_X \tag{2-62}$$

根据这个收入决定方程式，外生变量投资的增大 $\Delta \boldsymbol{F}_X$ 所带动的收入增长 $\Delta \boldsymbol{Y}$ 为 $K\boldsymbol{VB}\Delta \boldsymbol{F}_X$。显然，$\Delta \boldsymbol{F}_X$ 首先由生产循环过程中的乘数效应带动了产出增长 $\boldsymbol{B}\Delta \boldsymbol{F}_X$，从而居民部门获得 $\boldsymbol{V}(\boldsymbol{B}\Delta \boldsymbol{F}_X)$ 进入收入循环过程，通过收入关联乘数的波及过程最终获得总收入增长 $\boldsymbol{K}(\boldsymbol{VB}\Delta \boldsymbol{F}_X)$。同时，可以看到，与消费倾向 $\boldsymbol{C}$ 对应的 $\boldsymbol{VBC}$，在投入产出理论框架中，是从消费结构的视角来诠释结合生产循环过程的消费倾向。这种将需求结构、生产结构和分配结构综合分析的手法，可以称为“结构关联分析”，其分析特点与优势是宏观经济模型所无法提供的。

第五节　投入产出动态体系的发展

虽然结构关联分析，通过拓展静态投入产出分析，对短期宏观经济模型所没有关注的中间品循环问题提供了更加具有说服力的分析方法。但是，静态开放体系的投入产出框架仍然存在一些分析瓶颈。第一个瓶颈是存量与流量依存关系的缺失，换言之，每期被生产的资本品(建筑物、机器设备等)不一定在当期完全消费，通常，这些资本品的存量对后期的生产活动依然发挥影响。分析过去的经济循环结构，可以通过利用投入产出表等统计表，事后建立模型来分析，但是若考虑或预测未来的生产活动的增长，就不得不考虑存量的影响。事实上，列昂契夫自 1953 年就开始了相关研究，提出了动态逆矩阵，构建了动态投入产出模型。

但是，静态开放体系的投入产出框架在长期分析中的瓶颈不仅是资本结构的缺失。从上一节结构关联分析的拓展中也能看出，尽管静态开放体系的投入产出分析框架属于需求主导型模型，但是经济主体的需求却是作为外生变量处理的。为此，可以结合国民经济核算中的其他账户，在构建社会核算矩阵(Social Accounting Matrix, SAM)的基础上，借助宏观计量模型的手法，估算经济整体的消费总额，然后利用投入产出表中各部门消费比率，决定最终需求中消费向量的各元素。克莱茵将补充了可支配收入和消费函数后的投入产出模型称为列昂契夫-凯恩斯模型。静态开放体系的投入产出分析动态化发展中的第三个瓶颈是固定投入系数的假定。对于此问题，阿尔蒙开发的基于投入产出分析的动态预测模型做出了重大贡献。

一、列昂契夫的动态投入产出模型

静态投入产出分析的动态化发展主要存在两个方向。一个是在静态列昂契夫体系中引入各部门投入与产出之间存在的时滞问题，数学上的模型形式就是矩阵差分方程与微分方程。一般的前向差分方程在经济意义上表示的并不是一种生产滞后的投入产出关系，而更多是一种支出系统，只有后向差分方程才可以表示为生产滞后的投入产出关系；另一个方向是在列昂契夫体系中将资本存量的变化作为内生变量处理的动态化发展方向。因此，在导论中提及的静态开放体系的供求平均式中，引入时间 t，固定资本形成矩阵 $\boldsymbol{Q}$，并假定消费 C 是唯一的外生变量，动态投入产出模型可以用式(2-63)表示：

$$[x_i(t)] = \sum_{j=1}^{n}[z_{ij}(t)] + \sum_{j=1}^{n}[q_{ij}(t)] + [c_i(t)](i, j = 1, 2, \cdots, n) \tag{2-63}$$

其中，$[x_i(t)]$为第 t 期第 i 部门的产出额，$[z_{ij}(t)]$为第 t 期对第 i 部门产品的第 j 部门的中间需求额，$[q_{ij}(t)]$为第 t 期对第 i 部门产品的第 j 部门的投资需求额，$[c_i(t)]$为第 t 期对第 i 部门产品的消费需求额。

显然，在动态投入产出模型中，作为同类最终需求项目的投资被刻画得更为具体。即在式(2-63)中，通过列明哪些部门将 i 部门的产品作为投资品，来表述投资＝资本形成的关系，当然，不生产资本品的 i 部门，$\sum_{j=1}^{n}[q_{ij}] = 0$，$(i, j = 1, 2, \cdots, n)$。

随着时间的变化，各产业的生产技术也会发生进步，一般而言，长期投入系数 a_{ij} 一定会发生变化。为了便于分析，此处假定投入系数不变，t 为年单位，即各年 t，j 部门产品的产量与从 i 部门投入 j 部门的中间投入量之间保持一定的比例关系。

$$[z_{ij}(t)] = [a_{ij}][x_j(t)] \quad (i, j = 1, 2, \cdots, n) \tag{2-64}$$

另假定 j 部门产品产出的增长$[\Delta x_j]$与 j 部门 t 年的投资额$[I_j]$之间存在一定的比例关系，即资本系数，那么可得

$$[I_j] = [b_j][\Delta x_j](j = 1, 2, \cdots, n) \tag{2-65}$$

根据式(2-65)可将 t 年的投资带动 $t+1$ 年产出增加的关系表示为

$$[I_j(t)] = [b_j]\{[x_j(t+1)] - [x_j(t)]\} = [b_j][\Delta x_j(t)](j = 1, 2, \cdots, n) \tag{2-66}$$

进而，可根据不同的投资品 i 将 j 部门的投资分解为

$$[b_j] = \sum_{i=1}^{n}[b_{ij}](i, j = 1, 2, \cdots, n) \tag{2-67}$$

换言之，为了生产 1 单位 j 部门产品，需要投入的投资品 i 的量为b_{ij}，从 t 年到$t+1$ 年 j 部门产品产出增加与投资品 i 之间存在以下的比例关系：

$$[q_{ij}] = [b_{ij}]\{[x_j(t+1)] - [x_j(t)]\} \quad (i,\ j = 1,\ 2,\ \cdots,\ n) \tag{2-68}$$

此处，假定消费 $\boldsymbol{C}$ 每年以给定的增长率增加，可得

$$[c_i(t)] = (1+g)^t[c_i(0)] \quad (i = 1,\ 2,\ \cdots,\ n) \tag{2-69}$$

其中，$[c_i(0)]$为初始年对 i 部门产品的初期消费，g 为年增长率。

由于假定消费 $\boldsymbol{C}$ 是动态投入产出模型的唯一外生变量，消费的变化决定了产出额 x_t、固定资本形成Q_t的变化。根据以上假定，决定各年产出额的动态方程式可表示为

$$[x_i(t)] = \sum_{j=1}^{n}[a_{ij}][x_j(t)] + \sum_{j=1}^{n}[b_{ij}]\{[x_j(t+1)] - [x_j(t)]\} + (1+g)^t[c_i(0)] \quad (i,\ j = 1,\ 2,\ \cdots,\ n) \tag{2-70}$$

其中，右边第 1 项 $\sum_{j=1}^{n}[a_{ij}][x_j(t)]$ 为 t 年全产业部门对 i 部门产品的中间需求额，第 2 项$\sum_{j=1}^{n}[b_{ij}]\{[x_j(t+1)] - [x_j(t)]\}$ 为 t 年全产业部门对 i 部门资本品的投资需求额，第 3 项$(1+g)^t[c_i(0)]$ 为 t 年对 i 部门产品的消费需求额。式(2-70)用矩阵形式表示可得

$$\boldsymbol{X}(t) = \boldsymbol{AX}(t) + \boldsymbol{B}[\boldsymbol{X}(t+1) - \boldsymbol{X}(t)] + (1+g)^t\boldsymbol{C}(0) \tag{2-71}$$

进而对式(2-71)整理后可得

$$\boldsymbol{BX}(t+1) = (\boldsymbol{I} - \boldsymbol{A} + \boldsymbol{B})\boldsymbol{X}(t) - (1+g)^t\boldsymbol{C}(0) \tag{2-72}$$

式(2-72)为决定 t 年到$t+1$ 年生产路径的动态方程式，若初始年消费 $\boldsymbol{C}(0)$、年增长率 g 和产出额 $\boldsymbol{X}(0)$给定，可确定从初始年 $t=0$ 到最终年 $t=T$ 的均衡增长路径。

但是，列昂契夫没有采用式(2-72)的前向线性差分方程，而是采用了后向的表达形式来说明动态逆矩阵①。下文为了便于说明列昂契夫的动态逆矩阵，对于式(2-72)中各变量的假定做出适当的修改，最终年 T 的表达符号为$t=0$，因为当期为最终年，在不考虑后期生产的前提下，假定当期不再投资，将 $\boldsymbol{G}=(\boldsymbol{I}-\boldsymbol{A}+\boldsymbol{B})$代入式(2-72)可得

① 有关前向线性差分方程与后向线性差分方程的说明，参照 Miller-Blair(2009)。

$$\boldsymbol{X}(0)=\boldsymbol{G}^{-1}\boldsymbol{C}(0) \tag{2-73}$$

为了维持当期的生产，需要向后追溯 1 年考虑上一期的投资，可表示为

$$\boldsymbol{GX}(-1)-\boldsymbol{BX}(0)=\boldsymbol{C}(-1) \tag{2-74}$$

同样对上一期的产出额 $\boldsymbol{X}(-1)$，则有

$$\boldsymbol{X}(-1)=\boldsymbol{G}^{-1}\boldsymbol{BX}(0)+\boldsymbol{G}^{-1}\boldsymbol{C}(-1) \tag{2-75}$$

即上一期的产出额 $\boldsymbol{X}(-1)$不仅满足了同期消费 $\boldsymbol{C}(-1)$，而且包括为了当期生产的投资 $\boldsymbol{G}^{-1}\boldsymbol{BX}(0)$。如此，对上上期的产出额 $\boldsymbol{X}(-2)$，则有

$$\boldsymbol{X}(-2)=\boldsymbol{G}^{-1}\boldsymbol{BX}(-1)+\boldsymbol{G}^{-1}\boldsymbol{C}(-2) \tag{2-76}$$

即上上期的产出额 $\boldsymbol{X}(-2)$不仅满足了同期消费 $\boldsymbol{C}(-2)$，而且包括为了其后期 $(t=-1)$ 生产的投资 $\boldsymbol{G}^{-1}\boldsymbol{BX}(-1)$，如此，再追溯一期的产出额 $\boldsymbol{X}(-3)$，则有

$$\boldsymbol{X}(-3)=\boldsymbol{G}^{-1}\boldsymbol{BX}(-2)+\boldsymbol{G}^{-1}\boldsymbol{C}(-3) \tag{2-77}$$

式(2-75)、式(2-76)的解释对式(2-77)也同样适用。通过将式(2-73)代入式(2-75)，将式(2-73)、式(2-75)代入式(2-76)，将式(2-73)、式(2-75)、式(2-76)代入式(2-77)，可得以下三个式子：

$$\begin{aligned}\boldsymbol{X}(-1)&=\boldsymbol{G}^{-1}\boldsymbol{BX}(0)+\boldsymbol{G}^{-1}\boldsymbol{C}(-1)\\&=\boldsymbol{G}^{-1}\boldsymbol{BG}^{-1}\boldsymbol{C}(0)+\boldsymbol{G}^{-1}\boldsymbol{C}(-1)\end{aligned} \tag{2-78}$$

$$\begin{aligned}\boldsymbol{X}(-2)&=\boldsymbol{G}^{-1}\boldsymbol{BX}(-1)+\boldsymbol{G}^{-1}\boldsymbol{C}(-2)\\&=\boldsymbol{G}^{-1}\boldsymbol{B}[\boldsymbol{G}^{-1}\boldsymbol{BG}^{-1}\boldsymbol{C}(0)+\boldsymbol{G}^{-1}\boldsymbol{C}(-1)]+\boldsymbol{G}^{-1}\boldsymbol{C}(-2)\\&=\boldsymbol{G}^{-1}\boldsymbol{BG}^{-1}\boldsymbol{BG}^{-1}\boldsymbol{C}(0)+\boldsymbol{G}^{-1}\boldsymbol{BG}^{-1}\boldsymbol{C}(-1)+\boldsymbol{G}^{-1}\boldsymbol{C}(-2)\end{aligned} \tag{2-79}$$

$$\begin{aligned}\boldsymbol{X}(-3)&=\boldsymbol{G}^{-1}\boldsymbol{BX}(-2)+\boldsymbol{G}^{-1}\boldsymbol{C}(-3)\\&=\boldsymbol{G}^{-1}\boldsymbol{B}\{\boldsymbol{G}^{-1}\boldsymbol{B}(\boldsymbol{G}^{-1}\boldsymbol{BG}^{-1}\boldsymbol{C}(0)+\boldsymbol{G}^{-1}\boldsymbol{C}(-1))+\\&\quad\boldsymbol{G}^{-1}\boldsymbol{C}(-2)\}+\boldsymbol{G}^{-1}\boldsymbol{C}(-3)\\&=\boldsymbol{G}^{-1}\boldsymbol{BG}^{-1}\boldsymbol{BG}^{-1}\boldsymbol{BG}^{-1}\boldsymbol{C}(0)+\boldsymbol{G}^{-1}\boldsymbol{BG}^{-1}\boldsymbol{BG}^{-1}\boldsymbol{C}(-1)+\\&\quad\boldsymbol{G}^{-1}\boldsymbol{BG}^{-1}\boldsymbol{C}(-2)+\boldsymbol{G}^{-1}\boldsymbol{C}(-3)\end{aligned} \tag{2-80}$$

这三个式子表示为了确保能够满足当期消费 $\boldsymbol{C}(0)$的生产，前期需要进行必要的投资。当然，不仅 3 期，可以向后追溯 n 期。换而言之，为了满足当期消费$\boldsymbol{C}(0)$，需要一定的资本存量。

将 $\boldsymbol{R}$ 代替 $\boldsymbol{G}^{-1}\boldsymbol{B}$，用矩阵表示，则有

$$\begin{bmatrix} \boldsymbol{X}(-3) \\ \boldsymbol{X}(-2) \\ \boldsymbol{X}(-1) \\ \boldsymbol{X}(0) \end{bmatrix} = \begin{bmatrix} \boldsymbol{G}^{-1} & \boldsymbol{RG}^{-1} & \boldsymbol{R}^2\boldsymbol{G}^{-1} & \boldsymbol{R}^3\boldsymbol{G}^{-1} \\ 0 & \boldsymbol{G}^{-1} & \boldsymbol{RG}^{-1} & \boldsymbol{R}^2\boldsymbol{G}^{-1} \\ 0 & 0 & \boldsymbol{G}^{-1} & \boldsymbol{RG}^{-1} \\ 0 & 0 & 0 & \boldsymbol{G}^{-1} \end{bmatrix} \begin{bmatrix} \boldsymbol{C}(-3) \\ \boldsymbol{C}(-2) \\ \boldsymbol{C}(-1) \\ \boldsymbol{C}(0) \end{bmatrix} = \begin{bmatrix} \boldsymbol{G} & -\boldsymbol{B} & 0 & 0 \\ 0 & \boldsymbol{G} & -\boldsymbol{B} & 0 \\ 0 & 0 & \boldsymbol{G} & -\boldsymbol{B} \\ 0 & 0 & 0 & \boldsymbol{G} \end{bmatrix}^{-1} \begin{bmatrix} \boldsymbol{C}(-3) \\ \boldsymbol{C}(-2) \\ \boldsymbol{C}(-1) \\ \boldsymbol{C}(0) \end{bmatrix} \tag{2-81}$$

式(2-81)右边第一项的逆矩阵为列昂契夫的动态逆矩阵。从以上的论述可知,列昂契夫的动态投入产出模型引入了时间要素,并将存量与流量的关系反映到模型中,但是通过模型还是无法估算居民消费等经济主体的活动,而且,投入系数与资本系数都是假定为不随时间变化。另外,在以资本系数为元素的矩阵中,若取值为 0 的要素增多,就会造成动态逆矩阵是否存在的问题①。再加上,从实证分析角度而言,当分析有 50 个部门的经济体系 10 年间的经济循环时,由于需要计算 550×550 维矩阵的逆矩阵,通常使用的个人计算机是否能够计算也成为一个问题。因此,在动态投入产出的实证应用领域,需要进一步改良和拓展列昂契夫的动态投出产出模型。之后,列昂契夫的学生,阿尔蒙教授通过引入计量经济学的手法(最小二乘法等)开始对动态投入产出模型进行拓展。

二、INFORUM 型动态投入产出模型的发展

阿尔蒙尝试调整列昂契夫动态投入产出体系,并构建可用于经济预测的模型。根据阿尔蒙的论述,模型的调整内容有:①假定模型的投入系数是线性关系不变,但不再是固定系数;②在居民部门的消费行为方程式中,反映消费需求依存于人口和实际工资率的关系;③引入 Cobb-Douglas 函数,反映资本对劳动的替代性;④在构建投资行为方程式中,反映投资不仅依存于总产出增长,而且依存于工资上升或者由于新投资品生产性上升等导致资本对劳动替代率变化的关系;⑤在劳动人口作为外生变量的约束条件下,为了能够通过增加最终需要从而达到充分就业状态的产出水平,适度调整工资率的增长路径。

通过以上的调整内容可以发现,阿尔蒙对列昂契夫动态模型初期改良的着眼点在于:一是构建各经济主体的行为方程式;二是把握投入产出表中增加值部分的各种变量与最终需求部分的各种变量间的相互关系;三是采用可变化的投入系数。但是,在阿尔蒙的初期调整中,很明显并未导入投入产出的价格体系。实际上,在之后的 INFORUM 型模型中,投入产出的价格体系发挥了核心作用。从阿

① 对于列昂契夫动态逆矩阵的稳定性,首先提出问题的是 Wurtele (1959)。Solow (1959)针对列昂契夫动态投入产出的均衡产出模型,提出了双对性的价格模型,并给出了双对性的稳定性解释。

尔蒙对模型调整的特点上可以发现，INFORUM 模型可以称为多部门宏观计量经济模型[①]。多部门强调投入产出分析的框架，宏观计量经济是指模型中不仅包含各种宏观经济变量，例如 GDP、利息率、就业人数、失业率等，而且灵活利用最小二乘法等统计学的计量手法。国际投入产出学会的会刊 *Economic Systems Research* 第 3 卷第 1 号是有关 INFORUM 模型的特刊，着重介绍了属于 INFORUM 类型的各国模型、各种模块以及计算方法。为了便于说明 INFORUM 模型的特点，以下借用日本的 JIDEA(Japan Inter-industry Dynamic Econometric Analysis)模型来简要说明[②]。

INFORUM 类型的模型大致分为计算均衡产出的模块、价格—收入模块以及社会会计账户模块三大计算模块。式(2－82)是 JIDEA 模型均衡产出计算模块的方程式：

$$\boldsymbol{X} = \boldsymbol{AX} + \boldsymbol{F} - \boldsymbol{M}(p,\ \cdots)\boldsymbol{X} \tag{2-82}$$

其中，$\boldsymbol{X}$ 表示国内实际产出额向量，$\boldsymbol{A}$ 为实际中间投入系数矩阵，$\boldsymbol{F}$ 表示不含进口的实际最终需求总额，$\boldsymbol{M}(p,\ \cdots)$表示基于相对价格线性推导的进口份额函数。

根据式(2－82)计算 $\boldsymbol{X}$ 后，均衡产出的计算模块，继续使用名义增加值部分 V 的各种变量和各产业部门的就业数据，计算各产业的必要劳动力和单位增加值率 $v = \frac{[v_i]}{[x_i]}(i = 1,\ 2,\ \cdots,\ n)$。然后，在价格—收入的计算模块中，计算均衡价格，从而决定收入和增加值的各个项目。式(2－83)反映了价格—收入的计算模块。

$$\boldsymbol{p} = \boldsymbol{p} \cdot \boldsymbol{AD} + \boldsymbol{p}_{\mathrm{m}} \cdot \boldsymbol{AM} + \boldsymbol{v} \tag{2-83}$$

其中，$\boldsymbol{p}$ 表示国内生产价格指数向量，$\boldsymbol{AD}$ 为从中间品投入系数 $\boldsymbol{A}$ 中减去 $\boldsymbol{AM}$ 的部分，即国产中间品投入系数矩阵，$\boldsymbol{p}_{\mathrm{m}}$ 为进口价格指数向量，$\boldsymbol{AM}$ 为中间投入系数矩阵乘以将进口份额对角化的对角矩阵，即进口中间品投入系数矩阵，$\boldsymbol{v}$ 为单位增加值向量。根据式(2－83)计算生产价格指数 $\boldsymbol{p}$ 后，进一步估算居民消费价格指数。估算获得的两种价格指数的相对价格将作为居民消费函数的解释变量。上述两个模块的计算算法可以用图 2－1 来表示。

从图 2－1 可以看出，为了运行均衡产出和价格—收入两个计算模块的相关计算，模型引入了居民消费函数、投资函数和收入函数等宏观计量经济学的手法。不难看出，JIDEA 模型是需求决定型模型，基于可获得的观察数据，借助居民可支配收入和相对价格作为解释变量的消费函数的回归方程式估算各部门的最终品消费

---

① 在这点上，INFORUM 模型与同期的剑桥经济增长模型和克莱茵的经济增长模型的技术路线非常相似。

② JIDEA 模型的结构，参照今川健・長谷川聰・篠井保彦(2001)。

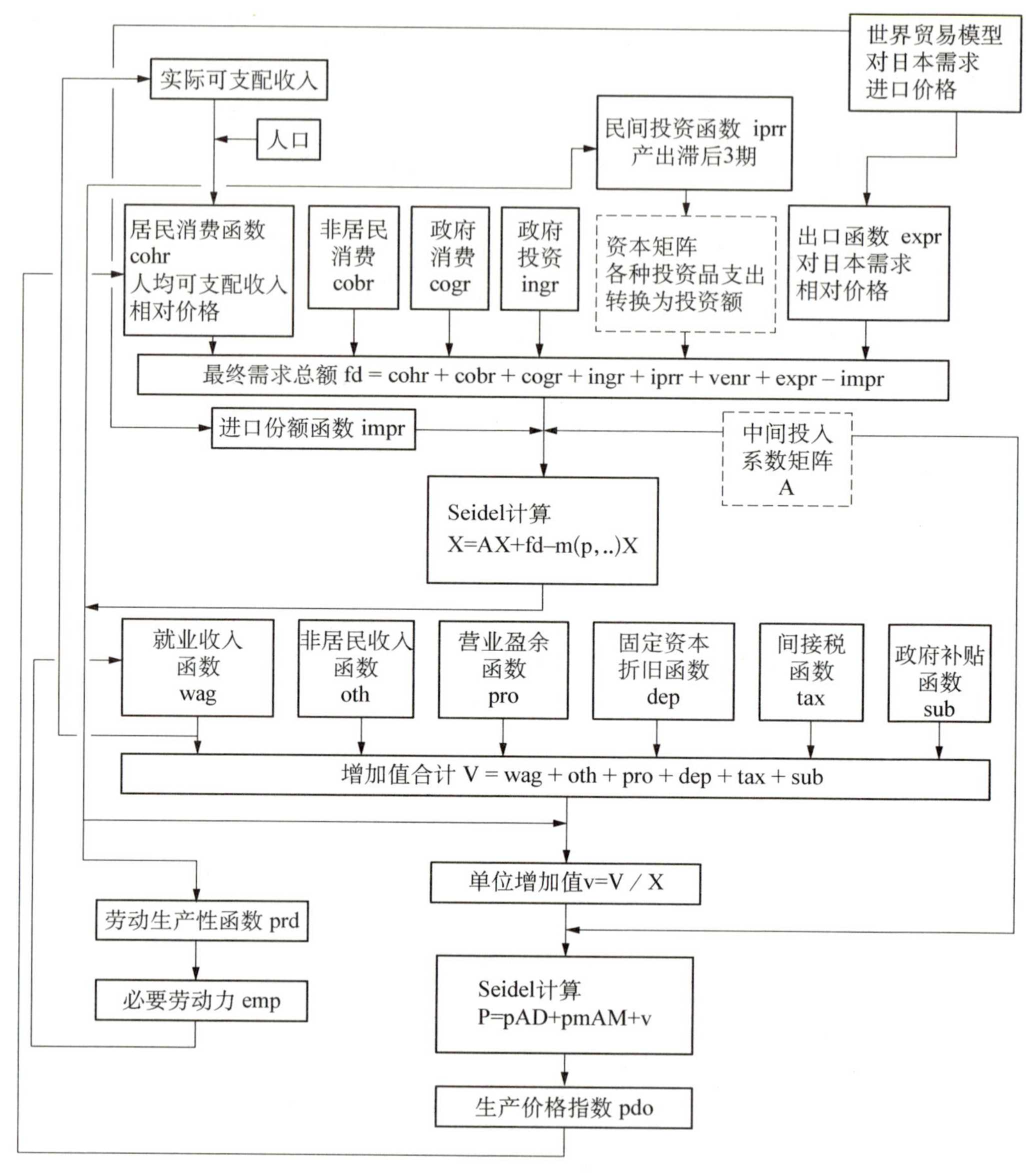

图 2－1　JIDEA 模型的流程图

资料来源：参考今川健・長谷川聰哲・篠井保彦(2001)，第 295 页，为了与本书的标记一致，笔者对原图的标记做了部分修改。

需求，投资则基于供需差额调整型投资函数内生决定。出口基于由世界贸易模型(INFORUM 开发维护的模型)决定的对日需求和 JIDEA 模型估算的日本出口价格作为解释变量的回归方程，进口则由国内总需求以及国内需求价格对世界市场价格的相对价格作为解释变量的回归方程来估算。值得注意的是，使用统计学的计量方法的前提条件是具有时间序列的可观察数值。在投入产出理论的框架中，投入产出延长表可以被视为时间序列的统计数据，JIDEA 模型的数据库的主要内容都是将投入产出延长表做时间序列调整后的数据。图 2－2 表示了 JIDEA 模型的数据库。

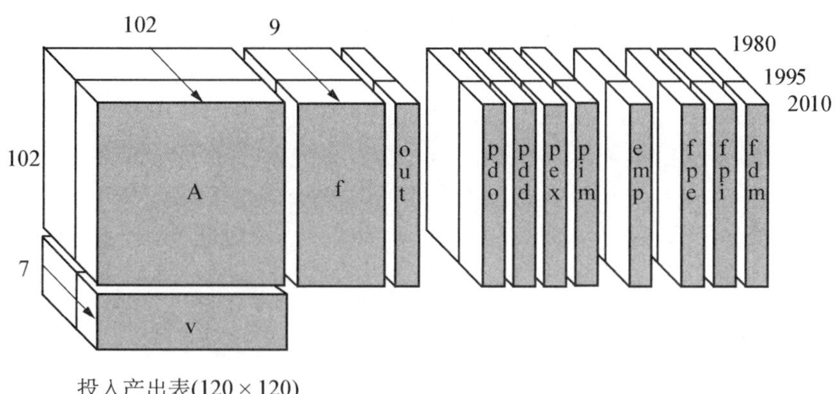

图 2－2　JIDEA 模型的数据库概念

注：图中 A、f、v 和 out 分别代表投入产出表的数据部分，即中间投入、国内最终需求、附加价值和产出；pdo、pdd、pex 和 pim 分别代表生产价格指数、国内需求价格指数、出口和进口价格指数；emp 代表就业数据；fpe、fpi 和 fdm 则代表世界贸易模型提供的世界市场的价格和需求数据。

若根据图 2－1 表示的步骤和内容，构建反映我国经济的 INFORUM 类型的模型来模拟中国经济的运行，不仅需要投入产出分析的理论支撑，同时需要借助计量经济学的相关理论。因此，探讨如何确定我国各经济体的行为方程式，例如，对于居民的消费行为，探讨应该使用斯通的线性支出体系 LES (Linear Expenditure System)来估算，还是应该用 Christensen, Jorgenson & Lau (1973)的超越对数体系，抑或是用 Deaton & Muelbauer (1980)的 AID 体系(Almost Ideal Demand System)，乃至用阿尔蒙的 PADS(Perhaps Adequate Demand System)来估算显然是十分重要的，但从图 2－2 可以看出，若不存在数据库支撑，INFORUM 类型的多部门中国宏观经济模型的构建将难以发挥分析作用。换言之，构建时间序列投入产出表的数据库是展开 INFORUM 类型模式实证分析的第一步，也是核心内容。鉴于数据库构建不是本书的主要内容，以下将不再展开，我国的类似模型可参考李善同和王寅初(1999)载于《中国宏观经济多部门动态模型(MUDAN)》一书中的 MUDAN 模型。

第二篇　实证篇

第三章 实证篇引言

本篇的实证分析主要围绕着结构展开，但本篇的目的不在于从哲学思辨的角度论述结构的本源与衍生意义。本篇的研究对象限定在某个经济体，可以通过构建该经济体的最小限度的结构，进而研究结构内部各要素的相互关系，在本篇中将此研究方法定义为结构分析。更为具体地讲，本篇中的结构与列昂契夫名著《美国经济结构，1919—1939》中所指的结构相同，即通过投入产出表所构建的经济体的内部结构。列昂契夫开创了投入产出分析，该分析理论亦是本篇结构分析的核心分析框架。此外，本篇对分析对象的时空尺度也做出了明确的限定。事实上，经济发展可以被抽象地理解为一个有限空间中动态的要素变化。此外，反映经济活动的要素的变化速度要远远快于反映自然环境的要素的变化速度，如估计全球气候变化对经济系统的直接影响时，气温上升 2 摄氏度至少是半世纪以上的假定，而全球经济和中国经济 50 年后的发展状态或结构既不会相同也难以估计。所以，在研究经济发展时，如何设定研究对象的时空尺度对研究结果起着决定性作用。本篇将研究对象设定在两个不同的空间尺度（中国和长三角地区）和一个时间尺度（1997 年东亚金融危机后至 2008 年全球金融危机前），这也是从经济增长调整期（增长率由高向低的时期）再次转向经济增长高速期的 10 年。

第一节 主导产业的演进与技术升级

20 世纪 90 年代末至 21 世纪初，我国经历了东亚金融危机的冲击，经济增长出现短暂的向下波动。加大财政投资力度，提高对外开放水平，推动产业结构优化是调整期我国经济政策的一些主要特点。同期，产业结构呈现出从农业和劳动密集型制造业（如食品、纺织等行业）向资本密集型和技术密集型制造业（如金属冶炼、电器、电子设备制造等行业)升级,出口结构也出现相应的升级趋势[①]。实际上,产业结构的变化与贸易结构的变化息息相关,这两者的变化对经济增长也有着重要影响。众多研究表明,一个经济体在不同的发展阶段往往存在一个或几个主导产业。这些主导产业的发展积极带动着产业结构和贸易结构的变化。一方面,通过积极承接国际产业转移和充分利用产业集聚的竞争优势,可以推动主导产业向高加工度化升级。另一方面,在向高加工度化的发展过程中,若能充分吸收国外生产技术的溢出效应,渐进性地实现技术升级势必会降低对外国高加工度产业的中间品进口依存度。所以,从中间品进口替代效应的角度,关注主导产业的技术升级问题对判断主导产业的发展是否进入了从量变走向质变的转型阶段至关重要。为此,本篇尝试拓展一种既可以把握经济增长和产业结构、贸易结构这三者之间关联,又可以反映技术升级情况的模型,从而为分析我国经济的发展路径提供一个新的视角。

由于经济学家们的研究视角迥异,对于主导产业的认识不尽相同。赫希曼从产业关联度基准提出发展中国家应首先发展产业关联度高的产业作为主导产业。罗斯托在《经济增长的阶段:非共产党宣言》(*The Stages of Economic Growth*:*A Non-Communist Manifesto*)中按各阶段带动经济增长的部门特征总结出,主导部门的急剧扩张率在保持经济的总体增长势头方面发挥着关键的直接和间接作用,增长阶段的技术基础部分原因就在于主导部门次序的变化[②]。罗斯托在识别主导部门时,不仅重视技术创新,还强调从需求的收入和价格弹性的角度分析需求对主导部门的决定作用[③]。这种分析逻辑,与钱纳里重视最终需求诱发经济增长的作用是高度吻合的。本篇基于钱纳里的分析模型来识别分析期内的主导产业,该分析模型称为比例增长偏差(Deviation from Proportional Growth, DPG)模型。

同时,经济发展中的进口替代型与出口导向型的路径选择,一直是经济学界争论的焦点之一。例如,劳尔·普雷维什(Raúl Prebisch)和汉斯·辛格(Hans W. Singer)认为发展中国家出口的初级产品的贸易条件存在长期恶化的趋势,提出发展中国家应该选择进口替代型工业化发展路径。就东亚和东南亚区域而言,进入20世纪90年代后,该区域的多数发展中国家的发展路径偏重于出口导向型。该

① 本节主要参考刘红光、王云平(2013)对行业类型的划分,对制造业部门进行了如下归类。劳动密集型:食品制造及烟草加工业;纺织业;服装皮革羽绒及其制品业;木材加工及家具制造业;造纸印刷机文教用品制造业;金属制品业;通用、专用设备制造业。资本密集型:石油加工、炼焦及核燃料加工业;化学工业;非金属矿物制品业;金属冶炼及压延加工业。技术密集型:电器、机械及器材制造业;通信设备、计算机及其他电子设备制造业;仪器仪表及文化办公用机械制造业。

② 华尔特·惠特曼·罗斯托. 经济增长阶段[M]. 郭熙保,王松茂译. 北京:中国社会出版社,2001:14—15.

③ 有关罗斯托的主导部门概念的详细总结,参见周振华. 论战略产业扶植培育政策[J]. 财经问题研究,1992(1):20—25。

区域发达国家及新兴工业化国家的出口导向型经济发展的成功实践，对该区域多数发展中国家的路径选择起到了至关重要的示范效应。日本的国际经济学家小岛清，扩充了赤松要的“雁行发展理论”，对此类区域经济的发展趋势给出了令人信服的描述。事实上，无论是哪种发展模式，外贸结构变化对一个经济体的产业结构变化都会起到催化作用。根据小岛清的研究，日本经济的结构变动首先通过进口量增加开始发酵，待新的产业结构确立并进入稳定增长期后，出口逐渐显现出与内需同样，甚至超过内需的拉动作用①。

就中国经济的发展路径而言，与小岛清总结的日本经济的发展路径有相似之处。例如，改革开放初期，为加快调整产业结构，提升产业技术，中国政府首先尝试了积极进口的方法。大量的进口的确会造成外贸收支不平衡的问题，但从提升产业技术的角度而言，其意义是不容忽视的。出口导向型发展路径的成功条件是贸易品国际竞争力的比较优势，而产业技术的改良和创新是提高贸易品比较优势的重要途径之一。在高端技术产业相对不发达，高附加价值商品的国际竞争力相对劣势的情况下，依托具有比较优势的商品出口，侧重出口导向型发展路径的同时，重视高端产业商品的进口，以高附加价值的回报促进国内市场的竞争，把握好生产技术的溢出效应，带动主导产业的技术升级，引导主导产业向高端发展是促进产业结构升级的有效路径。

为了分析经济发展与产业、贸易结构的关系，列昂契夫开发了天际图分析②。此方法从满足国内需求的视角，分析了经济增长与产业结构、贸易结构的关系。传统的天际图分析中的各部门自给率是根据各部门的生产能力是否能够满足国内最终需求所诱发的产出额来衡量的。当生产能力不足以满足国内最终需求所诱发的产出额时，需要通过进口国外产品来弥补，自给率往往小于100%。而有富余生产能力时，不仅可以满足国内最终需求所诱发的产出额，还可以满足国外的需求，此时的自给率一般大于100%。宫川幸三(2005) 考虑到加工贸易的特点是随着出口的扩大，原材料与中间产品的进口也同步增加。为此，宫川幸三在传统的天际图分析的基础上，使用进口内生化模型对出口所带动的进口中间投入品与本国中间投入品加以了区分。然而，能够带动中间投入品进口的因素不仅限于出口，国内最终需求同样也能够带动中间投入品的进口。鉴于此，本篇借用非竞争型投入产出(I－O)模型的框架，进一步拓展天际图分析法，从而可以区分国内最终需求对中间品进口

---

① 此处的表述是根据小岛清. 日本貿易と経済発展[M]. 日本：国元書房，1958：306—308 的内容经笔者概括而得。

② LEONTIEF W W, STROU A. Multiregional input-output analysis [G]// Tibor B. Structural interdependence and economic development. London: Macmillan (St. Martin' Press), 1963: 119－149.

与最终品进口的诱发效果，聚焦主导产业的中间品进口份额的变化，以达到说明各主导产业的对外技术依存度变化的目的。

因此，通过DPG模型和天际图分析可达到的研究目的是：其一，识别20世纪90年代以来，带动中国产业结构变化的主导产业及诱发主导产业增长的主要因素，考察各分析期间的主导产业部门的变化中是否出现向高加工度化发展的趋势；其二，图示分析期内主导产业的外贸依存变化，通过揭示带动经济增长和产业结构变化的主导产业的中间投入品进口贸易的变化，解释主导产业技术升级的情况。第四章阐述了DPG模型，并识别了1992—2005年间中国主导产业及推动其增长的诱因，同时分析了代表性主导产业外贸依存变化的情况①，第五章拓展了天际图分析的框架，解释拓展后的天际图分析不仅区分了国内最终需求和国外最终需求对各产业部门产生的不同影响，而且区分了各产业部门的中间品进口贸易与最终品进口贸易的变化情况，并在这两章的最后给出了简要的结论与今后研究方向的启示。

第二节　经济发展中的收入分配结构

从理论篇论述的经济循环和增长来看，收入分配既可视为经济增长的结果，又可视为经济增长的起点。作为现实中经济增长的结果，收入分配结构既体现了经济循环和增长的内在规律，又反映了不同发展阶段经济增长对积累与消费比例关系的内在要求。在对收入分配与经济增长关系的实证研究方面，2015年国际货币基金组织的工作报告 *Causes and Consequences of Income Inequality*：*A Global Perspective*，以1980—2012年近100个国家的数据为样本，深入分析了贸易和金融全球化、技术进步、教育、劳动力市场改革和再分配政策等因素导致的各国家收入分配不平等对经济增长的影响，其结论判断经济增长与收入差距扩大呈负相关关系，中低收入群体收入占比上升会显著提升中长期经济增速。相反，高收入群体收入占比上升会降低中长期经济增速。

事实上，通过积极的财政政策和扩大对外开放，东亚经济危机之后，我国经济的产业和出口结构呈现出从劳动密集型向技术、资本密集型升级，但是消费出现了增长迟缓的现象，并且传统产业如农业发展动力不足，其间"三农问题"突显，分析城乡间收入差距扩大对经济增长影响的各类研究也一度受到经济学界的重视。在

① 我国公布的可比价投入产出表是由国家统计局和中国人民大学共同编制的《中国1992—2005年可比价投入产出序列表》。因此，本书分析期间的选择主要受到了数据可获得性的约束。

经济政策方面，我国在2002年取消了农业税，用以减轻“三农”负担，试图改善城乡间收入差距，从而推动经济既快又好发展的政策目标十分清晰。

众所周知，在经济学领域中研究收入分配具有悠久的历史传统。价值（社会收入）如何分配总是与价值来源问题紧密联系在一起的。早在威廉·配第的著作中，其已将价值与劳动联系在一起，形成了劳动价值论，与其价值来源思想交融互通。另外，配第还重点讨论了工资、地租、利息及三者之间的关系，阐明了工资水平对地租水平的决定关系。在价值来源问题上，斯密不仅接受了劳动价值论，更提出了资本主义社会的收入价值论，即工资、利润和地租是一切收入和一切可交换价值的三个根本源泉①。斯密认为资本主义社会中的个人收入分为工资、地租和利润三个部分，分别代表劳动者、土地所有者和资本所有者三个阶层的收入，这三个阶层构成文明社会的三大主要和基本阶层②。斯密同样讨论了资本主义经济中工资、地租、利润及三者之间的关系，认为地租同工资一样会随着社会财富的增加和社会的进步而提高，而利润不同于工资、地租，随着资本在各行业中增加将强化竞争性，从而使利润呈下降态势。李嘉图在其著作中赋予了分配非常重要的地位，并认识到土地所生产的一切产品以地租、利润、工资的形式分别分配给土地所有者、牲畜或资本所有者、劳动者三大阶层，而三者的分配比例大不相同，确定支配这种分配的法则，乃是政治经济学的首要问题③。李嘉图认为资本主义社会工资与利润之间是一种反比例关系，当农产品与工业制品卖同样价格时，利润会随着工资的增加而降低。

新古典学派舍去了资本主义的社会关系，仅从李嘉图的地租理论中抽取“边际”因素，直接应用到包括土地在内的每一种生产要素上面，如资本、劳动、管理和技术等，从而形成了新古典边际生产力的分配理论。美国经济学家约翰·贝茨·克拉克(John Bates Clark)是新古典学派在此领域的集大成者，他认为在竞争均衡下，产品价值决定于劳动和资本的边际生产力；工资和利息也就各决定于其边际生产力，这种分配的原因在于任何社会都存在劳动和资本两种生产要素，劳动和资本共同创造了财富，也就要求共同参与财富的分配。就像商品价格受边际效用规律支配一样，资本与劳动的收入份额分别是由资本与劳动的最后的边际生产力决定，并强调了资本的边际生产力，即在劳动量不变时连续追加一单位资本所带来的产品增量，而这种资本创造产品的能力，就是利息的依据④。新古典学派的这一理论

① 亚当·斯密. 国民财富的性质和原因的研究[M]. 上卷. 北京：商务印书馆，1972：4.

② 亚当·斯密. 国民财富的性质和原因的研究[M]. 上卷. 北京：商务印书馆，1972：240.

③ 大卫·李嘉图. 政治经济学级赋税原理[M]//斯拉法. 李嘉图著作和通信集：1. 北京：商务印书馆，1983：3.

④ 约翰·贝茨·克拉克. 财富的分配[M]. 北京：商务印书馆，1997：125.

主要使用边际分析法，借助经济主体追求效用和利润最大化的行为假设，通过把要素组合方式、产品市场和要素市场三个方面结合来说明要素价格的决定机制。其中，市场供求均衡和生产要素之间的技术关系是决定要素价格的关键因素。值得注意的是，收入分配理论应当是关于个人的收入分配或是总收入在工资、利润和地租之间的分配比率问题，但是边际生产力的分配理论只是一个并不与收入分配结构相关的要素定价理论，充其量也只是一个“拟分配理论”[①]。

与新古典学派相比，马克思更早注意到分配和生产的紧密关系，并将这种关系与社会扩大再生产相结合。马克思不仅认为生产关系决定分配关系，而且认为分配对生产具有反作用。他认为，“所谓分配关系，是同生产过程的历史规定的特殊社会形式以及人们在其生活的再生产过程中互相所处的关系相适应的，并且是由这些形式和关系产生的。这种分配关系的历史性质就是生产关系的历史性质，分配关系不过表示生产关系的一个方面”[②]，并认为社会扩大再生产（经济增长）是生产的一种具体形式，因此生产与分配之间的关系可以解释增长与分配之间的关系。生产与分配的关系可以从两个基本方面来概述：一是生产决定分配，产品分配受生产影响，但是这种影响在特定生产方式下具有局限性；二是分配制约生产，一方面合理的分配激发劳动者参与生产的积极性，另一方面生产性分配促进再生产的持续进行[③]。正如理论篇论述经济增长理论的相关内容所示，马克思的扩大再生产（经济增长）理论和积累与消费按比例发展的理论，不仅揭示了自由市场经济发展的内在规律，为社会主义国家的收入分配制度奠定了理论基础，也对现代西方经济学、特别是新剑桥学派的发展产生了重要影响。

不难发现，投入产出分析理论事实上通过分类产业部门拓展了马克思的生产决定分配和分配制约生产的经济循环思想。然而，由于缺失收入分配和再分配关系的连接，促使以斯通为核心发展起来的 SAM 分析框架，通过开发连接投入产出分析、消费者需求分析、政府支出分析之间各自交易分类基准（部门分类）的分类变换矩阵功能，并在产业部门、居民和政府各部门中进一步细分各类社会属性，在研究收入分配对经济增长的影响方面，获得了明显优势。特别是，在 20 世纪 70 年代，发展中国家存在大量隐性失业的贫困问题，对此国际劳工组织在其世界就业计划中，发起了伊朗、斯里兰卡和菲律宾等发展中国家的创造就业项目，其中研究收入分配对就业和经济增长的分析框架就是 SAM。Pyatt 等（1972）建立了伊朗模

① 对于拟分配理论的说明，参考 BLAUG M. Economic theory in retrospect [M]. 5th ed. Cambridge: Cambridge University Press, 1997: 408.

② 马克思. 资本论[M]. 第 1 卷. 北京：人民出版社，2004：998—999.

③ 马克思恩格斯全集[M]. 第 44 卷. 北京：人民出版社，1982：109—110.

型，Ng (1974)建立了菲律宾模型，Lysy 和 Taylor (1977)建立了巴西模型，Adelman 和 Robinson (1978)建立了朝鲜模型。Thorbecke(1990)将这四个模型分为两代，前两国模型为第一代，其特点是将收入分配内生于一个多部门的宏观经济框架中；后两国模型为第二代，与第一代模型不同的是，这些模型不再依赖固定系数和线性关系的假定，很多行为与技术关系在模型中均以非线性的方程来刻画，账户的分类也更为详细。

Roland-Holst 和 Sancho (1992)基于 SAM 开发了一个分析收入分配问题的模型，主要聚焦于相对收入的职能性决定因素和收入分配以及再分配的潜在结构。Llop 和 Manresa (2004)对 Roland-Holst 和 Sancho (1992)的分配率测定方法提出了新的分解方式，用于识别西班牙 Catalan 地区的经济主体间整个收入分配过程中的不同组成部分，特别关注收入分配中政府的作用。高颖和何建武(2008)运用 SAM 的分析框架，分析了我国 1997 年的产业结构和收入分配的特征，并指出 SAM 的账户涵盖了经济系统中的各个部门，同时加入了对收入再分配的核算，因此更为全面地反映了社会经济的核算关系。如交叉乘数效应、闭环乘数效应通过投入产出分析是无法反映出来的，而这对于准确判断一个部门的地位和作用是非常重要的。

综上所述，就分析收入差距而言，有必要从分配结构的角度把握各产业劳动与资本的一次分配率。显然，这对正确理解内需不足的原因至关重要。

第三节 区域经济的相互联动和产业转移

区域科学认为，区域是具有一定结构和功能的经济空间。由于区域内部的一致性与区域之间的差异性，区域之间存在着互相作用和互相依赖，形成区域系统。进入 20 世纪 90 年代后，由于欧盟诸国边界逐步消失，欧盟内部区位的重要性越发明显，但传统的贸易理论或区位论已无法有效解释当今世界经济活动的空间规律。以保罗·克鲁格曼(Paul R. Krugman)、藤田昌久、安东尼·维纳布鲁斯(Anthony J. Venables)等为代表的学者相继出版了《空间经济学》(*The Spatial Economy*)《集聚经济学》(*Economics of Agglomeration*)《地理经济学导论》(*A Introduction to Geographic Economics*)等著作，再次推动了主流经济学对空间和距离的关注。空间经济学的主要贡献是提供了经济主体空间行为的微观经济学理论注解。其理论主要注重对①规模经济与运输成本的相互作用；②市场需求是内生的；③要素流动和产业关联效应；④循环积累效应等核心思想展开系统的研究。后三点的核心思想继承了沃尔特·艾萨德(Walter Isard)对区域科学的前期研究成果。概括地说，资本和劳动力等生产要素在区域内是可以流动的，资本流动和产业结构变化会引发劳动力流动和产业前后向关联的区域间变化。由于劳动力流动引起的工资收入分配变化会造成区域间需求结构变化。此外，中间使用需求结构变化形成的产业关联效应也会导致区域间需求结构变化。区域间需求结构变化又会进而引发产业集聚和劳动力流动，形成循环累积效应。

随着经济不断发展，这种不平衡的扩大与缩小很大程度上依赖于我国的发展路径。从产业结构的角度而言，发达地区的产业结构能否实现可持续的优化，即通过把相关“夕阳”产业向欠发达地转移的同时，升级优化自身的产业结构并带动欠发达地区的生产，是能否缩小地区经济发展不平衡的关键。例如，20 世纪日本产业结构在其长期的优化过程中，把部分生产能力转移到韩国、东盟以及中国等亚洲发展中国家和地区，带动了相关国家的经济发展，客观上缩小了该地区的发展不平衡。

小岛清(1958)从两个不同角度归纳了产业的雁行发展。①随着发展进程的推移，各产业在不同时期分别经历了由进口增加带动国内生产能力上升进而促进出口增加的发展模式。②从生产商品的类别看，产业升级发展是先由制造消费品的产业转向制造生产品的产业，或者说先由农业转向轻工业进而升级到重工业、化学工业等更为高端的产业。换而言之，产业发展依从生产技术简单且品种单一的状态逐步向生产技术复杂且品种多样的状态发展的规律。根据小岛清的总结，赤松要的产业发展的雁行形态理论不仅解释了一国产业发展的雁行模式，还包括了对世界经济的异质化与同质化、贸易市场的邻近化与偏远化两个命题的论证，可谓是国际分工动态理论的核心。后两个命题的论证结果多被用于解释战后东亚地区国际分工体系，即传统的东亚“雁行模式”。

曲玥、蔡昉、张晓波(2013)利用 31 个省以及 30 个制造业行业的时间序列数据，通过计量分析对“雁行模式”在中国的发生与否进行了实证研究。其结果验证了 1998—2008 年间我国制造业特别是劳动密集型产业在区域间“飞雁模式”的发生，证明了诱使产业继续向东部沿海地区集中的效应已经减弱，并且看到产业已经开始向中西部内陆地区转移的事实。但是，从“雁行模式”的核心规律来看，其研究没有揭示欠发达地区实现追赶发展的有效路径，即“进口增加带动国内生产能力上升(加工贸易为主的发展阶段)进而促进出口增加(逐步实现进口替代，比较优势充分发挥的发展阶段)”的发展模式，也没有刻画出发达地区转移的渐失比较优势的生产能力具体在哪些产业部门。另外值得注意的是，其分析所用的数据口径是规模以上企业，针对较易发生产业转移的劳动密集型产业而言，该数据的代表性受到一定的限制。投入产出表对产业部门的统计是全社会口径，包含了规模以下企业。刘红光等(2011)利用区域间投入产出表对区域间产业转移进行了测度。其分析方法的着眼点聚焦于最终需求与中间使用对产业转移的作用，强调了沿海地区出口模式没有改变和消费市场仍然集中在东部是产业转移滞缓的两个原因。但由于其分析数据是八大区域的分类，因此对区域内部的产业转移的说明无法得到进一步的展开。

围绕长三角地区产业升级的研究非常之多。仅从近几年的著作而言，沈玉芳等(2009)从城市经济学和空间经济学的理论角度，对城市群建设的区域发展模式展开研究，强调该地区应通过“精明增长”的路径，实现能够支撑今后 10～20 年产业不断升级的要求、有能力代表中国参与国际竞争并具有相当国际竞争力的新型产业体系和相应结构的区域发展总目标。同样，顾朝林等(2009)也从城市群建设的角度，强调未来上海的产业结构必须优先发展现代服务业，加快传统制造业转移，缓解区域产业同构现象，重点建设好“四个中心”的城市功能，打造以上海为核心的全球性巨型城市区。刘志彪等(2012)从城市化结合全球价值链的视角，强调长三角地区要集中资源重点发展代表国家竞争力的现代服务业和战略性新兴产业，攀升全球价值链的高端的同时，以城市化为推动产业转型升级的路径，实现保增长和安置剩余劳动力的多重发展目标。类似的研究还有很多，如曾刚等(2011)、贾晓峰等(2011)、靖学青(2009)、闫海洲(2010)、郑敏(2010)、左学金(2010)都给长江三角洲地区产业升级的研究提供了重要的参考。但绝大多数文献都未给出过去 20 多年来，江浙沪到底转调出哪些产业部门的生产能力？长三角地区已经转移了的传统制造业给该地区的经济发展带来了什么影响？

基于雁行模型的核心规律，发达地区在升级产业结构的同时会向周边的欠发达地区转迁一些比较优势出现下行的生产能力。一般用来判断比较优势的指标有 RCA(显性比较优势)或者 LQ(区位商)等指标。本书认为以上各类指标通常只关注产出额或进出口贸易额等单一口径，因此无法从生产过程角度准确地评价产业转移的发生，进而主张用拓展后的天际图分析框架来研究地区产业转移问题。在第七章中，首先对 1997—2007 年间上海、浙江和江苏的主导产业展开比较分析，区分对外贸易和省际贸易对长三角区域内各地经济增长的不同影响；其次考察全国各省市 1997—2007 年 10 年间的 LQ 变化，直观地把握全国各省市间各部门的比较优势的变化；最后通过拓展后的天际图分析框架，对长三角各地区的产业结构的升级优化与雁阵模型经验的吻合程度展开研究，从而梳理长三角区域各地主导产业的演变趋势，并把握各地产业结构的异同，为探讨未来如何推动长三角区域内产业协同发展提供实证依据和政策建议。

第四章 经济发展与主导产业的变迁

无论从经济循环角度，还是从经济增长角度，不同的经济体总表现出不同的经济运行情况。与发展中经济体相比，发达经济体虽然经济增长速度往往趋于平缓，但能保持相对高质量的经济循环，这主要取决于各自经济结构的不同，更确切地说，供给结构、需求结构和收入分配结构的不同是主要因素。所谓高质量的经济循环，可以理解为经济体的供给结构或生产结构是由能够生产更高附加值的产业关联体系或技术关联体系所支撑的，从而其需求结构呈现出具有偏向更高附加值产品消费倾向和投资倾向的特征。换个角度而言，发展中经济体要想跨越"中等收入陷阱"，改变其在国际分工体系中的收入分配结构，从而完成向发达经济体转型，那么不断调整产业结构、培育具有增长动力和潜力的新兴主导产业，从而推动产业结构优化升级是其促进经济可持续发展的不二法门。对已进入后工业化发展阶段的我国经济社会而言，坚定不移地深化供给侧结构性改革，积极扶持战略性新兴产业的快速发展，大力推动人工智能等尖端技术与传统产业技术融合发展，将创新引领作为发展的主引擎是我国经济从高速发展迈向高质量发展的核心战略。这种发展战略不仅符合经济学的理论逻辑，其有效性也已被大多数发达经济体的发展经验所验证。

第一节 经济发展与产业结构的研究简谱

从19世纪40年代开始，以乔治·弗里德里希·李斯特(Georg Friedrich List)和古斯塔夫·冯·施穆勒(Gustav von Schmoller)为代表人物的德国历史学派揭开了研究经济发展阶段与产业结构演变的帷幕[①]。李斯特将经济发展的历史分为

① 高山晟.開発経済学の現状[M]//安場保吉・江崎光男.経済開発論[M].日本：創文社，1985.

原始未开化时期、畜牧时期、农业时期、农工业时期、农工商业时期五个阶段。事实上，自18世纪60年代英国工业革命以来，经济发展的过程主要表现为工业化的过程。从产业结构的角度来看，工业化的特征可以归纳为：其一，工业特别是制造业在国民经济中占据了主要地位；其二，随着工业产出比例的上升，人均收入也有所增加。显然，工业化是产业结构演进的一个重要阶段。瓦尔特·霍夫曼(Walther G. Hoffmann)沿承了发展阶段理论并对工业化的演进做出了初期的实证分析。他利用近20个国家的时间序列数据，基于对消费品生产与资本品生产比例(霍夫曼比例)的分析，将工业化的演进分为四个阶段。根据霍夫曼的研究，霍夫曼比例会随着工业化进程的推进而下降，并将该比例下降到1以下的时期定义为实现工业化阶段。

科林·克拉克(Colin Clark)通过对多个地区不同时期三次产业劳动投入和总产出资料的整理和比较，总结出随着经济发展，人均国民收入的提高，劳动力首先由第一产业向第二产业移动；当人均国民收入水平进一步提高时，劳动力便向第三产业转移的演变规律。克拉克认为他的总结只是证明了配第在1691年提出的观点而已，因此，该规律被称为配第—克拉克定理。对其发现的规律，克拉克本人给出了两点解释。其一，需求因素。随着人均收入的增加，对农业产品的相对需求出现下降，而对制造业产品的相对需求先上升后下降，最后被对服务业的相对需求上升所替代；其二，效率因素。不同产业的生产效率迥异，制造业的劳动生产率的上升速度一般快于同一个经济系统中其他产业的劳动生产率的上升。

西蒙·库兹涅茨(Simon Kuznets, 1971)基于克拉克的研究成果，从国民收入和劳动力在产业间分布结构的视角，对多个国家的原始资料进行了整理，并针对经济发展与产业结构演进规律展开了进一步的截面和时间序列分析。库兹涅茨指出：其一，农业部门的相对国民收入(即比较劳动生产率＝产值的相对比重/劳动力的相对比重)在大多数国家都低于1，而工业部门和服务部门的相对国民收入则大于1；其二，农业部门的产值相对比重和劳动力相对比重都处于不断下降之中；其三，在生产技术的改良创新相对活跃的新兴工业部门，无论是产值相对比重，还是劳动力相对比重都处于上升过程，而传统工业部门的产值相对比重和劳动力相对比重则呈现出下降趋势；其四，服务业的产值相对比重和劳动力相对比重虽然都具有上升的趋势，但上升速度与工业部门相异，产值相对比重的上升速度小于劳动力相对比重的上升速度。库兹涅茨发现的这种规律，即产业结构的演进受人均国民收入变动的影响，进一步证明了配第—克拉克定理，被称为库兹涅茨人均收入影响论。

经济体的内在发展需求决定着其产业结构的不断演进，而经济体的产业结构的演进又反映出其经济发展的水平。根据已有的研究文献来看，经济发展与经济增长有着不同的含义。查尔斯·金德尔伯格和布鲁斯·赫立克(Charles P. Kindleberger 和 Bruce Herrick)认为:“增长意味着以更多的投入或更高的效率去获得更多的产出。发展的含义则不只这些,它还意味着产出结构的变化以及生产过程中各种投入量分布的变化。”①又如马尔科姆·吉利斯(Malcolm Gillis)等人认为:“经济增长和经济发展有时可以替代使用,但两者之间有着根本的区别。经济增长指国民收入或国民生产总值的总量或人均量的上升……经济发展则具有较多的含义。”②经济发展不仅包括了数量上的增长,同时注重质量和结构上的变化。因此,大多数发展经济学的学者都认同,反映经济发展的产业结构通常呈现出从低层次结构(劳动密集型部门为主,生产技术相对简单)向高层次结构(资本密集型,技术密集型部门的产出比例上升,生产技术改良升级)的变化。不过,学术界在如何分析产业结构演进与经济增长的内在联系的方法论上存在着明显的差异,库兹涅茨与罗斯托的不同观点可以代表该问题争议的核心内容。

库兹涅茨认为,消费者需求结构的变动直接带动了生产结构的转换,而消费者需求结构的变动与经济总量的变化直接联系,只有经济总量的高速增长才能导致结构的相应变化。相反,罗斯托在《经济增长的阶段:非共产党宣言》中提出,现代经济增长依附于现代技术所提供的生产函数的累积扩散中,其变化只能从部门角度加以研究,因此经济增长本质上是一个部门的过程,总量指标只是部门活动的总结。在他看来,发展就是作为“领头羊”的主导产业部门首先获得增长,再通过包括“回顾效应”(主导产业在高速增长阶段,根据其技术特点而对各种生产要素产生新的投入要求,从而刺激这些要素供给产业的发展)、“前瞻效应”(由于主导产业的发展而对新技术、新材料和新能源等产生的诱导作用)和“旁侧效应”(由于主导产业的发展而对其周围地区的经济影响)的扩散效应,诱发其他产业部门的增长,最终带动经济总量的增长和产业结构的演变。

第二节 经济增长与主导产业演进

实际上,从产业结构的升级模式或经济发展的战略路径的视角来看,罗斯托的产业发展观偏向于非均衡增长的思想。系统性的非均衡增长理论是阿尔伯特·赫希曼(Albert O. Hirschman)在 1958 年提出的。赫希曼着重从现有资源稀缺和企业家缺乏等方面,批评了均衡增长理论的不可行性,并相应提出了非均衡增长理

---

① KINDLEBERGER C P, HERRICK B. Economic development [M], McGraw-Hill, 1983: 21 - 22.

② GILLIS M, etc. Economics of development [M]. New York: W. W. Norton and Co, 1992.

论。他认为，发展中国家应集中有限资本与资源，重点发展一部分产业，并以此逐步扩大其他产业的投资，带动其他产业的发展。非均衡增长理论的三个核心内容是“诱发投资最大化”、“关联效应”和“进口替代”。①赫希曼将投资分为“社会分摊资本”和“直接生产性活动”两大类。前者可以理解为基础设施投资。后者是指直接投资到工业、农业等产业部门，能直接增加产出和收益的投资行为。虽然从经济增长的角度看，两种投资必不可少，但因发展中国家资源有限，无法满足两者平衡发展。他认为“直接的生产性活动”能刺激进一步投资，产生最有效的投资效益，因而应集中投资于直接生产性部门，以带动其增长。②“关联效应”是指国民经济中各产业之间存在的相互联系、相互影响和相互依存关系。它可以分为前向联系与后向联系两种形式。赫希曼认为，扩大投资能力的最好方法是，优先投资于具有较大的关联效应的产业，凡存在较大关联效应的产业，无论属哪种效应，均可通过该产业的扩张所产生的诱发投资来促进前向、后向联系产业的发展，其他产业的发展反过来又推动该产业进一步扩张，从而带动整个产业的发展。所以，在选择优先投资项目时，应选有关联效应的产业，进而又应选关联效应大的产业。③在对外经济关系上，赫希曼主张积极引进外资，发展“进口替代”工业。他认为，发展中国家由于工业投资稀缺，资本不足，缺少本国暂无法生产的资本品和中间品的投入，同时进口替代工业通常具有较强的前、后向关联效应，所以通过发展进口替代工业并发展到一定程度后，逐步由生产工业消费品为主转向生产资本品为主，进而完全取代进口中间品的投入，建立起民族工业体系，最终实现工业化。

相反，均衡增长理论的倡导者美国经济学家保罗·罗森斯坦·罗丹(Paul Rosentein-Rodan)的大推进理论主张发展中国家在投资上以一定的速度和规模持续作用于各产业，使各工业部门一起发展，才能形成相互依赖、互为市场的格局，从而冲破其发展的瓶颈，最终取得工业化的成功。另外，罗格纳·纳克斯(Ragnar Nurkse)则提出贫困恶性循环论，认为均衡发展可以摆脱恶性循环，是扩大市场容量和造成投资诱发效应的一种必需的方法。

非均衡增长理论与均衡增长理论都具有各自的合理性，但同时也都有片面性。两种理论适用于不同的环境与不同的时期。通常，在资源稀缺和经济发展的初始阶段，非均衡增长理论更符合发展中国家的实际情况。在这一时期，先用非均衡增长理论做指导，取得经济增长和工业化的初步成果，积累资本，开拓市场。待到经济增长达到一定水平时，基础工业与加工工业、农业与工业等矛盾就会加剧，甚至成为制约经济进一步发展的因素，这时就要用均衡增长理论做指导，调整投资战略，完善经济结构，协调经济矛盾，使国民经济能够长期、稳定、协调地增长，社会经济全面发展。

值得注意的是，罗斯托认为无论经济发展达到何种水平，经济增长之所以得以实现，是因为为数不多的主导部门带动的结果。随着经济活动的范围不断扩大和社会分工的进一步深化，由单个产业充当主导产业的角色来带动整个经济发展和产业结构演进几乎是不可能了。而是由一组产业形成一个“主导产业群”来带动经济发展和产业结构向高级演进。如由钢铁、电力、机械和化学等重化工业组成的主导产业群，就曾对发达国家的重工业化起了带动作用，促进了产业结构的升级。罗斯托在 1971 年出版的著作《政治与成长阶段》(*Politics and Stages of Growth*)中，将其之前总结的 5 个经济成长阶段分类，即传统社会、为起飞创造前提、起飞、成熟和高额群众消费阶段，扩展至 6 个阶段，增添了“追求生活质量”的阶段。他认为，在这个阶段主导部门已不再是耐用消费品工业，而是为提高生活质量的产业，如教育、保健、医疗、社会福利、文化娱乐和旅游等部门。总之，每个阶段的演进是以主导产业部门的更换为特征的。

不难发现，由于经济学家们的研究视角的迥异，对于主导产业的认识不尽相同。赫希曼应用投入产出分析的框架，从产业关联度基准的角度，提出发展中国家应首先发展产业关联度高的产业，并将其作为主导产业。罗斯托在《经济增长的阶段：非共产党宣言》中根据各阶段带动经济增长的部门特征总结出，主导部门的急剧扩张率在保持经济的总体增长势头方面发挥着关键的直接和间接作用，增长阶段的技术基础部分原因就在于主导部门次序的变化。罗斯托在识别主导部门时，不仅重视技术创新，还强调从需求的收入和价格弹性的角度分析需求对主导部门的决定作用。这种分析逻辑符合自克拉克以来对经济发展与产业结构的经典研究结果，即人均收入的变化会影响需求结构的变化，而消费者需求结构和技术变动则直接带动了生产结构。

第三节　DPG 模型

本章认识经济增长的理论依据主要是赫希曼的非均衡增长理论和罗斯托的主导产业论。赫希曼的理论主要关注产业之间的直接、间接的关联程度。其理论的分析框架使用了 I－O 理论，其结果强调产业关联度高的产业应作为优先发展的主导产业。同样，钱纳里在使用 I－O 理论的基础上，进一步提出了从最终需求角度分析诱发经济增长的主要因素的 DPG 模型。在非均衡增长的前提下，DPG 模型可以用来识别哪些产业在分析期内增长得相对迅速并且影响力较大，即被视为该阶段的主导产业部门，进而分析哪些主要因素对这些影响力较大的主导产业的增长起到了相对较大的推动作用。显然，这种分析逻辑与罗斯托的主导产业扩散理论也息息相关。

DPG 模型的要点为：在基期的产业结构不变的假定下，首先设定各部门按同一比例（如基期与期末 GDP 的比例，或基期与期末总产出的比例）增长后的期末产出额，其次计算该假定期末产出额与各部门的实际期末产出额间的偏差值，各偏差值可称为该部门的产出额 DPG 值。一个部门总产值的增长速度越快且占所有部门总产值的份额越大，其 DPG 值就越大，说明对经济总量的增长和带动产业结构变化的贡献越大。因此，那些 DPG 值越大的部门通常被视为是诱发产业结构变化的主导产业。把 DPG 模型分析的这一思路拓展到 I－O 分析框架中，通过分析反映最终需求的最终消费、投资（资本形成）、出口的变化，进口依存度的变化以及反映产业加工度的中间投入系数等的变化，来描述各部门的 DPG 值。

通过矩阵形式表述 I－O 表的行模型为

$$\boldsymbol{X}=\boldsymbol{AX}+\boldsymbol{F}+\boldsymbol{E}-\boldsymbol{M}=\boldsymbol{AX}+\boldsymbol{F}+\boldsymbol{E}-(\hat{\boldsymbol{M}}\boldsymbol{AX}+\hat{\boldsymbol{M}}\boldsymbol{F}) \tag{4-1}$$

其中，$\boldsymbol{X}$ 为各部门的国内产出额列向量，$\boldsymbol{A}$ 为中间投入系数矩阵，$\boldsymbol{F}$ 为各部门的国内最终需求额列向量，$\boldsymbol{E}$ 为各部门的出口额列向量，$\boldsymbol{M}$ 为各部门的进口额列向量，$\hat{\boldsymbol{M}}$为以各部门的进口系数[进口额/（中间需求额＋国内最终需求额）]为对角元素的对角矩阵①。

对式（4－1）做初等变换，可得

$$\boldsymbol{X}=[\boldsymbol{I}-(\boldsymbol{I}-\hat{\boldsymbol{M}})\boldsymbol{A}]^{-1}[(\boldsymbol{I}-\hat{\boldsymbol{M}})\boldsymbol{F}+\boldsymbol{E}] \tag{4-2}$$

其中，$\boldsymbol{I}$ 为单位矩阵，$[\boldsymbol{I}-(\boldsymbol{I}-\hat{\boldsymbol{M}})\boldsymbol{A}]^{-1}$ 为$[\boldsymbol{I}-(\boldsymbol{I}-\hat{\boldsymbol{M}})\boldsymbol{A}]$的逆矩阵，即列昂契夫逆矩阵。

利用上述模型，产出额 DPG 值的表达式可定义为

$$\Delta\boldsymbol{X}=\boldsymbol{X}_2-\alpha\boldsymbol{X}_1 \tag{4-3}$$

其中，$\Delta\boldsymbol{X}$ 为各部门的国内产出额 DPG 值列向量，$\boldsymbol{X}_1$、$\boldsymbol{X}_2$ 分别为第 1 期与第 2 期各部门的国内产出额列向量，α 为标量（此处定义为所有部门总产值的增长倍率，若第 1 期为 1992 年，第 2 期为 1997 年，$\alpha=\sum_{i=1}^{n}x_{i,\,1997}/\sum_{i=1}^{n}x_{i,\,1992}$）。

将式（4－2）代入式（4－3）后可得到式（4－4）。并将式（4－4）整理后可得到式（4－5）。式（4－5）为 DPG 模型的产出额 DPG 值决定式。

① 需要指出的是进口系数通常用来表示某部门的进口品投入占该部产值的比例。参见杨翠红、裴建锁（2009）。此处的进口系数的界定有所不同，使用与本书相同界定的研究可参见金继红（2009）。

$$\begin{aligned}\Delta \boldsymbol{X} &= \boldsymbol{L}_2(\boldsymbol{I}-\hat{\boldsymbol{M}}_2)\boldsymbol{F}_2+\boldsymbol{L}_2\boldsymbol{E}_2-\alpha\boldsymbol{L}_1(\boldsymbol{I}-\hat{\boldsymbol{M}}_1)\boldsymbol{F}_1-\alpha\boldsymbol{L}_1\boldsymbol{E}_1\\ &= \boldsymbol{L}_2[(\boldsymbol{I}-\hat{\boldsymbol{M}}_2)\boldsymbol{F}_2-\alpha(\boldsymbol{I}-\hat{\boldsymbol{M}}_1)\boldsymbol{F}_1]+\\ &\quad [\boldsymbol{L}_2-\boldsymbol{L}_1]\alpha[(\boldsymbol{I}-\hat{\boldsymbol{M}}_1)\boldsymbol{F}_1+\boldsymbol{E}_1]+\boldsymbol{L}_2(\boldsymbol{E}_2-\alpha\boldsymbol{E}_1)\end{aligned} \tag{4-4}$$

整理等号右边第 1 项经可得

$$\boldsymbol{L}_2[(\boldsymbol{I}-\hat{\boldsymbol{M}}_2)(\boldsymbol{F}_2-\alpha\boldsymbol{F}_1)+(\hat{\boldsymbol{M}}_1-\hat{\boldsymbol{M}}_2)\alpha\boldsymbol{F}_1]$$

整理等号右边第 2 项经可得

$$\begin{aligned}&\boldsymbol{L}_2[\boldsymbol{I}-(\boldsymbol{I}-\hat{\boldsymbol{M}}_2)\boldsymbol{A}_2](\boldsymbol{L}_2-\boldsymbol{L}_1)[\boldsymbol{I}-(\boldsymbol{I}-\hat{\boldsymbol{M}}_1)\boldsymbol{A}_1]\boldsymbol{L}_1\alpha[(\boldsymbol{I}-\hat{\boldsymbol{M}}_1)\boldsymbol{F}_1+\boldsymbol{E}_1]\\ =&\boldsymbol{L}_2\{[\boldsymbol{I}-(\boldsymbol{I}-\hat{\boldsymbol{M}}_1)\boldsymbol{A}_1]-[\boldsymbol{I}-(\boldsymbol{I}-\hat{\boldsymbol{M}}_2)\boldsymbol{A}_2]\}\boldsymbol{L}_1\alpha[(\boldsymbol{I}-\hat{\boldsymbol{M}}_1)\boldsymbol{F}_1+\boldsymbol{E}_1]\\ =&\boldsymbol{L}_2[(\boldsymbol{I}-\hat{\boldsymbol{M}}_2)(\boldsymbol{A}_2-\boldsymbol{A}_1)+(\hat{\boldsymbol{M}}_1-\hat{\boldsymbol{M}}_2)\boldsymbol{A}_1]\alpha\boldsymbol{X}_1\end{aligned}$$

因此，将式(4－4)整理后可得到式(4－5)为

$$\begin{aligned}\Delta \boldsymbol{X} &= \boldsymbol{L}_2\boldsymbol{F}_2-\alpha\boldsymbol{L}_1\boldsymbol{F}_1\\ &= \boldsymbol{L}_2(\boldsymbol{I}-\hat{\boldsymbol{M}}_2)(\boldsymbol{F}_2-\alpha\boldsymbol{F}_1)+\boldsymbol{L}_2(\boldsymbol{E}_2-\alpha\boldsymbol{E}_1)+\\ &\quad \boldsymbol{L}_2(\boldsymbol{I}-\hat{\boldsymbol{M}}_2)(\boldsymbol{A}_2-\boldsymbol{A}_1)\alpha\boldsymbol{X}_1+\boldsymbol{L}_2(\hat{\boldsymbol{M}}_1-\hat{\boldsymbol{M}}_2)\alpha(\boldsymbol{F}_1+\boldsymbol{A}_1\boldsymbol{X}_1)\\ &= \boldsymbol{L}_2(\boldsymbol{I}-\hat{\boldsymbol{M}}_2)\partial c+\boldsymbol{L}_2(\boldsymbol{I}-\hat{\boldsymbol{M}}_2)\partial q+\boldsymbol{L}_2\partial e+\\ &\quad \boldsymbol{L}_2(\boldsymbol{I}-\hat{\boldsymbol{M}}_2)(\boldsymbol{A}_2-\boldsymbol{A}_1)\alpha\boldsymbol{X}_1+\boldsymbol{L}_2(\hat{\boldsymbol{M}}_1-\hat{\boldsymbol{M}}_2)\alpha(\boldsymbol{F}_1+\boldsymbol{A}_1\boldsymbol{X}_1)\end{aligned} \tag{4-5}$$

其中，$\boldsymbol{L}_2$ 为第 2 期的列昂契夫逆矩阵$[\boldsymbol{I}-(\boldsymbol{I}-\hat{\boldsymbol{M}}_2)\boldsymbol{A}_2]^{-1}$，$\hat{\boldsymbol{M}}_2$ 为第 2 期的以各部门的进口系数为对角元素的对角矩阵。∂c 代表 $c_2-\alpha c_1$，右边第 1 项为由于各部门的消费额的增长速度与所有部门总产值的增长速度的不同所产生的 DPG 值。同样，右边第 2 项、第 3 项视为由于各部门的投资额、出口额的增长速度与所有部门总产值的增长速度的不同所产生的 DPG 值。右边第 4 项为由于中间投入系数的变化，即加工度变化所产生的 DPG 值。右边第 5 项为各部门的进口系数的变化，即进口依存度变化所产生的 DPG 值。

式(4－5)通过使用第 2 期的列昂契夫逆矩阵来说明 DPG 模型。显然，如式(4－6)所示，通过使用第 1 期的列昂契夫逆矩阵也可分解产出额 DPG 值，用来说明 DPG 模型。

$$\begin{aligned}\Delta \boldsymbol{X} &= \boldsymbol{L}_1(\boldsymbol{I}-\hat{\boldsymbol{M}}_1)\partial c+\boldsymbol{L}_1(\boldsymbol{I}-\hat{\boldsymbol{M}}_1)\partial q+\boldsymbol{L}_1\partial e+\\ &\quad \boldsymbol{L}_1(\boldsymbol{I}-\hat{\boldsymbol{M}}_1)(\boldsymbol{A}_2-\boldsymbol{A}_1)\boldsymbol{X}_2+\boldsymbol{L}_1(\hat{\boldsymbol{M}}_1-\hat{\boldsymbol{M}}_2)(\boldsymbol{F}_2+\boldsymbol{A}_2\boldsymbol{X}_2)\end{aligned} \tag{4-6}$$

本章使用式(4－5)与式(4－6)的平均值来说明各部门总产值 DPG 值。就本章的分析目的而言，只侧重于识别带动中国产业结构变化的主导产业及诱发主导产业增长的主要因素。分析结果只需突显出，哪些产业在分析期内增长得相对迅

速并且影响力较大，哪些主要因素对这些影响力较大的主导产业的增长起到了相对较大的推动作用。因此，本章把数值为正数的产出额 DPG 值的合计视为基数 100，对各部门的产出额 DPG 值与各主要因素的贡献值求百分比，以求在分析结果中达到突显相对性的目的。作为该模型的特点，得到的各部门产出额 DPG 值百分比的合计为 0，各部门的不同因素的贡献值百分比合计等于其产出额 DPG 值百分比。

另外，本节与第五章使用的数据是国家统计局和中国人民大学共同编制的《中国 1992—2005 年可比价投入产出序列表》，包含了 1992 年、1997 年、2002 年和 2005 年四个年份的 33 部门的投入产出表。与利用当年价投入产出相比，利用可比价 I-O 序列表进行实证分析可以最大限度地去除价格变动产生的影响。虽然该可比价 I-O 序列表是竞争进口型 I-O 表，但本章通过假定各部门的中间投入品进口率与最终产品进口率相同，结合利用中间投入系数对传统天际图进行拓展的方法，实际上与构建简易的非竞争进口型 I-O 表后展开 I-O 分析的框架是一脉相承的。

第四节 我国经济发展与主导产业的变迁

表 4-1 给出了 1992—2005 年各部门的产出额 DPG 值、各主要因素的贡献值与所有正的产出额 DPG 合计值的相对比例。表 4-1 中正的产出额 DPG 相对比值(以下简称“产出额 DPG”)的大小反映出，作为同期产业各自带动经济增长效应的大小。同样，各主要因素的正的贡献比例越大越能说明，该因素对诱发主导产业增长起到了主要的推动作用。金属冶炼及压延加工业，交通运输设备制造业，电器、机械及器材制造业，通信设备、计算机及其他电子设备制造业(以下简称“电子设备制造业”)和其他服务业的快速发展是带动 1992—2005 年间经济增长和产业结构变化的最主要的五个部门，其产出额 DPG 分别为 9.88、10.22、8.7、24 和 8.72。其中，电子设备制造业的增长速度最快，出口是带动其增长的最主要因素(19.58)。同样，带动金属冶炼及压延加工业和电器、机械及器材制造业增长的最主要因素也是出口。不同的是，带动交通运输设备制造业和其他服务业增长的最主要因素是技术因素，即加工度的上升。同期，农业和食品制造、纺织业等劳动密集型制造业的增长相对低迷。

值得注意的是，DPG 模型是两个时点间的比较静态分析，不能反映两个时点间状态的连续变化。因此，表 4-1 的 1992—2005 年 DPG 分析的正确解读是，通过事后选择反映 1992 年与 2005 年的产业结构的状态的两个横截面，对于诱发两

表 4-1 1992—2005 年中国经济实际增长的 DPG 因素分析

部门名称	DPG	农村居民消费	城镇居民消费	政府消费	固定资本形成总额	存货增加	出口	其他	进口	技术
农林牧渔业	−32.70	−15.55	−11.14	−0.75	−0.30	−3.73	−0.51	1.68	−1.85	−0.56
煤炭开采和洗选业	−0.83	−0.86	0.08	−0.32	0.32	−0.69	0.73	−0.38	−0.39	0.68
石油和天然气开采业	−8.08	−0.69	0.07	−0.47	0.47	−0.67	1.18	−1.04	−3.72	−3.21
金属矿采选业	1.08	−0.09	0.02	−0.07	0.26	0.50	0.64	−0.09	−0.94	0.84
非金属矿采选业	−0.72	−0.13	0.01	−0.10	0.08	−0.66	0.34	0.01	−0.41	0.13
食品制造及烟草加工业	−11.35	−4.79	−7.73	−0.48	0.28	0.35	0.27	−0.22	−0.86	1.83
纺织业	−16.42	−3.96	−1.66	−0.55	0.36	−2.76	−3.98	2.28	0.61	−6.77
服装皮革羽绒及其制品业	−1.53	−0.91	0.73	−0.12	0.09	0.17	−3.67	1.08	0.28	0.82
木材加工及家具制造业	2.85	−0.38	−0.10	−0.23	0.32	−0.32	1.92	0.05	−0.32	1.91
造纸印刷机文教用品制造业	4.57	−0.64	0.10	−0.94	0.35	−0.12	2.51	−0.23	−0.09	3.63
石油加工、炼焦及核燃料加工业	−2.11	−0.92	0.04	−0.63	0.52	−0.33	2.55	−0.90	−1.59	−0.84
化学工业	3.07	−4.50	−0.88	−1.91	1.39	−3.38	7.14	1.59	−4.10	7.71
非金属矿物制品业	3.64	−0.53	0.14	−0.38	0.25	−0.28	1.21	0.73	0.45	2.05
金属冶炼及压延加工业	9.88	−0.89	0.28	−0.67	2.88	2.55	7.36	−1.14	−1.78	1.29
金属制品业	3.04	−0.65	−0.05	−0.27	1.17	−0.52	3.12	−0.35	−0.86	1.45
通用、专用设备制造业	7.64	−0.61	0.13	−0.56	5.52	−1.45	4.73	−0.29	−1.79	1.95
交通运输设备制造业	10.22	−0.34	0.58	−0.51	2.16	0.46	2.61	0.69	0.92	3.66
电器、机械及器材制造业	8.70	−0.30	0.61	−0.41	1.76	−0.68	5.21	0.77	−1.03	2.78

（续表）

部门名称	DPG	农村居民消费	城镇居民消费	政府消费	固定资本形成总额	存货增加	出口	其他	进口	技术
通信设备、计算机及其他电子设备制造业	24.00	−0.21	0.81	−0.39	3.69	0.17	19.58	0.63	−6.27	6.00
仪器仪表及文化办公用机械制造业	2.32	−0.03	0.03	−0.03	0.58	0.08	4.35	−0.01	−3.16	0.51
其他制造业	−3.47	−0.34	−0.10	−0.16	0.00	−0.64	0.41	−0.30	−0.22	−2.11
废品废料	0.72	−0.03	0.00	−0.02	0.05	0.03	0.14	−0.03	−0.32	0.90
电力、热力的生产和供应业	5.98	−1.07	0.52	−0.76	0.72	−0.31	2.09	0.21	−0.72	5.31
燃气生产和供应业	0.33	−0.05	0.10	−0.02	0.01	0.04	0.05	0.02	−0.02	0.21
水的生产和供应业	0.11	−0.05	0.02	−0.07	0.04	−0.02	0.13	−0.05	−0.05	0.17
建筑业	−0.04	−0.18	0.10	−0.47	−1.15	−0.04	0.47	−0.08	−0.24	1.54
交通运输及仓储业	1.71	−2.44	0.34	−1.33	0.59	−0.47	5.35	−0.94	−1.80	2.42
邮政业	0.04	−0.06	−0.03	−0.07	0.02	−0.01	0.07	0.00	−0.02	0.14
批发和零售贸易业	−9.51	−4.07	−1.06	−1.50	3.07	−1.05	12.02	0.30	−2.86	−14.35
住宿和餐饮业	1.40	−0.45	1.09	−0.70	0.30	−0.12	1.27	−0.27	−1.06	1.35
金融保险业	−8.68	−1.40	0.77	−0.59	1.36	−0.28	3.98	−1.25	−2.35	−8.91
房地产业	−4.56	−1.86	−0.28	−0.25	−0.34	−0.06	0.83	0.37	−0.43	−2.57
其他服务业	8.72	−0.99	4.70	−18.08	1.30	−0.38	3.67	5.47	−1.62	14.66

种状态间变化的主要因素进行分析。为了更好地反映出1992—2005年间的变化过程，同时也基于分析数据的条件，本章追加了1997年与2002年这两个时间节点，把分析期间进一步分为三个期间，通过表4-2来突出说明各个期间三次产业的产出额DPG、最大的五个产出额DPG部门和诱发其增长的主要因素。相对的，表4-3列出了各个期间产出额DPG最小的五个部门及影响其增长的主要因素。

化学工业，金属冶炼及压延加工业，电器、机械及器材制造业，电子设备制造业是第一期经济增长的主要发动机。虽然第一期的出口因素对带动五个主导产业的增长起到了重要作用，但是同期加工度的上升，即技术因素对诱发主导产业增长的贡献最大。从三次产业来看，主导产业是第二产业，技术因素对诱发主导产业增长的贡献最大。同期，农业和食品制造、纺织业等劳动密集型产业的增长相对低迷。

进入第二期，化学工业失去了主导产业的地位，金属冶炼及压延加工业、电子设备制造业与第一期一样，依然是同期经济增长的主要引擎，在产业结构中的产出额份额进一步扩大。特别是，电子设备制造业产出额份额的扩大显得格外突出，带动其份额扩大的主要因素是出口、加工度的变化与固定资本形成。由于第二期受到东亚金融危机的影响，期间的经济增长率略有下滑，政府为了保增长实施了积极的财政政策，其中加大对基础设施建设的投资是重要的政策之一。建筑业的固定资本形成的显著增加使其成为同期带动经济增长的主导产业恰恰反映出在外部环境不稳定的情况下，积极的财政政策对于保增长是可以起到一定作用的。就三次产业来看，第一产业相对缓慢的增长速度越发明显，而第二产业虽然依然是最重要的主导产业，但受到东亚金融危机的影响，其在带动经济增长、推动产业结构变化方面发挥的贡献度与第一期相比明显下滑。在此期间，第三产业相对快速地发展，积极发挥主导产业的作用，呈现出产业结构趋向服务化的征兆。同期，农业和食品制造、纺织业等劳动密集型产业的增长依然相对低迷，进而影响了批发和零售贸易业的增长。

加入WTO以后，出口因素带动主导产业发展的格局越发的清晰。最为典型的是，在第一期与第二期，纺织业是产出额DPG最小的五个部门之一，但进入第三期，由于出口的带动使其产出额DPG变为正值，成为产出额迅速增长的部门。出口也成为诱发交通运输设备制造业，电器、机械及器材制造业和电子设备制造业发展的最大因素。同时，这三个部门的固定资本形成的带动效应也比较大，加工度的变化也是诱发其产出增长的主要因素。据此可以推断，中国的机械制造业的发展路径是，通过国外市场扩大销路，做好出口创汇的同时，引导国内产业结构向"高加工度化""分工化"发展，牢牢把握各产业间中间产品需求的扩大所带来的发展动力，最终提高自身的生产力。随着这条路径的顺利推进，必然会引来相应的追加投资，这更加便于营造出促进产业发展的良性循环。从三次产业来看，第一产业的增

表 4-2 三期产出额 DPG 最大的五个主导产业的 DPG 因素分析

分析期间	部门编号	部门名称	DPG	农村居民消费	城镇居民消费	政府消费	固定资本形成总额	存货增加	出口	其他	进口	技术
1992—2005 年	14	金属冶炼及压延加工业	9.88	−0.89	0.28	−0.67	2.88	2.55	7.36	−1.14	−1.78	1.29
	17	交通运输设备制造业	10.22	−0.34	0.58	−0.51	2.16	0.46	2.61	0.69	0.92	3.66
	18	电器、机械及器材制造业	8.70	−0.30	0.61	−0.41	1.76	−0.68	5.21	0.77	−1.03	2.78
	19	通信设备、计算机及其他电子设备制造业	24.00	−0.21	0.81	−0.39	3.69	0.17	19.58	0.63	−6.27	6.00
	33	其他服务业	8.72	−0.99	4.70	−18.08	1.30	−0.38	3.67	5.47	−1.62	14.66
第一期：1992—1997 年	12	化学工业	11.92	−3.52	0.08	−1.18	1.31	−1.62	6.02	0.20	−2.37	13.00
	14	金属冶炼及压延加工业	10.86	−0.31	0.69	−0.34	2.67	6.91	3.85	0.14	0.45	−3.19
	15	金属制品业	9.27	−0.49	0.29	−0.16	0.96	0.68	2.22	0.71	−0.56	5.64
	18	电器、机械及器材制造业	10.50	0.41	0.90	−0.20	1.39	−0.35	2.82	0.07	1.08	4.39
	19	通信设备、计算机及其他电子设备制造业	13.39	−0.08	0.94	−0.17	2.19	−0.51	7.87	0.49	−2.20	4.86
第二期：1997—2002 年	14	金属冶炼及压延加工业	8.59	−1.24	0.20	−0.50	2.04	−2.94	2.55	2.00	−3.68	10.14
	19	通信设备、计算机及其他电子设备制造业	20.64	−0.31	1.37	−0.44	4.69	0.77	13.81	−0.34	−5.30	6.39
	26	建筑业	10.49	−0.11	0.31	−0.31	6.26	−0.12	0.41	0.62	−0.04	3.46
	27	交通运输及仓储业	6.90	−1.61	1.60	−1.55	1.16	−2.41	3.01	0.07	−1.25	7.87
	33	其他服务业	22.65	0.11	13.59	−14.73	1.91	−1.04	4.49	4.08	−1.66	15.89

（续表）

分析期间	部门编号	部门名称	DPG	农村居民消费	城镇居民消费	政府消费	固定资本形成总额	存货增加	出口	其他	进口	技术
第三期：2002—2005年	13	非金属矿物制品业	16.35	−0.43	−0.72	−0.24	−2.52	1.21	2.54	2.13	0.03	14.36
	17	交通运输设备制造业	8.81	0.10	−0.13	−0.54	0.22	3.50	4.29	0.77	−0.12	0.72
	18	电器、机械及器材制造业	13.50	−0.04	0.54	−0.46	2.16	−0.59	5.37	1.70	0.85	3.97
	19	通信设备、计算机及其他电子设备制造业	25.04	−0.31	−0.50	−0.57	2.25	0.20	31.91	1.49	−9.79	0.36
	23	电力、热力的生产和供应业	10.72	−1.12	−1.61	−0.66	−0.19	−0.32	2.64	2.33	−1.07	10.71

表 4-3　三期产出额 DPG 最小的五个主导产业的 DPG 因素分析

分析期间	部门编号	部门名称	DPG	农村居民消费	城镇居民消费	政府消费	固定资本形成总额	存货增加	出口	其他	进口	技术
1992—2005年	1	农林牧渔业	−32.70	−15.55	−11.14	−0.75	−0.30	−3.73	−0.51	1.68	−1.85	−0.56
	6	食品制造及烟草加工业	−11.35	−4.79	−7.73	−0.48	0.28	0.35	0.27	−0.22	−0.86	1.83
	7	纺织业	−16.42	−3.96	−1.66	−0.55	0.36	−2.76	−3.98	2.28	0.61	−6.77
	29	批发和零售贸易业	−9.51	−4.07	−1.06	−1.50	3.07	−1.05	12.02	0.30	−2.86	−14.35
	31	金融保险业	−8.68	−1.40	0.77	−0.59	1.36	−0.28	3.98	−1.25	−2.35	−8.91
第一期：1992—1997年	1	农林牧渔业	−14.91	−6.22	−0.67	−0.49	−0.17	−6.25	2.13	−3.65	−0.62	1.04
	3	石油和天然气开采业	−10.84	−0.50	0.24	−0.31	0.39	0.13	1.12	−1.46	−2.81	−7.64
	6	食品制造及烟草加工业	−15.87	−1.47	−6.50	−0.28	0.29	−1.80	−0.24	−4.69	−0.78	−0.42
	7	纺织业	−21.29	−5.74	−2.71	−0.32	0.32	−2.71	−12.26	4.15	2.86	−4.88

（续表）

分析期间	部门编号	部门名称	DPG	农村居民消费	城镇居民消费	政府消费	固定资本形成总额	存货增加	出口	其他	进口	技术
	8	服装皮革羽绒及其制品业	−9.20	−1.05	0.51	−0.07	0.09	−1.46	−7.51	0.19	−0.55	0.66
第二期：1997—2002 年	1	农林牧渔业	−34.71	−20.22	−15.31	−0.44	−0.27	−1.62	−6.70	10.32	0.07	−0.54
	6	食品制造及烟草加工业	−8.50	−6.37	−6.14	−0.32	0.08	−1.94	−0.36	5.77	0.35	0.43
	7	纺织业	−12.18	−1.40	1.03	−0.42	0.20	−3.17	2.81	−0.64	−3.00	−7.60
	29	批发和零售贸易业	−10.06	−2.96	−0.38	−0.79	0.11	−7.74	3.78	2.17	−1.15	−3.10
	31	金融保险业	−6.92	−0.58	−0.22	−0.57	0.32	−1.03	1.05	−2.18	−1.70	−2.01
第三期：2002—2005 年	1	农林牧渔业	−32.08	−13.49	−16.02	−0.65	−1.44	1.02	0.94	−1.24	−3.26	2.06
	12	化学工业	−7.76	−3.27	−3.96	−1.71	−0.14	−3.88	8.66	0.04	−4.38	0.88
	26	建筑业	−17.27	−0.37	−0.33	−0.44	−16.30	0.00	0.32	−1.62	−0.17	1.64
	29	批发和零售贸易业	−11.93	−2.31	−4.45	−0.87	0.23	0.10	5.07	−4.33	−1.09	−4.28
	32	房地产业	−7.95	−3.96	−3.04	−0.35	4.05	0.01	0.33	−1.01	−0.11	−3.86

长速度依然相对缓慢，而第二期的产业结构趋向服务化的态势在第三期里并没有显现。在带动经济增长、推动产业结构变化方面，作为主导产业的第二产业的贡献度越发明显。

通过表 4－4 可以进一步看出，不仅农业，由于受到自然资源的限制，石油和天然气开采业的增长速度也明显较慢。就去除价格因素后的实际产出额来看，在分析期间内，批发和零售、金融保险以及房地产等服务业的增长速度都相对滞后。同时，金属冶炼及压延加工业与化学工业的产出额 DPG 出现连续下降。虽然金属冶炼及压延加工业是我国的主导产业，化学工业也是重要的工业基础产业，但是从产出额增长的潜力看，其不如通用、专用设备制造业，交通运输设备制造业，电器、机械及器材制造业和电子设备制造业为代表的机械制造业。然而，无论是从出口贸易还是从进口贸易来看，中国机械制造业的发展与国外经济的相互依存关系变得越来越紧密，仅仅靠 DPG 分析无法判断这种日趋紧密的相互依存关系对中国经济发展起到的作用。为了更加清楚地说明主导产业的外贸依存变化对中国经济发展起到的作用，本书选择了既发挥了主导产业作用，其产出额 DPG 又相对较大的五个可贸易部门作为下一步的分析对象。它们是金属冶炼及压延加工业，通用、专用

表 4－4　1992—2005 年按产出额 DPG 不同特征的部门分类

各期产出额 DPG 为负值的部门	三期产出额 DPG 呈连续上升趋势的部门
农林牧渔业	食品制造及烟草加工业
石油和天然气开采业	纺织业
批发和零售贸易业	通信设备、计算机及其他电子设备制造业
金融保险业	仪器仪表及文化办公用机械制造业
房地产业	其他制造业
	金融保险业
各期产出额 DPG 为正值的部门	**三期产出额 DPG 呈连续下降趋势的部门**
金属冶炼及压延加工业	木材加工及家具制造业
通用、专用设备制造业	造纸印刷机文教用品制造业
交通运输设备制造业	化学工业
通信设备、计算机及其他电子设备制造业	金属冶炼及压延加工业
仪器仪表及文化办公用机械制造业	废品废料
电力、热力的生产和供应业	批发和零售贸易业
燃气生产和供应业	住宿和餐饮业

设备制造业，交通运输设备制造业，电器、机械及器材制造业和电子设备制造业。

20 世纪 90 年代至 20 世纪初，产业结构呈现高加工度化，主导产业作为促进产业结构转变的主要推手，其增长诱因主要是出口。根据研究结果，主导产业已经出现由化学工业和金属冶炼及压延加工业等资本密集型制造业向以技术密集型制造业所代表的高加工度化产业转变的迹象。例如，化学工业的产出额 DPG 从第一期的 11.9 下降至第三期的－7.8，而通信设备、计算机及其他电子设备制造业的该值从 13.4 上升至 25。

1992—2005 年期间，带动中国经济增长的主导产业有：金属矿采选业(产出额 DPG 为 1.08)、木材加工及家具制造业(2.85)、造纸印刷机文教用品制造业(4.57)、化学工业(3.07)、非金属矿物制品业(3.64)、金属制品业(3.04)、通用、专用设备制造业(7.64)、仪器仪表及文化办公用机械制造业(2.32)、电力、热力的生产和供应业(5.98)、交通运输及仓储业(1.71)和住宿和餐饮业(1.4)。尤其是，金属冶炼及压延加工业，交通运输设备制造业，电器、机械及器材制造业，电子设备制造业和其他服务业是最主要的五个部门，其产出额 DPG 分别为 9.88、10.22、8.7、24 和 8.72。

加入 WTO 之后，第一产业的增长速度依然相对缓慢，而 1997—2002 年间的产业结构趋向服务化的态势在入世之后并没有显现。在带动经济增长、推动产业结构变化方面，作为主导产业的第二产业的贡献度越发明显。出口因素已成为所有主导产业增长的主要因素。例如，通用、专用设备制造业和交通运输设备制造业的产出额 DPG 分别为 7.4 和 8.8，其中出口因素的影响效应分别为 5.5 和 4.3。特别是，出口对电子设备制造业的快速发展起着决定性作用。

第五章 经济发展与对外技术依存

产业技术的革新是经济发展的核心动力，是人类社会进步的主要推手。全球经济的竞争，事实上是各经济体生产体系的效率竞争，其中关键是科学技术的竞争，而高新技术及其产业的发展又是整个竞争的焦点。第二次世界大战后，众多产业技术取得了重大发展，科技与经济之间的结合更加紧密。以信息技术、微电子技术、自动化技术、生物技术、新材料、新能源等为代表的产业技术，在发达经济体内蓬勃兴起，掀起了新技术革命的浪潮。同时，数字化、模块化促使复杂的生产程序进一步分离细化，分散在各国不同企业，形成巨大的地理扩散，而以前整个生产程序往往集聚在发达国家的某个企业中完成。全球网络生产模式的出现为新兴经济体的发展提供了巨大商机。过去 20 多年，我国的经济发展与技术升级、产业重构和融入全球经济的过程密切相关。其间，我国的国民收入显著增长，国民消费水平得到明显提升。然而，2008 年全球金融危机之后，我国经济发展开始进入“三期叠加”的特殊时期，即增长速度换挡期、结构调整阵痛期和前期刺激政策消化期，未来我国经济发展是否会跌入“中等收入陷阱”成为经济学界关注的热点问题之一。毋庸置疑，把握住一切可能提升我国高新产业技术的机会，不断增加经济增长中“科技”的含金量，稳步促进国民经济增长方式的转变，是未来我国经济发展的核心内容。

第一节 经济发展与产业结构优化路径

从我国的主导产业演变的分析结果可知，进入 21 世纪后，我国的主导产业已经出现由资本密集型制造业向高加工度化产业转变的迹象。这一方面体现出我国的产业结构继续向高加工度化升级，另一方面反映了东亚金融危机以后，工业化发展仍然是我国经济发展的主旋律。虽然为了工业化发展，我国已经投入了巨大的资源，甚至还付出了无可估量的自然环境成本，但作为世界上拥有人口最多的国家，我国有着巨大的消费市场需求，这决定了我国不可能完全仿照发达国家将物耗、能耗和环境污染比较大的产业向其他国家转移，主要依靠进口来满足国内需求。不过，这并不意味我国应该沿袭传统的粗放型重工业化发展路径，义无反顾地向前走。相反，在能源、自然环境和劳动力结构等经济发展的约束条件日趋严峻的背景下，未来必须加快对传统工业的技术改造，提升产业关联度强、吸纳劳动力多的装备制造业在产业结构中的地位，大力发展生产性服务业，创建一条新型工业化发展道路。简而言之，在产业发展中求优化是一个至关重要的问题。

在产业经济学领域中，产业结构优化是指通过推进产业结构高级化和合理化发展，使各产业实现协调发展，并满足社会不断增长的需求的过程①。事实上，产业结构从低层次结构(劳动密集型部门为主，生产技术相对简单)向高层次结构(资本密集型，技术密集型部门的产出比例上升，生产技术改良升级)变化的过程可以理解为产业结构高级化的过程。而关于产业结构合理化，目前并没有十分权威的定义。通常，产业结构合理化具有多重含义，主要是指在经济发展的过程中，各产业的产出能力、相对地位、联系方式和增长速度趋向协调②。各产业的协调化又可以理解为：①发展水平的协调化。各产业之间技术发展的条件、程度和素质大体相同，没有显著的差异和断层，能够相互衔接、相互匹配。②相互作用的协调化。③相互地位的协调化。产业结构的协调化不是平均化，它要求各产业部门之间主次分明、轻重有别、各司其职。④产出与社会需求的协调化。各产业部门生产活动的基本要求是，其产出能够满足社会生产和生活的需求，适应和促进国民经济的可持续发展③。

归根到底，产业结构优化的最终目的是为了实现国民经济的持续快速增长。虽然发展中国家可以凭借引进发达国家的技术、设备和资金，最大限度地发挥出“后发优势”，但是，为了实现经济持续发展，发展中国家应该选择进口替代型还是出口导向型的路径，一直是经济学界争论的焦点之一。

例如，劳尔·普雷维什(R. Prebisch)和辛格(H. W. Singer)主张发展中国家应该选择进口替代型工业化发展战略，而东亚和东南亚区域的发达国家及新兴工业化国家出口导向型经济发展的成功实践，使同区域发展中国家偏重于采取出口

---

① 杨公朴，夏大慰，等. 产业经济学教程[M]. 上海：上海财经大学出版社，2002：124.
苏东水，等. 产业经济学[M]. 北京：高等教育出版社，2005：227.

② 杨建文，等. 产业经济学教程[M]. 上海：学林出版社，2004：177－178.

③ 杨公仆，干春晖，等. 产业经济学[M]. 上海：复旦大学出版社，2005：336.

导向型的发展路径。事实上，无论是哪种发展模式，外贸结构变化对一个经济体的产业结构变化都会起到催化作用。根据小岛清的研究，日本经济的结构变动首先通过进口量增加开始发酵，待新的产业结构确立并进入稳定增长期后，出口逐渐显现出与内需同样，甚至超过内需的拉动作用。我国改革开放初期，为了迅速提升产业技术并调整产业结构，同样先尝试了积极进口的方法。出口导向型发展路径的根本在于贸易品的比较优势，而产业技术的改良和创新是提高贸易品比较优势的重要途径之一。在高端技术产业发展不成熟的情况下，重视具有比较优势的商品出口，侧重出口导向型发展路径的同时，加大高端产业商品的进口，以高附加价值的回报促进国内市场的竞争，把握好生产技术的溢出效应，从而带动主导产业的技术升级，引导主导产业向高端发展是促进产业结构升级的有效路径。

为了分析经济发展与产业、贸易结构的关系，列昂契夫开发了天际图分析，从满足国内需求的视角，分析了经济增长与产业结构、贸易结构的关系。在传统的天际图分析中，各部门的自给率是反映各部门的产能是否能够满足国内最终需求的重要指标。当产能不足以满足国内最终需求所诱发的产出额时，自给率小于100%；而有富余产能时，自给率一般大于100%。宫川幸三在传统的天际图分析的基础上，使用进口内生化模型区分了出口所带动的进口中间投入品和本国中间投入品。

然而，能够带动中间投入品进口的因素不仅限于出口，国内最终需求同样也能够带动中间投入品的进口。为此，本章借用非竞争型投入产出(I－O)模型的框架，进一步拓展天际图分析法，从而可以区分国内最终需求对中间品进口与最终品进口的诱发效果，聚焦主导产业的中间品进口份额的变化来说明各主导产业的对外技术依存度的变化。

第二节　列昂契夫天际图分析的拓展

通过式(5－1)可知，若把进口如同国内最终需求一样视为外生变量，即不假设进口与中间需求、国内最终需求存在一定比例，那么在进口可被国内生产完全替代的假定下，传统的天际图分析中的由作为外生变量的进口所诱发的国内产出额部分可表达为

$$\boldsymbol{X}_M = (\boldsymbol{I} - \boldsymbol{A})^{-1}\boldsymbol{M} \tag{5-1}$$

若对进口内生化时区分中间产品的进口与最终产品的进口则可得到

$$\boldsymbol{M}=\boldsymbol{M}^{\mathrm{a}}+\boldsymbol{M}^{\mathrm{f}}=\hat{\boldsymbol{M}}^{\mathrm{a}}\boldsymbol{A}\boldsymbol{X}+\hat{\boldsymbol{M}}^{\mathrm{f}}\boldsymbol{F} \tag{5-2}$$

其中，$\boldsymbol{M}^{\mathrm{a}}$ 为各部门的中间产品的进口额列向量，$\boldsymbol{M}^{\mathrm{f}}$ 为各部门的最终产品的进口额列向量，$\hat{\boldsymbol{M}}^{\mathrm{a}}$为以各部门的中间产品的进口系数（中间产品进口额/中间需求额）为对角元素的对角矩阵，$\hat{\boldsymbol{M}}^{\mathrm{f}}$为以各部门的最终产品的进口系数（最终产品进口额/国内最终需求额）为对角元素的对角矩阵，$\boldsymbol{F}$ 为各部门的国内最终需求额列向量。

同样，与式(5-2)相似的进口内生化的Ⅰ-O行模型的均衡产出决定式可表达为

$$\begin{aligned}\boldsymbol{X}&=[\boldsymbol{I}-(\boldsymbol{I}-\hat{\boldsymbol{M}}^{\mathrm{a}})\boldsymbol{A}]^{-1}[(\boldsymbol{I}-\hat{\boldsymbol{M}}^{\mathrm{f}})\boldsymbol{F}+\boldsymbol{E}]\\&=\boldsymbol{L}^{*}[(\boldsymbol{I}-\hat{\boldsymbol{M}}^{\mathrm{f}})\boldsymbol{F}+\boldsymbol{E}]\end{aligned} \tag{5-3}$$

其中，$\boldsymbol{L}^{*}$ 为进口内生化的列昂契夫逆矩阵，$\boldsymbol{E}$ 为各部门的出口额列向量。

然后，把式(5-3)代入式(5-2)可得到

$$\begin{aligned}\boldsymbol{M}&=[\hat{\boldsymbol{M}}^{\mathrm{a}}\boldsymbol{A}\boldsymbol{L}^{*}(\boldsymbol{I}-\hat{\boldsymbol{M}}^{\mathrm{f}})+\hat{\boldsymbol{M}}^{\mathrm{f}}]\boldsymbol{F}+\hat{\boldsymbol{M}}^{\mathrm{a}}\boldsymbol{A}\boldsymbol{L}^{*}\boldsymbol{E}\\&=\hat{\boldsymbol{M}}^{\mathrm{f}}\boldsymbol{F}+\hat{\boldsymbol{M}}^{\mathrm{a}}\boldsymbol{A}\boldsymbol{L}^{*}(\boldsymbol{I}-\hat{\boldsymbol{M}}^{\mathrm{f}})\boldsymbol{F}+\hat{\boldsymbol{M}}^{\mathrm{a}}\boldsymbol{A}\boldsymbol{L}^{*}\boldsymbol{E}\\&=\boldsymbol{M}_{\mathrm{f}}+\boldsymbol{M}_{\mathrm{a}}+\boldsymbol{M}_{\mathrm{e}}\end{aligned} \tag{5-4}$$

其中，$\boldsymbol{M}_{\mathrm{f}}$ 为由国内最终需求直接诱发的最终产品的进口额$\hat{\boldsymbol{M}}^{\mathrm{f}}\boldsymbol{F}$，$\boldsymbol{M}_{\mathrm{a}}$ 为在生产由国内最终需求诱发的国内产出额部分 $\boldsymbol{L}^{*}(\boldsymbol{I}-\hat{\boldsymbol{M}}^{\mathrm{f}})\boldsymbol{F}$ 时所需要使用的中间产品的进口额$\hat{\boldsymbol{M}}^{\mathrm{a}}\boldsymbol{A}\boldsymbol{L}^{*}(\boldsymbol{I}-\hat{\boldsymbol{M}}^{\mathrm{f}})\boldsymbol{F}$，$\boldsymbol{M}_{\mathrm{e}}$为在生产由出口诱发的国内产出额部分 $\boldsymbol{L}^{*}\boldsymbol{E}$ 时所需要使用的中间产品的进口额。

再把式(5-4)代入式(5-1)可得到

$$\begin{aligned}\boldsymbol{X}_{M}&=(\boldsymbol{I}-\boldsymbol{A})^{-1}\boldsymbol{M}=\boldsymbol{L}\boldsymbol{M}\\&=\boldsymbol{L}\hat{\boldsymbol{M}}^{\mathrm{f}}\boldsymbol{F}+\boldsymbol{L}\hat{\boldsymbol{M}}^{\mathrm{a}}\boldsymbol{A}\boldsymbol{L}^{*}\boldsymbol{F}-\boldsymbol{L}\hat{\boldsymbol{M}}^{\mathrm{a}}\boldsymbol{A}\boldsymbol{L}^{*}\hat{\boldsymbol{M}}^{\mathrm{f}}\boldsymbol{F}+\boldsymbol{L}\hat{\boldsymbol{M}}^{\mathrm{a}}\boldsymbol{A}\boldsymbol{L}^{*}\boldsymbol{E}\\&=\boldsymbol{L}\hat{\boldsymbol{M}}^{\mathrm{f}}\boldsymbol{F}+\boldsymbol{L}\hat{\boldsymbol{M}}^{\mathrm{a}}\boldsymbol{A}\boldsymbol{L}^{*}\boldsymbol{F}-\boldsymbol{L}\hat{\boldsymbol{M}}^{\mathrm{f}}\boldsymbol{F}+\boldsymbol{L}^{*}\hat{\boldsymbol{M}}^{\mathrm{f}}\boldsymbol{F}+\boldsymbol{L}\hat{\boldsymbol{M}}^{\mathrm{a}}\boldsymbol{A}\boldsymbol{L}^{*}\boldsymbol{E}\\&=\boldsymbol{L}\hat{\boldsymbol{M}}^{\mathrm{a}}\boldsymbol{A}\boldsymbol{L}^{*}\boldsymbol{F}+\boldsymbol{L}^{*}\hat{\boldsymbol{M}}^{\mathrm{f}}\boldsymbol{F}+\boldsymbol{L}\hat{\boldsymbol{M}}^{\mathrm{a}}\boldsymbol{A}\boldsymbol{L}^{*}\boldsymbol{E}\\&=\boldsymbol{X}_{MA}+\boldsymbol{X}_{MF}+\boldsymbol{X}_{ME}\end{aligned} \tag{5-5}$$

其中，$\boldsymbol{X}_{MA}$ 为若在国内完全替代生产由国内最终需求诱发的中间产品的进口时被带动的国内产出额部分，$\boldsymbol{X}_{MF}$ 为若在国内完全替代生产由国内最终需求直接诱发的最终产品的进口时被带动的国内产出额部分，$\boldsymbol{X}_{ME}$ 为若在国内完全替代生产由出口所诱发的中间产品的进口时被带动的国内产出额部分。

同样，对于传统模型中表示由出口所诱发的国内产出额部分 $\boldsymbol{X}_{E}$ 也可以进一步

地细分。由于加工贸易方式的出口额占出口总额的份额不容忽视，由出口所诱发的中间产品的进口部分应该从 $\boldsymbol{X}_E$ 加以区分，否则势必会过大评价 $\boldsymbol{X}_E$。可以把细分结果表达为

$$\begin{aligned}\boldsymbol{X}_E &= (\boldsymbol{I}-\boldsymbol{A})^{-1}\boldsymbol{E} = \boldsymbol{LE} \\ &= \boldsymbol{L}^*\boldsymbol{E} + \boldsymbol{L}\hat{\boldsymbol{M}}^a\boldsymbol{AL}^*\boldsymbol{E} \\ &= \boldsymbol{X}_E^* + \boldsymbol{X}_{ME}\end{aligned} \tag{5-6}$$

其中，$\boldsymbol{X}_E^*$ 为由出口诱发的国内产出额部分，$\boldsymbol{X}_{ME}$ 为若在国内完全替代生产由出口诱发的中间产品的进口时被带动的国内产出额部分。

把式(5－5)与式(5－6)代入传统的天际图分析模型，可得到由本章拓展后的表达式。

$$\begin{aligned}\boldsymbol{X} &= \boldsymbol{X}_F + \boldsymbol{X}_E - \boldsymbol{X}_M \\ &= \boldsymbol{X}_F + (\boldsymbol{X}_E^* + \boldsymbol{X}_{ME}) - (\boldsymbol{X}_{MA} + \boldsymbol{X}_{MF} + \boldsymbol{X}_{ME})\end{aligned} \tag{5-7}$$

其中，$\boldsymbol{X}_F$ 为由国内最终需求诱发的国内产出额部分，即 $\boldsymbol{X}_F = (\boldsymbol{I}-\boldsymbol{A})^{-1}\boldsymbol{F}$。

由于本书使用的分析数据中部门数为 33 部门，为了方便表达各部门的几类指标，可把式(5－7)改写为

$$\begin{aligned}[X_i] = {}& [X_{Fi}] + [X_{Ei}^*] + [X_{MEi}] - [X_{MAi}] - [X_{MFi}] - \\ & [X_{MEi}] (i = 1, 2, \cdots, 33)\end{aligned} \tag{5-8}$$

将式(5－8)的两边都除以 $[X_{Fi}]$ 可得到

$$\begin{aligned}[\rho_i] &= \frac{[XZ_i]}{[XZ_{Fi}]} = \frac{[XZ_{Fi}]}{[XZ_{Fi}]} + \frac{[XZ_{Ei}^*]}{[XZ_{Fi}]} + \frac{[XZ_{MEi}]}{[XZ_{Fi}]} - \frac{[XZ_{MAi}]}{[XZ_{Fi}]} - \frac{[XZ_{MFi}]}{[XZ_{Fi}]} - \frac{[XZ_{MEi}]}{[XZ_{Fi}]} \\ &= \boldsymbol{I} + [\rho_{Ei}^*] + [\rho_{MEi}] - [\rho_{MAi}] - [\rho_{MFi}] - [\rho_{MEi}] (i = 1, 2, \cdots, 33)\end{aligned} \tag{5-9}$$

其中，ρ_i 为 i 部门的以国内最终需求规模为基准(本式中的指标皆以此基准衡量)的自给率；ρ_{Ei}^* 为 i 部门的出口比例，本章视之为 i 部门产出的出口依存度，其值越大说明 i 部门产出越依赖出口拉动；ρ_{MEi} 为国内完全替代生产出口产品中含有的中间品时所带动的 i 部门进口比例；ρ_{MAi} 为国内完全替代生产国内最终产品中含有的中间品时所带动的 i 部门进口比例；ρ_{MFi} 为国内完全替代生产进口最终品时所带动的 i 部门进口比例，本章视之为最终品的进口依存度。

以上各个指标的变化，从产业间完全联系和满足国内最终需求的角度，反映了中国经济增长中的贸易依存变化和此变化对自给率的影响。同时，为了直接从中间品进口替代的角度来关注主导产业生产上的对外技术依存问题，可以使用式

(5-4)中对进口的直接分解来分析在生产出口品和国内最终品时各产业的对外技术依存度，即 $\boldsymbol{r}=[r_i]$，$\boldsymbol{r}_i=\frac{[M_{ei}]}{[X_{Ei}]}(i=1,2,\cdots,33)$ 为各产业生产出口品时的对外技术依存度，$\boldsymbol{q}=[q_i]$，$q_i=\frac{[M_{ai}]}{[X_{Fi}]}(i=1,2,\cdots,n)$ 为各产业生产国内最终品时的对外技术依存度。由于农业与采矿业中间品进口的多少并不反映技术水准，而更多地受到一个经济体所拥有的土地与自然资源禀赋的影响，因此本章主要聚焦于资本密集型和技术密集型产业的对外技术依存度。

通过式(5-9)可得到各部门的相关指标，但无法获得各部门间的相对关系。然而，天际图不仅需要反映各部门的以上数类指标，同时又要反映出各部门间的生产规模的相对大小。因此，还需要计算 i 部门的国内产出额占所有部门的国内产出总额的份额 $\boldsymbol{S}_i$，即

$$[S_i]=\frac{[X_i]}{\sum_i [X_i]}(i=1,2,\cdots,33) \tag{5-10}$$

结合式(5-9)与式(5-10)的结果，就可绘制拓展后的天际图。图 5-1 比较了拓展后的天际图与传统的天际图之间的区别。

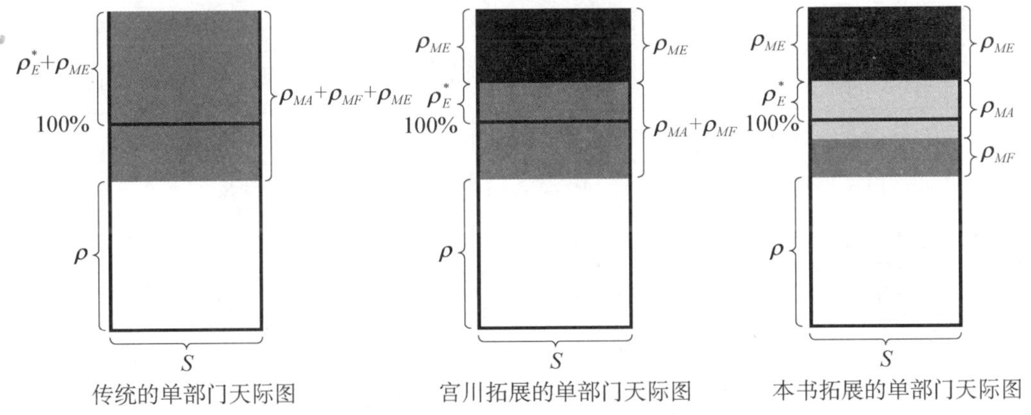

图 5-1　拓展后的单部门天际示意图

第三节　经济发展与主导产业对外技术依存演变

表 5-1 至表 5-4 分别给出了绘制 1992 年、1997 年、2002 年和 2005 年的中国产业结构天际图(见图 5-2～图 5-5)所需的必要数据。在这四张表的基础上，

图5-6比较了以上五个主导产业的外贸依存变化。

表5-1 1992年中国产业结构天际图的数据

部门编号	部门名称	s	ρ	ρ_E^*	ρ_{ME}	ρ_{MA}	ρ_{MF}	q	r
1	农林牧渔业	13.63	104.57	12.09	1.44	4.43	3.1	1.05	1.75
2	煤炭开采和洗选业	1.23	104.08	20.37	2.63	12.97	3.31	0.58	0.54
3	石油和天然气开采业	2.6	91.12	18.84	4.5	23.51	4.2	9.74	7.78
4	金属矿采选业	0.32	75.28	19.73	8.64	41.11	3.34	12.05	11.72
5	非金属矿采选业	0.59	103.73	20.65	2.54	13.55	3.38	2.58	1.92
6	食品制造及烟草加工业	7.28	103.82	10.37	0.67	3.2	3.36	1.00	1.31
7	纺织业	6.65	148.14	77.45	12.98	20.6	8.72	8.93	8.66
8	服装皮革羽绒及其制品业	2.79	247.78	163.93	2.59	6.06	10.08	3.11	1.12
9	木材加工及家具制造业	0.59	109.43	18.2	1.15	6.17	2.6	0.98	0.61
10	造纸印刷及文教用品制造业	1.37	102.33	27.56	4.1	20.63	4.61	10.15	6.46
11	石油加工、炼焦及核燃料加工业	2.29	97.57	13.85	2.5	12.69	3.59	2.33	2.46
12	化学工业	5.92	95.82	20.21	4.55	18.93	5.46	8.24	7.72
13	非金属矿物制品业	2.33	100.72	18.71	1.98	14.94	3.06	8.30	3.76
14	金属冶炼及压延加工业	3.12	85.49	19.14	5.36	29.87	3.78	9.74	7.62
15	金属制品业	1.29	107.75	22.96	2.03	11.24	3.97	3.75	2.15
16	通用、专用设备制造业	3.12	84.64	9.46	2.61	14.84	9.98	6.90	9.68
17	交通运输设备制造业	1.66	86.64	12.56	2.2	14.04	11.88	7.77	8.00
18	电器、机械及器材制造业	1.41	94.41	23.87	3.36	19.22	10.24	9.54	6.35
19	通信设备、计算机及其他电子设备制造业	0.77	88.17	19.77	3.25	17.09	14.51	8.57	8.04
20	仪器仪表及文化办公用机械制造业	0.29	89.66	14.01	2.85	16.55	7.8	7.75	7.50
21	其他制造业	1.41	112.48	24.57	1.76	7.99	4.1	1.71	1.60

（续表）

部门编号	部门名称	s	ρ	ρ_E^*	ρ_{ME}	ρ_{MA}	ρ_{MF}	q	r
22	废品废料	0.03	95.2	13.29	2.81	13.67	4.43	0.00	0.00
23	电力、热力的生产和供应业	1.83	96.83	15.12	2.95	14.33	3.95	1.40	1.67
24	燃气生产和供应业	0.07	100.01	5.59	0.85	4.09	1.5	0.00	0.00
25	水的生产和供应业	0.15	100.3	11.02	1.73	7.72	3	0.00	0.00
26	建筑业	7.85	100.01	0.35	0.05	0.22	0.13	0.00	0.01
27	交通运输及仓储业	4.31	102.86	14.59	1.76	8.41	3.32	0.87	0.77
28	邮政业	0.12	100.91	5.92	0.64	3.11	1.89	0.38	0.52
29	批发和零售贸易业	6.59	95.84	10.09	2.25	10.06	4.19	0.00	0.00
30	住宿和餐饮业	1.62	100.79	8.44	1.11	5.13	2.52	0.46	0.67
31	金融保险业	3.91	99.45	16.51	2.8	12.38	4.68	0.04	0.06
32	房地产业	2.68	100.14	5.18	0.82	3.61	1.43	0.00	0.00
33	其他服务业	10.18	100.43	3.65	0.27	1.29	1.93	0.20	0.69

表 5－2　1997 年中国产业结构天际图的数据

部门编号	部门名称	s	ρ	ρ_E^*	ρ_{ME}	ρ_{MA}	ρ_{MF}	q	r
1	农林牧渔业	11.8	107.4	15.37	1.41	4.72	3.25	1.14	1.48
2	煤炭开采和洗选业	1.34	103.01	20.38	3.93	13.77	3.59	0.24	0.24
3	石油和天然气开采业	1.27	84.54	26.23	10.13	37.39	4.31	15.30	12.61
4	金属矿采选业	0.53	76.41	18.74	10.12	38.08	4.25	12.58	13.25
5	非金属矿采选业	0.72	102.44	15.8	2.8	10.58	2.78	2.16	1.90
6	食品制造及烟草加工业	5.33	104.4	12.37	1.01	4	3.97	1.48	2.11
7	纺织业	4.04	141.45	68.22	10.38	19.39	7.37	5.61	5.62
8	服装皮革羽绒及其制品业	1.66	178.73	102.75	4.7	11.47	12.56	5.78	2.80
9	木材加工及家具制造业	1.07	113.44	27.01	2.23	9.53	4.05	3.91	2.65
10	造纸印刷及文教用品制造业	2.16	112.69	38.1	6.11	20.58	4.83	8.73	5.93

（续表）

部门编号	部门名称	s	ρ	ρ_E^*	ρ_{ME}	ρ_{MA}	ρ_{MF}	q	r
11	石油加工、炼焦及核燃料加工业	1.7	94.2	20.7	5.69	23.36	3.14	10.73	8.49
12	化学工业	7.38	98.78	31.43	9	27.16	5.49	10.09	8.85
13	非金属矿物制品业	2.37	103.5	13.28	1.87	7.67	2.12	2.23	1.34
14	金属冶炼及压延加工业	4.45	93.12	21.25	5.66	22.71	5.42	6.81	6.27
15	金属制品业	2.43	108.12	27.88	3.84	15.07	4.69	5.44	3.56
16	通用、专用设备制造业	3.99	83.48	13.55	4.51	19.38	10.69	9.72	11.72
17	交通运输设备制造业	2.67	96.95	15.71	2.96	11.79	6.96	4.64	5.73
18	电器、机械及器材制造业	2.69	107.36	29.74	4.5	15.75	6.63	6.08	4.30
19	通信设备、计算机及其他电子设备制造业	2.42	100.63	50.58	15.94	33.92	16.03	14.19	13.00
20	仪器仪表及文化办公用机械制造业	0.46	107.86	63.3	11.38	46.83	8.62	33.03	10.71
21	其他制造业	0.71	130.17	52.35	4.61	15.35	6.83	5.52	3.11
22	废品废料	0.25	95.7	23.91	5.76	22.27	5.94	0.00	0.00
23	电力、热力的生产和供应业	2.32	101.19	18.53	3.97	13.61	3.73	0.00	0.00
24	燃气生产和供应业	0.08	100.45	7.13	1.44	5	1.67	0.00	0.00
25	水的生产和供应业	0.29	102.01	12.81	2.42	8.02	2.78	0.00	0.00
26	建筑业	8.19	99.95	0.63	0.07	0.25	0.44	0.01	0.23
27	交通运输及仓储业	3.81	109.58	22.69	2.8	9.8	3.32	0.95	0.83
28	邮政业	0.12	105.04	10.69	0.92	3.45	2.2	0.63	0.78
29	批发和零售贸易业	6.25	115.72	26.4	2.54	7.82	2.86	0.00	0.00
30	住宿和餐饮业	2.03	106.54	17.32	1.89	6.89	3.89	1.85	2.00
31	金融保险业	2.98	102.98	16.01	2.88	9.73	3.31	0.51	0.65
32	房地产业	2.33	101.34	3.96	0.58	1.88	0.74	0.00	0.00
33	其他服务业	10.16	101.93	7.85	0.81	2.93	2.99	0.56	1.27

表 5-3　2002 年中国产业结构天际图的数据

部门编号	部门名称	s	ρ	ρ_E^*	ρ_{ME}	ρ_{MA}	ρ_{MF}	q	r
1	农林牧渔业	8.88	103.93	11.55	1.74	4.85	2.77	1.17	1.79
2	煤炭开采和洗选业	1.16	103.06	22.59	5.56	15.49	4.04	0.48	0.49
3	石油和天然气开采业	1.15	75.09	20.52	13.86	41.12	4.3	17.81	17.99
4	金属矿采选业	0.48	72.18	19.36	13.77	42.18	4.99	13.26	14.14
5	非金属矿采选业	0.52	97.58	21.63	5.85	21.09	2.97	8.90	5.56
6	食品制造及烟草加工业	4.62	105.89	13.34	1.15	3.95	3.5	1.45	1.82
7	纺织业	3.02	166.08	97	16.12	23.18	7.74	10.21	7.92
8	服装皮革羽绒及其制品业	2.17	170.53	86.04	3.24	6.95	8.55	2.68	1.82
9	木材加工及家具制造业	1.29	121.77	36.48	3.39	11.52	3.19	4.24	2.33
10	造纸印刷及文教用品制造业	2.37	114.11	38.06	6.89	18.88	5.07	6.12	4.62
11	石油加工、炼焦及核燃料加工业	2.1	97.69	24.53	7.68	22.69	4.15	6.25	5.68
12	化学工业	7.13	95.59	32.56	12.26	30.95	6.02	10.28	9.42
13	非金属矿物制品业	1.94	103.66	19.13	4.37	12.17	3.3	2.94	1.85
14	金属冶炼及压延加工业	5.17	88.52	21.84	8.81	27.43	5.89	7.45	7.26
15	金属制品业	1.97	110.12	37.5	7.48	21.86	5.51	7.08	4.37
16	通用、专用设备制造业	4.23	86.06	18.14	5.91	20.07	12.01	9.44	10.49
17	交通运输设备制造业	3.23	97.63	18.2	3.99	13.32	7.24	4.94	5.84
18	电器、机械及器材制造业	2.32	104.63	45.6	12.24	30.43	10.55	13.08	8.80
19	通信设备、计算机及其他电子设备制造业	4.15	91.11	53.17	26.99	43.62	18.44	14.79	16.24
20	仪器仪表及文化办公用机械制造业	0.58	93.38	84.6	20.72	73.52	17.7	55.86	15.10
21	其他制造业	0.64	121.49	37.88	3.98	11.02	5.37	2.55	1.88
22	废品废料	0.26	90.28	22.85	8.79	26.68	5.89	2.27	2.55

（续表）

部门编号	部门名称	s	ρ	ρ_E^*	ρ_{ME}	ρ_{MA}	ρ_{MF}	q	r
23	电力、热力的生产和供应业	2.36	100.33	22.05	6.33	17.11	4.61	0.09	0.10
24	燃气生产和供应业	0.11	100.8	11.11	2.95	7.88	2.42	0.00	0.00
25	水的生产和供应业	0.17	102.3	18.51	4.66	12.24	3.96	0.00	0.00
26	建筑业	9.08	100.39	1.32	0.17	0.46	0.48	0.02	0.18
27	交通运输及仓储业	4.39	111.79	29.66	4.98	13.62	4.25	1.37	1.14
28	邮政业	0.16	106.45	19.85	3.18	9.04	4.36	2.08	2.24
29	批发和零售贸易业	5.4	120.58	35.95	4.6	11.36	4.01	0.00	0.00
30	住宿和餐饮业	2.21	107.95	15.76	2.13	5.56	2.25	0.02	0.03
31	金融保险业	2.4	100.76	18.58	5	13.53	4.29	2.48	2.93
32	房地产业	2.26	101.6	5.4	1.02	2.63	1.17	0.00	0.00
33	其他服务业	12.06	103.48	12.01	1.76	4.82	3.71	0.85	1.60

表 5-4　2005 年中国产业结构天际图的数据

部门编号	部门名称	s	ρ	ρ_E^*	ρ_{ME}	ρ_{MA}	ρ_{MF}	q	r
1	农林牧渔业	6.6	104.44	17.81	4.36	9.19	4.18	2.38	3.25
2	煤炭开采和洗选业	1.06	104.85	35.93	13.93	25.1	5.98	1.16	1.00
3	石油和天然气开采业	0.86	62.73	25.46	33	60.25	2.49	24.79	25.58
4	金属矿采选业	0.55	58.49	21.53	29.91	54.64	8.39	21.65	26.80
5	非金属矿采选业	0.44	97.82	33.28	14.93	33.9	1.56	13.99	8.43
6	食品制造及烟草加工业	4.83	104.86	14.96	2.52	5.8	4.31	1.38	1.95
7	纺织业	3.12	200.9	129.44	17.84	22.49	6.05	8.65	5.83
8	服装皮革羽绒及其制品业	2.46	162.87	76	3.71	6.28	6.85	1.71	1.45
9	木材加工及家具制造业	1.2	147.96	67.3	7.66	15.49	3.85	4.42	2.23
10	造纸印刷及文教用品制造业	2.35	122.9	54.08	13.92	25.55	5.63	7.45	5.28

（续表）

部门编号	部门名称	s	ρ	ρ_E^*	ρ_{ME}	ρ_{MA}	ρ_{MF}	q	r
11	石油加工、炼焦及核燃料加工业	1.83	99.65	36.93	17.16	32.16	5.12	7.52	6.71
12	化学工业	6.58	100.38	44.85	22.12	37.77	6.7	11.18	10.21
13	非金属矿物制品业	3.11	106.5	21.46	6.73	10.99	3.96	1.57	1.14
14	金属冶炼及压延加工业	5.25	98.38	37.83	16.78	31.85	7.6	7.08	6.56
15	金属制品业	1.95	129.05	63.71	15.04	27.02	7.64	7.34	4.44
16	通用、专用设备制造业	4.76	92.79	25.47	9.4	19.79	12.9	7.70	9.39
17	交通运输设备制造业	3.86	103.81	24.73	6.08	13.11	7.82	4.12	4.99
18	电器、机械及器材制造业	3.28	110.55	49.9	17.29	27.22	12.13	9.02	8.16
19	通信设备、计算机及其他电子设备制造业	5.94	112.86	83.58	46.7	47.8	22.91	14.99	17.99
20	仪器仪表及文化办公用机械制造业	0.79	78.38	87.72	27.29	63.92	45.43	44.88	17.63
21	其他制造业	0.67	125.88	42.25	6.61	11.44	4.93	1.07	1.01
22	废品废料	0.18	62.78	24.42	31.25	57.4	4.24	24.56	27.41
23	电力、热力的生产和供应业	3.12	102.6	29.71	12.31	21.53	5.59	0.07	0.08
24	燃气生产和供应业	0.14	101.68	15.63	6.15	10.62	3.33	0.00	0.00
25	水的生产和供应业	0.17	104.49	27.26	10	17.16	5.61	0.00	0.00
26	建筑业	7.84	100.62	2.08	0.46	0.82	0.64	0.02	0.19
27	交通运输及仓储业	4.67	115.97	40.95	10.75	19.17	5.81	2.17	1.87
28	邮政业	0.13	109.91	25.09	6.22	10.71	4.47	0.57	0.64
29	批发和零售贸易业	4.55	132.17	53.77	9.67	15.8	5.81	0.00	0.00
30	住宿和餐饮业	1.92	100.16	19.9	6.35	12.78	6.96	4.12	5.61
31	金融保险业	2.04	102.39	22.38	8.53	14.8	5.2	1.73	2.35
32	房地产业	1.7	101.48	5.19	1.53	2.56	1.16	0.00	0.00
33	其他服务业	12.06	103.6	14.73	3.99	6.94	4.19	0.88	1.83

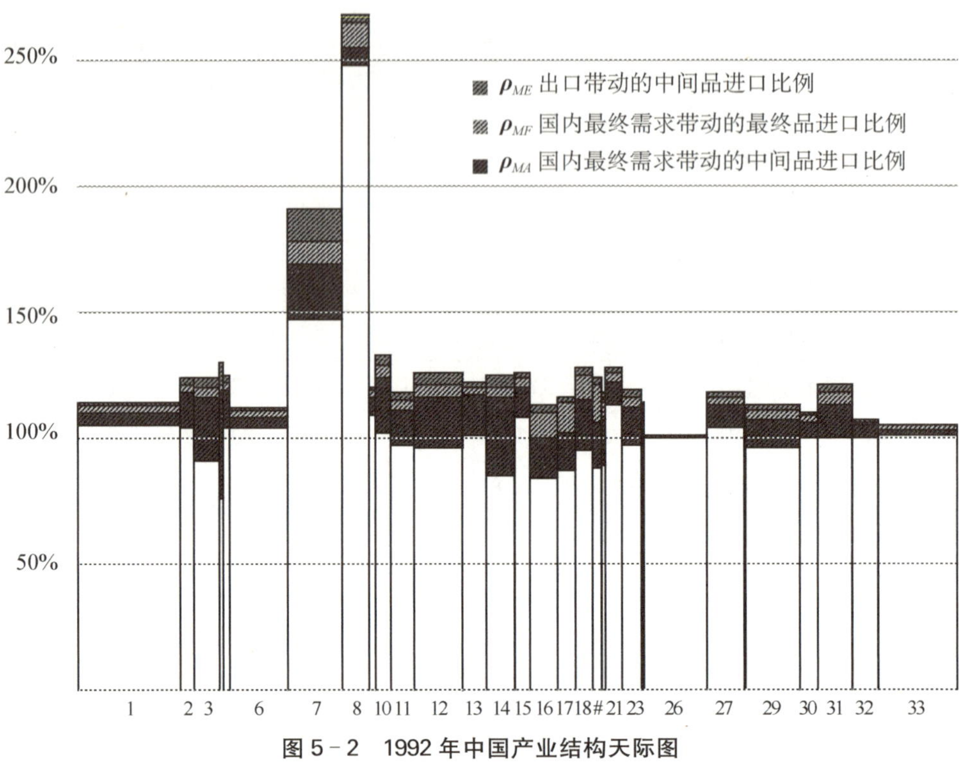

图 5-2 1992 年中国产业结构天际图

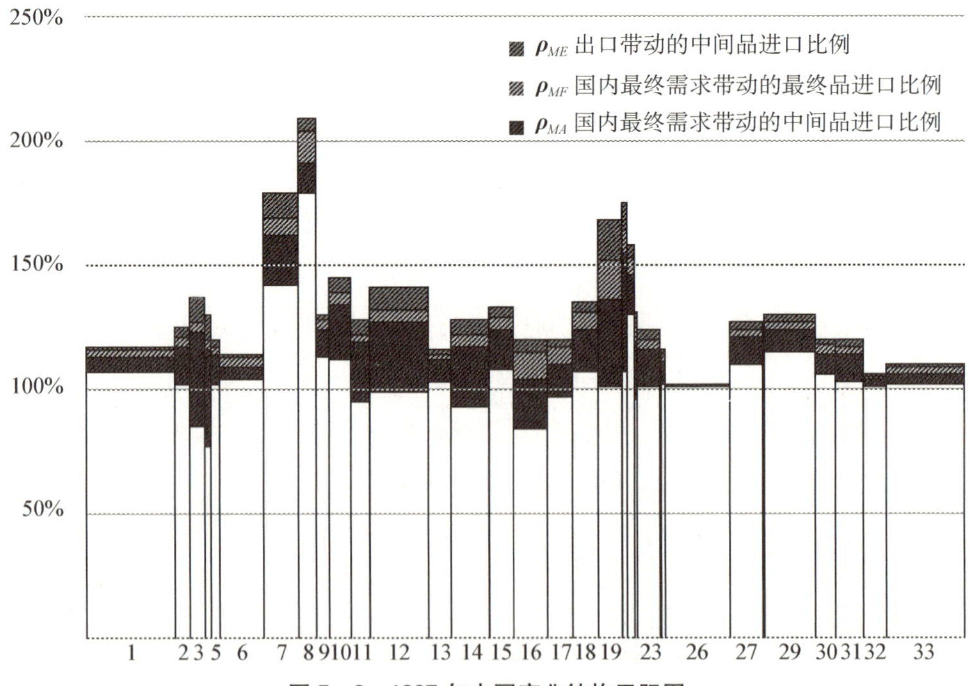

图 5-3 1997 年中国产业结构天际图

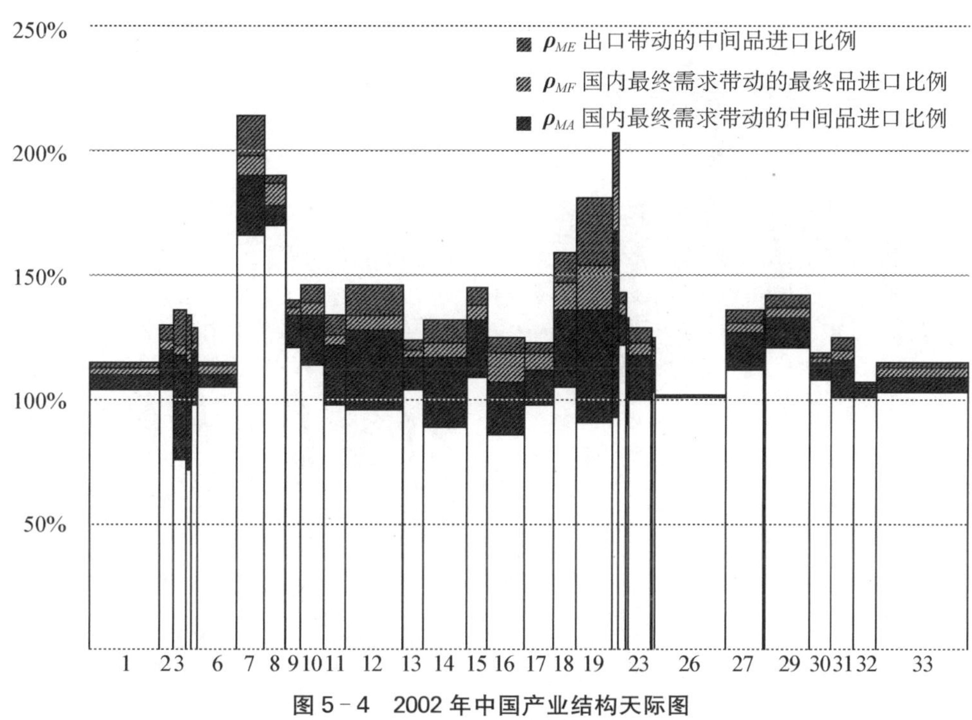

图 5－4　2002 年中国产业结构天际图

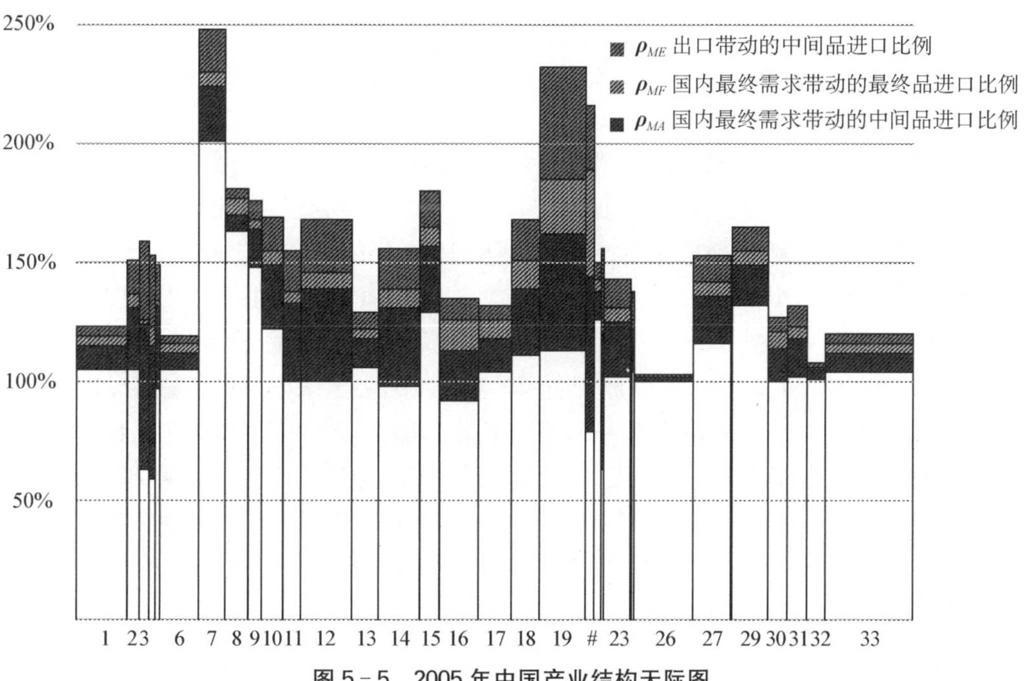

图 5－5　2005 年中国产业结构天际图

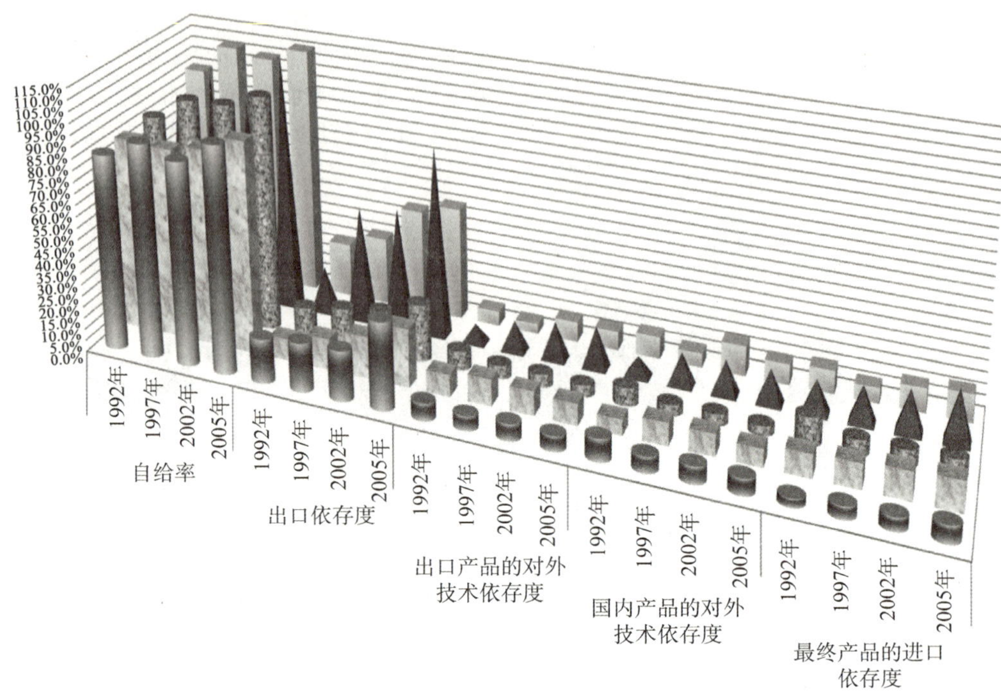

图 5-6 主导产业的外贸依存变化

注：图下方的标签从左至右的部门顺序在图中表现为由前排至后排的顺序。

通过对四张不同时期的天际图的直观比较，可以发现中国产业结构有以下几个特点。其一，农业（部门 1）、采矿业（部门 2—5）和劳动密集型制造业（部门 6—10，15—16）的产出份额越来越小，指标 S 分别从 1992 年的 13.6%、4.7%和23.1%下降到 2005 年的 6.6%、2.9%和 20.7%。其二，资本密集型制造业（部门 11—14，17）和技术密集型制造业（部门 18—20）的产出份额越来越大，指标 $\boldsymbol{S}$ 分别从 1992 年的 15.3%和 2.5%上升到 2005 年的 20.6%和 10%。其三，无论是劳动密集型制造业，还是资本密集型和技术密集型制造业的国内产出的出口依存度都呈现逐年上升的趋势，即图中各部门的最顶部减去代表$\boldsymbol{\rho}_{ME}$的颜色之后的高度越来越高。其四，资本密集型和技术密集型制造业的自给率显著提升，即图中各部门的空白部分的高度越来越高。其五，资本密集型和技术密集型制造业生产国内产品的对外技术依存度总体上未出现明显下降，即图中各部门代表$\boldsymbol{\rho}_{MA}$部分的长度未出现缩小。换言之，在我国产业升级过程中，国外生产技术的溢出效应尚未充分显现。

从自给率的角度而言，农业与食品、纺织、服装鞋帽等轻工业部门完全保持"自力更生，丰衣足食"的状态。2005 年纺织业的自给率更是达到 200%，其生产能力已是满足国内需求所需产能的一倍，因此国外市场的带动对其产出的增长会变得越来越重要。从上文的分析可知，若要持续推动经济增长，农业与轻工业无法发挥主导产业的作用。与资本密集型和技术密集型制造业以及服务业的产品相比，农业与轻工业的产品的收入弹性会逐步变小。不过，从对外技术依存的角度来看，纺织业无论是生产国内最终品还是出口品的对外技术依存度都出现下降迹象，即纺织业中间品进口替代效应显现，其指标 $\boldsymbol{q}$ 和 $\boldsymbol{r}$ 分别从 2002 年的 10.2%和 7.9%下降到 2005 年的 8.7%和 5.8%，反映出加入 WTO 后，纺织业在产出迅速增长的同时把握住了一定的国外技术的溢出效应。通过图 5-6 可知，各主导产业的自给率在逐渐上升，交通运输设备制造业，电器、机械及器材制造业和电子设备制造业的自给率在 2005 年已达到自给自足的状态。这五个代表性主导产业所带动的经济增长是符合力争满足国内最终需求这一经济发展目标的。但是，在其发展过程中，其对外技术依存的变化也是值得探讨的。

金属冶炼及压延加工业的国内产出的出口依存度与国外最终品进口依存度虽然都在同时上升，分别从 1992 年的 19.1%和 3.8%上升至 2005 年的 37.8%和 7.6%，但是国内产出的出口依存度的上升幅度要比国外最终产品进口依存度的上升幅度大得多。从生产技术的角度看，其生产出口品和国内最终品的对外技术依存度也未出现大幅波动，因此其自给率也会相应上升。这说明随着经济发展，该产业的产品虽然不能完全满足不断增长的国内最终需求，但该产业的产品还是具有一定的比较优势，加入 WTO 后其国际竞争力更加显现，2002—2005 年的三年间，国内产出的出口依存度迅速上升了 16%。

通用、专用设备制造业的外贸依存变化与金属冶炼及压延加工业的外贸依存变化有所不同。加入 WTO 后，通用、专用设备制造业的出口依存度出现明显上升的同时，国外最终品进口依存度几乎没变，其 2002 年和 2005 年的生产国内最终品的对外技术依存度分别为 9.4%和 7.7%，呈现小幅下降的征兆。这反映出通用、专用设备制造业的发展既改善了出口结构，又提高了满足国内最终需求的能力，同时把握住了一定的国外技术的溢出效应。

交通运输设备制造业是国家长期意欲扶植的产业。就外贸依存方面而言，在其产出的出口依存度出现上升的趋势下，最终产品进口依存度几乎没变，其生产出口品和国内最终品的对外技术依存度也出现下降趋势，进而自给率呈现连续的上升，1992 年、1997 年、2002 年和 2005 年的自给率分别为 86.6%、97%、97.6%和 103.8%。加入 WTO 后，非但没有被国外进口产品迅速抢占国内市场，反而通过对外开放，获得了一定的国外技术的溢出效应。

电器、机械及器材制造业在1997年已达到了自给自足的水平，其产出的出口依存度也相对较高。加入WTO后，其产出的出口依存度继续上升，同时其生产出口品的对外技术依存度也明显上升。不过，其生产国内最终品的对外技术依存度却有下降迹象，从2002年的13.1%下降到2005年的9%。这说明加入WTO对电器、机械及器材制造业而言，既有国外市场需求增加的机遇，也有国外技术加入竞争的挑战。如何把握好国外技术的溢出效应，提高自身的生产技术是其必须直面的问题。

电子设备制造业是所有主导产业中产出额增长最快的部门。就其外贸依存方面而言，也是"两头在外"的特征最为突出的部门。其一，需求市场在外，并且这种对国外需求的依存度逐年增大。至2005年，其产品的出口依存度已达到国内最终需求的80%以上的程度。其二，生产技术在外，无论是生产出口产品的对外技术依存度，还是生产国内最终产品的对外技术依存度都在不断上升。国外技术的溢出效应在此产业毫无显现。的确，电子设备制造业是推动经济增长，引导产业向高加工度化发展的主导产业，但是只要以上的"两头在外"格局不改变，长此以往，对确保经济发展的可持续性是不利的。甚至在外部环境受到冲击时，中国会迅速失去一个经济增长的主引擎。如何吸收国外技术的溢出效应，提高该产业的生产技术应当是制定产业政策时必须考虑的课题。

1992—2005年间，无论是资本密集型制造业，还是技术密集型制造业的自给率都显著提高。金属冶炼及压延加工业，通用、专用设备制造业，电器、机械及器材制造业，交通运输设备制造业和通信设备、计算机及其他电子设备制造业的自给率分别从1992年的85.5%、84.6%、94.4%、86.6%和88.2%上升到2005年的98.4%、92.8%、110.6%、103.8%和112.9%，这五个主导产业带动了经济增长，改善了出口贸易的结构，扩大了获取外汇的空间，并提升了满足国内最终需求的国内生产能力。

从全球生产分工角度而言，主导产业的生产对中间投入品的进口依存度呈上升趋势，反映出由本国技术升级所带动的增加值上升的效应未能显现。上述五个主导产业，特别是通信设备、计算机及其他电子设备制造业与国外经济的关联变得更为紧密的同时，吸收国外生产技术的溢出效应、带动自身技术升级方面的表现并不突出，如其生产出口品和国内最终品的对外技术依存度分别从1992年的8%和8.6%上升到2005年的18%和15%。加入WTO后，技术密集型产业的国内生产能力虽然得到明显的发展，而对外技术依存度出现上升这一迹象清楚地说明了技术密集型产业的发展还未完成从量变走向质变的转型过程。在进一步向高加工度产业升级的过程中，如何有效培育自主创新能力，加大政策定向扶持的力度应成为未来制定产业政策的内容之一。

值得注意的是，中间品进口不仅用于出口加工贸易，还为满足国内最终需求的生产服务。本章通过揭示主导产业的中间投入品进口贸易的变化，分析了主导产业发展对技术升级的影响。我国的中间投入品进口也是外国的中间投入品出口，带动的是外国的增加值。同样，我国的中间品出口贸易的发展不仅涉及对我国经济增长的影响，还涉及全球生产分工体系以及全球价值链的变化。在我国主导产业的外贸依存度不断提高与全球生产分工体系越发紧密的趋势下，探讨我国的中间品进出口贸易与全球价值链的关联问题非常重要，需要进一步的研究。

第六章 经济循环结构分析的拓展——SAM的应用分析

21世纪初,收入差距、内需不足、财政的作用等问题往往是比较受关注的话题。就分析收入差距而言,有必要从分配结构的角度把握各产业劳动与资本的一次分配率。显然,这对准确理解内需不足的原因至关重要。众所周知,内需可分为国内消费需求和国内投资需求,我国内需不足的问题主要指国内消费需求的增长速度相对较低。根据三方等价的原则,消费支出的源泉是国民收入。对于一度保持GDP高速增长的我国经济而言,在总收入会随之不断增加的情况下,消费支出低速的主要原因应该从收入分配和消费倾向的角度来探讨。

从经济循环的角度,分析农村居民消费支出增长低速的原因是本章的研究目的之一。另一个目的是,通过设置社会保障基金账户和区分农业与非农业的劳动报酬,分析农村居民和城市居民的SAM会计乘数效果是如何变化的①。在第一节中,先通过宏观统计数据来观察我国经济消费需求不足的问题,然后论述从经济循环的角度将消费支出低增长的原因归结于收入分配和消费倾向的主要根据。第二节基于SAM会计乘数分析法,研究经济循环中农业劳动分配率下降、对食品的平均消费倾向下降,以及社会保障基金有和无的差别,在SAM乘数效果中会呈现出什么样的不同。最后,简要总结分析结果并提出需要进一步研究的课题。

第一节 消费需求的变动情况

图6-1展示了从使用法角度来看,我国名义GDP(=名义国内支出)的构成

① 本章内容根据笔者2012年发表于日本投入产出学会杂志《产业联关》的论文改写而成,有关2002年中国SAM的编制内容可参考徐赟(2012)。

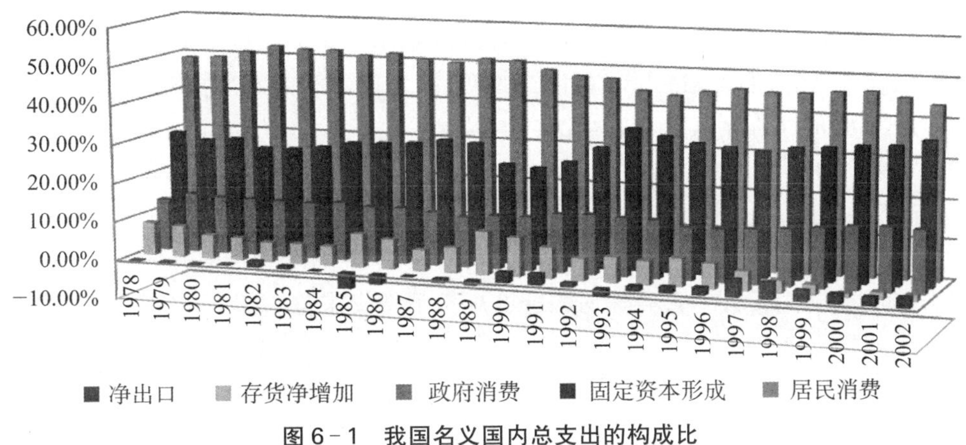

图6-1 我国名义国内总支出的构成比

资料来源：笔者根据《中国统计年鉴》(2008)绘制。

比。20世纪80年代我国居民消费支出占GDP的份额保持在50%左右。从90年代开始，这个份额呈现出下降的趋势。取而代之的是，固定资产形成，即投资成为90年代促进经济增长的主力。

图6-2展示了几乎同一时期日本名义国内支出的构成比。与我国的同指标相比，两者的区别一目了然。日本居民消费的份额一直保持在50%以上。20世纪90年代日本泡沫经济崩溃时期，固定资产的投资行为相对势弱，居民消费支出对经济增长的推动作用越来越大。2002年，相较于日本居民消费支出的份额达到将近57%，我国居民消费支出的份额只有大约44%。在我国经济长期保持高速增长的过程中，消费支出增长低速是一个非常值得研究的问题。

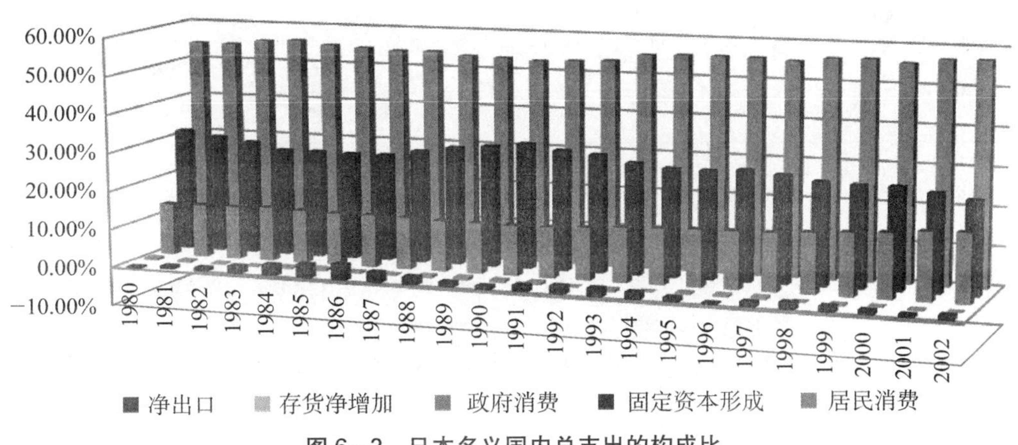

图6-2 日本名义国内总支出的构成比

资料来源：笔者根据《平成15年度国民经济计算确报(2000年基准)》绘制。

以下通过国民经济核算与住户调查两种统计数据，首先分析消费支出与国民收入之间的关系。如图 6－3 所示，从国民经济核算的数据来看，除了 1988 年，从 20 世纪 80 年代后期开始到 2002 年之间，城市居民最终消费需求的实际增长率不是大于 GDP 的实际增长率，就是几乎和 GDP 实际增长率保持一致。但是，在除了 1995 年和 1996 年的同样时期内，农村居民最终消费需求的实际增长率基本小于 GDP 的实际增长率。换而言之，居民消费需求的低速增长几乎可以理解为农村居民消费不足的问题。值得注意的是，国民经济核算中的居民最终需求的定义中含有归属概念，即间接计算自有住房服务的虚拟消费支出等。图 6－4 显示了根据不

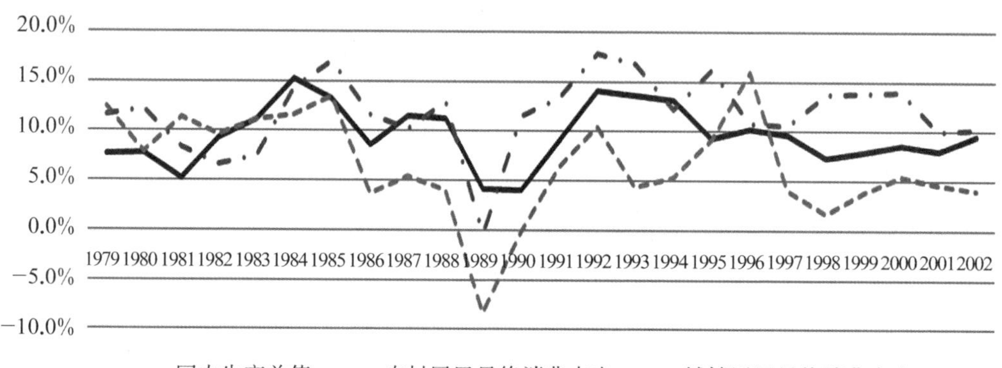

图 6－3　国内生产总值与最终消费需求的实际增长率

资料来源：笔者根据《中国统计年鉴》(2008)、《中国价格与城市(镇)居民家庭收支调查统计年鉴》绘制。
注：用于计算农村住户与城市住户实际最终需求的价格缩减指数是城乡居民的零售物价指数。

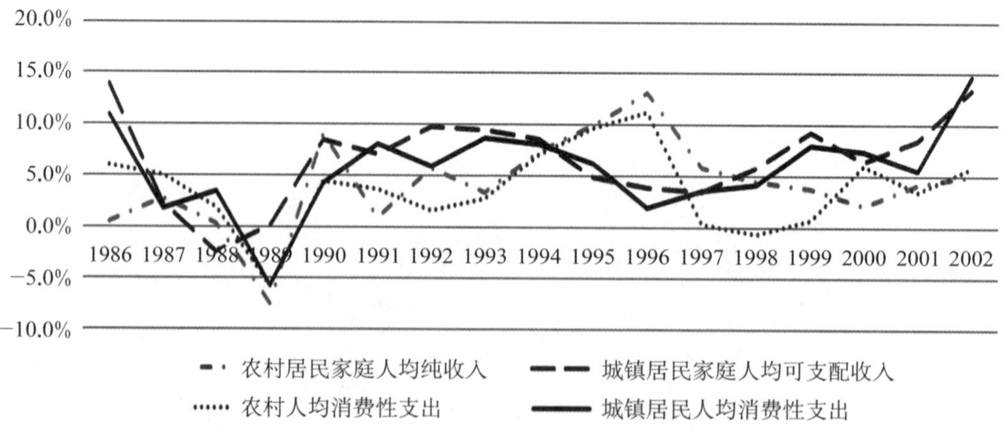

图 6－4　人均消费支出与可支配收入的实际增长率

资料来源：笔者根据《新中国五十五年统计资料汇编》《中国价格与城市(镇)居民家庭收支调查统计年鉴》绘制。

注：用于计算农村家庭与城市家庭实际人均可支配收入和消费支出的价格缩减指数是城乡居民的消费者物价指数。

含归属概念的"住户调查"统计数据计算的人均消费支出与人均可支配收入的实际增长率。

通过图6－4与图6－3的数据对比，可以发现两张图所显示的内容具有一定差别。例如，图6－3在1985—2002年间，农村居民最终消费需求的实际增长率大于城市居民该指标增长率的年份只有1996年，而在图6－4中，除了1996年，1990年和1995年两个年份的农村居民人均消费支出的增长率也超过了城市居民该指标的增长率。另外，增长率的大小也并不相同。但是，在大多数的年份中，城市居民消费需求的增长率大于农村居民该指标增长率的现象，是可以从两张图中看到共同点的。

就农村与城市的人均可支配收入的实际增长率而言，如图6－4所示，在1985—2002年间大多数可观测的年份中，城市居民人均可支配收入的增长率超过了农村居民该指标的增长率。值得注意的是，人均可支配收入的增长率的变化趋势与人均消费支出增长率的变化趋势具有明显的一致性。

此处根据绝对收入假说，对人均消费支出与人均可支配收入的关系做一个简单的回归分析。C代表农村居民人均实际消费支出，Y代表农村居民人均实际可支配收入(纯收入)，反映凯恩斯型的消费函数最简单的方程式可以表达为

$$C = C_0 + cY \tag{6-1}$$

其中，C_0为基础消费，c为边际消费倾向。

式(6－2)为对式(6－1)使用最小二乘法后得出的回归分析结果。

(观测值期间：1985—2002年)

$$\underset{(8.3668)}{C = 109.765} + \underset{(25.0697)}{0.593Y} \quad \text{自由度调整后的} R^2 = 0.97362 \tag{6-2}$$

括号中为t统计量，拒绝"$c = 0$"假定的判断错误率为0。也就是说，若农村居民人均可支配收入上升，有可能可以带动农村居民人均消费支出的上升。相反，可以推测农民人均消费支出增长低速的原因可能与人均可支配收入增加迟缓有关。

以下进一步讨论，从经济循环的角度来看，农村居民消费支出低增长或者可支配收入低增长的原因在于收入分配结构和消费倾向的主要根据。我们首先设想在投入产出理论框架下的经济体系，并提供一些假定的数值来展开说明。作为范例的模型，假定只有农业、食品和饮食业相关的产业、其他产业这三个生产部门，最终需求只有居民消费，并且居民的收入仅来源于劳动报酬的经济体系，那么式(6－3)可以表示由1单位居民消费支出所诱发的产出额。

$$\begin{bmatrix} X_1 \\ X_2 \\ X_3 \end{bmatrix} = \begin{bmatrix} l_{11} & l_{12} & l_{13} \\ l_{21} & l_{22} & l_{23} \\ l_{31} & l_{32} & l_{33} \end{bmatrix} \begin{bmatrix} \frac{c_1}{c} \\ \frac{c_2}{c} \\ \frac{c_3}{c} \end{bmatrix} \tag{6-3}$$

式(6－3)也可以表示为

$$\boldsymbol{X} = \boldsymbol{L}\boldsymbol{C}' \tag{6-4}$$

其中,$\boldsymbol{X}$ 为由单位居民消费诱发的国内产出额的列向量,$\boldsymbol{L}$ 为列昂契夫逆矩阵,$\boldsymbol{C}'$ 为居民对三个产业产品的平均消费倾向的列向量。由此,从单位居民消费诱发的产出额 $\boldsymbol{X}$ 中分配到的劳动报酬额 $\boldsymbol{Y}$ 可以表示为

$$\boldsymbol{Y} = \hat{\boldsymbol{w}}\boldsymbol{X} \tag{6-5}$$

其中,$\boldsymbol{Y}$ 为单位居民消费诱发的三个产业的劳动报酬的列向量。$\hat{\boldsymbol{w}}$为将三个产业劳动报酬占产出额的分配率置于对角线上的对角矩阵。从而从 $\boldsymbol{Y}$ 中分配到的农村居民的收入 $\boldsymbol{Y}_{农}$ 可以表示为:

$$\boldsymbol{Y}_{农} = \boldsymbol{r}_{农}\boldsymbol{Y} \tag{6-6}$$

其中,$\boldsymbol{r}_{农}$ 为在单位居民消费诱发的劳动报酬中农村居民获得的分配率的行向量。此处假定在两个状态或时点(1, 2)上,假设一:$\boldsymbol{L}$, $\hat{\boldsymbol{w}}$, $\boldsymbol{r}_{农}$ 不变,只有 $\boldsymbol{C}'$ 变化;假设二:$\boldsymbol{L}$, $\boldsymbol{C}'$, $\boldsymbol{r}_{农}$ 不变,只有$\hat{\boldsymbol{w}}$变化这两种情况。通过给定的假设值来分析 $\boldsymbol{Y}_{农}$ 的变化可得

$$\Delta\boldsymbol{Y}_{农} = \boldsymbol{r}_{农}\hat{\boldsymbol{w}}\boldsymbol{L}(\boldsymbol{C}'_2 - \boldsymbol{C}'_1) = [0.8 \quad 0.25 \quad 0.25] \begin{bmatrix} 0.5 & 0 & 0 \\ 0 & 0.15 & 0 \\ 0 & 0 & 0.2 \end{bmatrix} \begin{bmatrix} 1.3 & 1 & 0.8 \\ 0.3 & 1.2 & 0.9 \\ 0.6 & 0.7 & 1.5 \end{bmatrix} \begin{bmatrix} 0.2-0.3 \\ 0.2-0.3 \\ 0.6-0.4 \end{bmatrix} < 0$$

$$\Delta\boldsymbol{Y}_{农} = \boldsymbol{r}_{农}(\hat{\boldsymbol{w}}_2 - \hat{\boldsymbol{w}}_1)\boldsymbol{L}\boldsymbol{C}' = [0.8 \quad 0.25 \quad 0.25] \begin{bmatrix} 0.4-0.5 & 0 & 0 \\ 0 & 0.15 & 0 \\ 0 & 0 & 0.3-0.2 \end{bmatrix} \times \begin{bmatrix} 1.3 & 1 & 0.8 \\ 0.3 & 1.2 & 0.9 \\ 0.6 & 0.7 & 1.5 \end{bmatrix} \begin{bmatrix} 0.2 \\ 0.2 \\ 0.6 \end{bmatrix} < 0$$

从以上假定的数值分析可以发现,以中间诱发结构稳定为前提,并考虑当时农村主要收入来源依靠农业的现实情况,居民对食品相关产业的消费倾向(恩格尔系

数)的下降趋势,以及农业部门劳动报酬分配率的下降明显会对农村居民收入增长造成负面影响。在 SAM 的框架下,农村居民和城市居民具有不同的 C' 结构,为此社保基金的设置会通过经济循环机制对城市居民收入增长产生正面影响。在 SAM 框架中,若设置社会保障基金,城市居民的 SAM 会计乘数效果应该表现相对增长较快,而农村居民的 SAM 会计乘数效果应该表现相对增长较慢,若进行两个时点的比较静态分析,则不仅需要 2002 年的 SAM,还需要其他年份的 SAM 数据,本章不展开这样的分析。高颖和何建武(2008)通过构建 1997 年我国 SAM 表,基于 SAM 会计乘数分析展开了相关实证研究,并在其研究结果中,对各产业根据 SAM 会计乘数的大小进行了排序。本章基于 2002 年我国 SAM 表,使用与高颖和何建武同样的分析方法对各产业进行排序。若以 SAM 会计乘数效应为基准来看,居民部门对食品消费倾向的下降趋势以及农业产出中劳动报配分配率的下降这两个因素,应该会导致农业的排名下降。第二节通过 SAM 会计乘数分析进一步研究在经济循环下农业的收入分配率、居民部门对食品平均消费倾向的下降趋势,以及社会保障基金有或无的差别在 SAM 会计乘数效应中将如何得以体现。

第二节　SAM 乘数中的收入分配效应

SAM 会计乘数分析与投入产出表的乘数分析一样,通过内生的乘数过程,分析外生冲击对经济体系造成的影响。两者的差异在于投入产出表的乘数分析主要聚焦于生产活动内部的波及效应,而 SAM 乘数分析更加综合地将收入分配结构、经济主体间的经常转移等经济整体运行纳入了分析范围。为了便于说明 SAM 会计乘数分析方法,表 6-1 展示了 SAM 的基本结构。

表 6-1　SAM 简略表

		内生账户			外生账户 4	合计
		1 生产活动	2 生产要素	3 机构部门		
内生账户	1 生产活动	T_{11}		T_{13}	F_1	X_1
	2 生产要素	T_{21}			F_2	X_2
	3 机构部门		T_{32}	T_{33}	F_3	X_3
外生账户　4		R_1	R_2	R_3		R_4
合计		X_1	X_2	X_3	F_4	

内生账户的行方向的均衡式可以表示为

$$\begin{bmatrix} X_1 \\ X_2 \\ X_3 \end{bmatrix} = \begin{bmatrix} T_{11} & 0 & T_{13} \\ T_{21} & 0 & 0 \\ 0 & T_{32} & T_{33} \end{bmatrix} + \begin{bmatrix} F_1 \\ F_2 \\ F_3 \end{bmatrix} = \begin{bmatrix} \frac{T_{11}}{X_1} & 0 & \frac{T_{13}}{X_3} \\ \frac{T_{21}}{X_1} & 0 & 0 \\ 0 & \frac{T_{32}}{X_2} & \frac{T_{33}}{X_3} \end{bmatrix} \begin{bmatrix} X_1 \\ X_2 \\ X_3 \end{bmatrix} + \begin{bmatrix} F_1 \\ F_2 \\ F_3 \end{bmatrix} \quad (6-7)$$

$$= \begin{bmatrix} A_{11} & 0 & A_{13} \\ A_{21} & 0 & 0 \\ 0 & A_{32} & A_{33} \end{bmatrix} \begin{bmatrix} X_1 \\ X_2 \\ X_3 \end{bmatrix} + \begin{bmatrix} F_1 \\ F_2 \\ F_3 \end{bmatrix} \text{①}$$

$$\boldsymbol{X} = \boldsymbol{AX} + \boldsymbol{F}$$

其中,$\boldsymbol{A}$ 可以分解为

$$\begin{bmatrix} A_{11} & 0 & A_{13} \\ A_{21} & 0 & 0 \\ 0 & A_{32} & A_{33} \end{bmatrix} = \begin{bmatrix} A_{11} & 0 & 0 \\ 0 & 0 & 0 \\ 0 & 0 & A_{33} \end{bmatrix} + \begin{bmatrix} 0 & 0 & A_{13} \\ A_{21} & 0 & 0 \\ 0 & A_{32} & 0 \end{bmatrix}$$

$$\boldsymbol{A} = \boldsymbol{B} + \boldsymbol{H} \quad (6-8)$$

将式(6-8)代入式(6-7)可得

$$\boldsymbol{X} = \boldsymbol{BX} + \boldsymbol{HX} + \boldsymbol{F} \quad (6-9)$$

经整理后可得

$$\begin{aligned} (\boldsymbol{I} - \boldsymbol{B})\boldsymbol{X} &= \boldsymbol{HX} + \boldsymbol{F} \\ \boldsymbol{X} &= (\boldsymbol{I} - \boldsymbol{B})^{-1}\boldsymbol{HX} + (\boldsymbol{I} - \boldsymbol{B})^{-1}\boldsymbol{F} \\ \boldsymbol{X} &= \boldsymbol{DX} + (\boldsymbol{I} - \boldsymbol{B})^{-1}\boldsymbol{F} \end{aligned} \quad (6-10)$$

其中,$\boldsymbol{D} = (\boldsymbol{I} - \boldsymbol{B})^{-1}\boldsymbol{H}$。对式(6-10)两边同时左乘 $\boldsymbol{D}$ 获得 $\boldsymbol{DX}$,再次代入式(6-10)后可得

$$\boldsymbol{X} = \boldsymbol{D}^2\boldsymbol{X} + \boldsymbol{D}(\boldsymbol{I} - \boldsymbol{B})^{-1}\boldsymbol{F} + (\boldsymbol{I} - \boldsymbol{B})^{-1}\boldsymbol{F} \quad (6-11)$$

同样,式(6-10)两边左乘 $\boldsymbol{D}^2$ 获得 $\boldsymbol{D}^2\boldsymbol{X}$,代入式(6-11)后,可得式(6-12)

$$\begin{aligned} \boldsymbol{X} &= (\boldsymbol{I} - \boldsymbol{D}^3)^{-1}(\boldsymbol{I} + \boldsymbol{D} + \boldsymbol{D}^2)(\boldsymbol{I} - \boldsymbol{B})^{-1}\boldsymbol{F} \\ &= \boldsymbol{M}_3\boldsymbol{M}_2\boldsymbol{M}_1\boldsymbol{F} = \boldsymbol{MF} \end{aligned} \quad (6-12)$$

---

① 实际上,此处的 A_{11} 就是投入产出分析中的中间投入系数。

Pyatt(1979)将 $\boldsymbol{M}_1$，$\boldsymbol{M}_2$，$\boldsymbol{M}_3$ 分别称为转移乘数矩阵、开环乘数矩阵和闭环乘数矩阵。$\boldsymbol{M}_1$ 为分块对角矩阵，其反映对内生账户第 i 区块(例如，生产活动账户区块)的外生冲击，会对增加第 i 区块的支出(或者收入)起到多大的作用。$\boldsymbol{M}_2$ 反映在 i 与 j 内生账户区块之间，第 i 区块由于受到外生冲击发生变化，进而这种变化通过内生账户间的乘数过程对第 j 区块所造成的影响。$\boldsymbol{M}_3$ 反映了由对第 i 区块的外生冲击所诱发的其他区块的变化，作为反馈效应，再度对第 i 区块所造成的影响。

尽管以上对账户乘数矩阵 $\boldsymbol{M}$ 的乘积分解已清晰地反映了三种不同的效应，但在实证分析中，加法分解的形式比乘积分解形式更易于理解，而且通过提取初始投入矩阵，可以获得三种不同的净效应。为此，可以将式(6-12)中的 $\boldsymbol{M}$ 用加法分解的形式表示为

$$\boldsymbol{M}_3\boldsymbol{M}_2\boldsymbol{M}_1 = \boldsymbol{I} + (\boldsymbol{M}_1 - \boldsymbol{I}) + (\boldsymbol{M}_2 - \boldsymbol{I})\boldsymbol{M}_1 + (\boldsymbol{M}_3 - \boldsymbol{I})\boldsymbol{M}_2\boldsymbol{M}_1 \qquad (6-13)$$

式(6-13)的右边第1项反映外生冲击的初始矩阵，第2项为转移乘数的净效应，第3项为开环乘数的净效应，第4项为闭环乘数的净效应。进而将式(6-13)代入式(6-12)，经过整理后的式(6-14)可以用于分析由外生冲击诱发的SAM会计乘数的净效应($\boldsymbol{X}-\boldsymbol{F}$)。以下的分析都是基于式(6-14)计算而得的结果。

$$\begin{aligned}\boldsymbol{X} - \boldsymbol{F} &= (\boldsymbol{M} - \boldsymbol{I})\boldsymbol{F} = [(\boldsymbol{M}_1 - \boldsymbol{I}) + (\boldsymbol{M}_2 - \boldsymbol{I})\boldsymbol{M}_1 + (\boldsymbol{M}_3 - \boldsymbol{I})\boldsymbol{M}_2\boldsymbol{M}_1]\boldsymbol{F} \\ &= (\boldsymbol{N}_1 + \boldsymbol{N}_2 + \boldsymbol{N}_3)\boldsymbol{F}\end{aligned} \qquad (6-14)$$

表6-2比较了SAM会计乘数与投入产出表的乘数。通过SAM会计乘数的分解获得的转移乘数净效应等于从投入产出分析中列昂契夫逆矩阵的列中减去初期投入后的后向关联净效应。与投入产出分析不同，在SAM会计乘数分析中，可以分析由生产活动账户的外生冲击所诱发的其他账户区块的影响，再度对生产活动账户造成影响的反馈效应，因此SAM会计乘数的净效应大于投入产出分析中的后向关联净效应。值得注意的是，通过这两种方法判断诱发效应时，会得出不同的分析结果。

从投入产出分析的后向关联效应的大小来看，排名第1到第5的顺序是第16部门通信设备、计算机及其他电子设备制造业，第17部门仪器仪表及文化办公用机械制造业，第15部门电气、机械及器材制造业，第14部门交通运输设备制造业，第12部门金属制品业，几乎都是机械制造业。再从SAM会计乘数净效应的大小看，排名第1、2位的是第16、17部门，第3位是第5部门服装皮革羽绒及其制品业，第4位是第20部门建筑业，第5位是第4部门纺织业。值得注意

表 6-2　基于 SAM 和投入产出表的乘数分析比较(设有农业劳动者报酬账户)

部门号	社会保障账户 / 产业部门	SAM 会计乘数净效应		转移乘数净效应		开环乘数净效应	闭环乘数净效应		基于 SAM 会计乘数效应的排名		基于闭环乘数净效应的排名		I-O 分析的后向关联(列昂契夫逆矩阵的列和−1)	基于后向关联净效应的排名
		内生	不设	内生	不设		内生	不设	内生	不设	内生	不设		
		$N=$		N_1+		N_2+	N_3							
1	农业	3.047	2.990	0.983	0.983	0.000	2.064	2.008	19	19	1	1	0.983	27
2	采掘业	2.552	2.566	1.085	1.085	0.000	1.467	1.480	25	25	14	13	1.085	26
3	食品制造及烟草加工业	3.071	3.055	1.554	1.554	0.000	1.517	1.501	17	18	9	9	1.554	16
4	纺织业	3.607	3.607	2.019	2.019	0.000	1.587	1.588	5	5	6	6	2.019	9
5	服装皮革羽绒及其制品	3.654	3.660	2.089	2.089	0.000	1.565	1.571	3	3	7	7	2.089	6
6	木材加工及家具制造业	3.437	3.441	1.905	1.905	0.000	1.532	1.536	10	10	8	8	1.905	12
7	造纸印刷及文教用品制造业	3.193	3.204	1.766	1.766	0.000	1.428	1.438	14	14	17	17	1.766	14
8	石油加工、炼焦及核燃料加工业	3.219	3.232	1.834	1.834	0.000	1.385	1.397	13	13	21	21	1.834	13
9	化学工业	3.346	3.353	1.968	1.968	0.000	1.378	1.386	12	12	22	22	1.968	11
10	非金属矿物制品业	3.178	3.195	1.698	1.698	0.000	1.480	1.496	15	15	10	10	1.698	15
11	金属冶炼及压延加工业	3.417	3.431	1.993	1.993	0.000	1.424	1.438	11	11	18	18	1.993	10
12	金属制品业	3.579	3.592	2.143	2.143	0.000	1.436	1.450	6	6	16	16	2.143	5
13	通用、专用设备制造业	3.517	3.532	2.053	2.053	0.000	1.464	1.479	9	9	15	14	2.053	7
14	交通运输设备制造业	3.561	3.575	2.171	2.171	0.000	1.390	1.404	8	8	20	20	2.171	4
15	电气、机械及器材制造业	3.572	3.585	2.176	2.176	0.000	1.396	1.408	7	7	19	19	2.176	3

（续表）

部门号	社会保障账户 / 产业部门	SAM 会计乘数净效应 内生	SAM 会计乘数净效应 不设	转移乘数净效应 内生	转移乘数净效应 不设	开环乘数净效应	闭环乘数净效应 内生	闭环乘数净效应 不设	基于 SAM 会计乘数效应的排名 内生	基于 SAM 会计乘数效应的排名 不设	基于闭环乘数净效应的排名 内生	基于闭环乘数净效应的排名 不设	I－O 分析的后向关联（列昂契夫逆矩阵的列和－1）	基于后向关联净效应的排名
		$N=$		N_1+		N_2+	N_3							
16	通信设备、计算机及其他电子设备制造业	3.878	3.888	2.509	2.509	0.000	1.369	1.379	1	1	23	24	2.509	1
17	仪器仪表及文化办公用机械制造业	3.712	3.726	2.235	2.235	0.000	1.478	1.492	2	2	12	11	2.235	2
18	其他制造业	2.627	2.624	1.330	1.330	0.000	1.297	1.294	23	23	26	26	1.330	21
19	水、燃气、电、热力供应业	2.471	2.476	1.238	1.238	0.000	1.232	1.238	27	27	28	28	1.238	23
20	建筑业	3.618	3.629	2.027	2.027	0.000	1.591	1.602	4	4	5	5	2.027	8
21	交通运输及仓储业	2.810	2.823	1.337	1.337	0.000	1.473	1.485	22	22	13	12	1.337	20
22	邮政、信息服务业	2.573	2.577	1.300	1.300	0.000	1.273	1.277	24	24	27	27	1.300	22
23	批发和零售贸易业	2.510	2.525	1.144	1.144	0.000	1.366	1.381	26	26	24	23	1.144	25
24	住宿和餐饮	2.875	2.870	1.396	1.396	0.000	1.479	1.474	21	21	11	15	1.396	17
25	金融保险业	2.156	2.158	0.838	0.838	0.000	1.317	1.320	28	28	25	25	0.838	28
26	房地产业	1.765	1.764	0.642	0.642	0.000	1.122	1.121	29	29	29	29	0.642	29
27	社会服务业	2.972	2.990	1.343	1.343	0.000	1.629	1.647	20	20	4	4	1.343	19
28	科教卫、文体娱乐和社会保障	3.072	3.099	1.212	1.212	0.000	1.860	1.887	16	16	2	2	1.212	24
29	其他服务业	3.051	3.071	1.346	1.346	0.000	1.705	1.725	18	17	3	3	1.346	18

的是,若仅从闭环乘数净效应的大小来看,排名第 1 的是第 1 部门农业,第 2 位是第 28 部门科教卫、文体娱乐和社会保障、福利事业,第 3 位是第 29 部门其他服务业,第 4 位是第 27 部门社会服务业,第 5 位是第 20 部门建筑业。显然,投入产出分析中的诱发效应的大小主要依存于产业的加工迂回度。换而言之,投入产出分析是一种聚焦产业间中间投入结构,注重生产活动内部循环的分析方法。

在此基础上,SAM 会计乘数分析将收入分配纳入经济循环的分析框架中,考虑了通过参与生产活动获得的增加值分配到各经济机构部门,进而作为机构部门的居民获得收入后,通过增加最终产品的消费,再次影响生产活动产出的一种反馈效应。不仅如此,作为反映这种反馈效应的闭环乘数净效应,不仅依存于中间投入结构,增加值的 1 次分配结构以及居民最终产品的消费结构也是决定其大小的主要因素。例如,就第 1 部门农业和第 28 部门科教卫、文体娱乐和社会保障、福利事业的中间投入结构而言,通过生产这两个产业的产品,虽然并不一定能够大量诱发其他产业产品的产出,但其收入分配结构中,劳动报酬的分配率相对较高,同时又是居民生活中必不可少的产品和服务,即在消费需求结构中平均消费倾向相对较大,因此这两个部门的闭环乘数效应也相应较大①。

表 6 - 3 引用了高颖和何建武的一部分研究结果,可以发现存在两点与本章的不同之处。其一,本章的转移乘数净效应与投入产出分析中的后向关联净效应相一致,表 6 - 3 中的两个效应并不一致。其二,表 6 - 3 中第 15 部门与第 16 部门的后向关联效应大于 SAM 会计乘数净效应。在本章中,类似产业并不存在。通常,生产部门的 SAM 会计乘数的数值大于投入产出分析的列昂契夫逆矩阵的数值。从表 6 - 3 和表 6 - 4 的分析结果可以看出,尽管农业的后向关联净效应(转移乘数的净效应)从 1997 年的 0.87 上升至 2002 年的 0.98,但是农业的 SAM 会计乘数的净效应排名出现了下降,其主要原因是闭环乘数的净效应出现大幅下降。从 1997 年、2000 年和 2002 年的中国投入产出表的数据来看,农业增加值的劳动分配率分别为 88.04%、87.89%和 80.07%,对农业产品的平均消费倾向分别为 0.289 6、0.246 9 和 0.199。因此,在 1 次收入分配中农业劳动报酬的分配率下滑和对农业产品平均消费倾向的下滑是造成农业闭环乘数净效应下降的主要原因。

---

① 根据 2002 年我国的投入产出表数据,第 1 和 18 部门增加值中的劳动分配率分别为 80.07%和 73.91%,平均消费倾向分别为(分母为居民消费的合计)0.199 和 0.101 6。第 16 和 17 部门增加值中的劳动分配率分别为 33.9%和 50.95%,平均消费倾向分别为 0.023 2 和 0.001 6。

表 6-3　高、何(2008)1997 年 SAM 会计乘数分析中的部分结果

部门号	产业部门	SAM 会计乘数净效应	转移乘数净效应	开环乘数净效应	闭环乘数净效应	SAM 会计乘数效应	基于 SAM 会计乘数效应的排名	I-O 分析的后向关联效应	基于后向关联效应的排名
		$N=$	N_1+	N_2+	N_3	SAM 会计乘数净效应+1		(列昂契夫逆矩阵的列和)	
1	农业	3.273 9	0.866 3	0.000 0	2.407 5	4.273 9	2	2.012 1	28
2	采掘业	2.275 4	0.978 8	0.000 0	1.296 6	3.275 4	24	2.357 5	23
3	食品制造及烟草加工业	3.152 1	1.444 8	0.000 0	1.707 3	4.152 1	4	2.697 1	17
4	纺织业	2.941 9	1.564 0	0.000 0	1.377 9	3.941 9	11	3.063 1	11
5	服装皮革羽绒及其制品	3.073 5	1.611 4	0.000 0	1.462 1	4.073 5	5	3.034 0	12
6	木材加工及家具制造业	3.064 0	1.669 0	0.000 0	1.395 0	4.064 0	6	3.102 6	9
7	造纸印刷及文教用品制造业	2.856 7	1.500 2	0.000 0	1.356 5	3.856 7	14	3.015 7	13
8	石油加工、炼焦及核燃料加工业	2.463 1	1.419 3	0.000 0	1.043 8	3.463 1	22	2.978 4	14
9	化学工业	2.676 8	1.523 7	0.000 0	1.153 1	3.676 8	17	3.165 0	8
10	非金属矿物制品业	2.962 2	1.589 7	0.000 0	1.372 5	3.962 2	9	2.958 1	15
11	金属冶炼及压延加工业	2.886 5	1.710 9	0.000 0	1.175 5	3.886 5	13	3.336 3	5
12	金属制品业	3.052 6	1.817 3	0.000 0	1.235 3	4.052 6	7	3.385 8	3
13	通用、专用设备制造业	2.399 2	1.339 9	0.000 0	1.059 3	3.399 2	23	3.100 4	10
14	交通运输设备制造业	2.848 3	1.686 8	0.000 0	1.161 4	3.848 3	15	3.359 5	4
15	电气、机械及器材制造业	2.961 8	1.806 4	0.000 0	1.155 4	3.961 8	10	3.493 6	1

（续表）

部门号	产业部门	SAM会计乘数净效应	转移乘数净效应	开环乘数净效应	闭环乘数净效应	SAM会计乘数效应	基于SAM会计乘数效应的排名	I-O分析的后向关联效应	基于后向关联效应的排名
		$N=$	N_1+	N_2+	N_3	SAM会计乘数净效应+1		（列昂契夫逆矩阵的列和）	
16	通信设备、计算机及其他电子设备制造业	2.171 7	1.330 0	0.000 0	0.841 7	3.171 7	26	3.491 5	2
17	仪器仪表及文化办公用机械制造业	2.069 4	1.167 9	0.000 0	0.901 5	3.069 4	27	3.202 6	6
18	其他制造业	2.547 4	1.002 5	0.000 0	1.544 9	3.547 4	19	2.255 6	26
19	水、燃气、电、热力供应业	2.506 3	1.259 4	0.000 0	1.247 0	3.506 3	20	2.590 0	19
20	建筑业	3.289 9	1.781 8	0.000 0	1.508 0	4.289 9	1	3.173 8	7
21	交通运输及仓储业	2.490 5	1.049 6	0.000 0	1.440 9	3.490 5	21	2.334 1	25
22	邮政、信息服务业	2.2682	1.0508	0.000 0	1.217 4	3.268 2	25	2.357 0	24
23	批发和零售贸易业	2.600 3	1.150 9	0.000 0	1.449 5	3.600 3	18	2.492 6	22
24	住宿和餐饮	3.175 1	1.395 1	0.000 0	1.780 1	4.175 1	3	2.606 8	18
25	金融保险业	1.942 1	0.834 0	0.000 0	1.108 1	2.942 1	28	2.098 2	27
26	房地产业	1.751 5	0.564 0	0.000 0	1.187 5	2.751 5	29	1.687 1	29
27	社会服务业	2.765 4	1.343 3	0.000 0	1.422 1	3.765 4	16	2.806 0	16
28	科教卫、文体娱乐和社会保障、福利事业	2.892 9	1.236 4	0.000 0	1.656 4	3.892 9	12	2.515 7	21
29	其他服务业	3.006 8	1.274 8	0.000 0	1.732 0	4.006 8	8	2.518 2	20

资料来源：笔者根据高颖和何建武(2008)第196－197页的内容绘制。

表 6-4　SAM 乘数分解的应用

发起端	受影响终端	SAM 会计乘数净效应			转移乘数净效应			开环乘数净效应			闭环乘数净效应		
		N=			N_1+			N_2+			N_3		
劳动力账户的细分		无	有		无	有		无	有		无	有	
社会保险账户的设置		无	无	内生	无	无	内生	无	无	内生	无	无	内生
估算模式		1	2	3	1	2	3	1	2	3	1	2	3
农业	食品制造及烟草加工业	0.275	0.276	0.282	0.084	0.084	0.084	0.000	0.000	0.000	0.191	0.192	0.198
	社会服务业	0.074	0.070	0.071	0.017	0.017	0.017	0.000	0.000	0.000	0.057	0.053	0.054
	劳动者报酬	1.115			0.000			0.684			0.432		
	农业劳动者报酬		0.747	0.752		0.000	0.000		0.578	0.578		0.169	0.174
	非农业劳动者报酬		0.363	0.370		0.000	0.000		0.105	0.105		0.258	0.265
	农村低收入住户	0.034	0.059	0.059	0.000	0.000	0.000	0.021	0.042	0.042	0.014	0.017	0.017
	农村中等收入住户	0.077	0.127	0.126	0.000	0.000	0.000	0.046	0.090	0.089	0.031	0.037	0.037
	农村高收入住户	0.174	0.267	0.266	0.000	0.000	0.000	0.102	0.184	0.183	0.072	0.083	0.083
	城镇低收入住户	0.072	0.058	0.060	0.000	0.000	0.000	0.040	0.031	0.031	0.032	0.027	0.028
	城镇中等收入住户	0.145	0.092	0.095	0.000	0.000	0.000	0.080	0.042	0.042	0.065	0.051	0.053
	城镇高收入住户	0.290	0.187	0.194	0.000	0.000	0.000	0.155	0.083	0.084	0.135	0.104	0.110
通信设备、计算机及其他电子设备制造业	木材加工及家具制造业	0.025	0.025	0.025	0.012	0.012	0.012	0.000	0.000	0.000	0.013	0.013	0.013
	电气、机械及器材制造业	0.184	0.184	0.184	0.157	0.157	0.157	0.000	0.000	0.000	0.027	0.027	0.027
	劳动者报酬	0.669			0.000			0.384			0.284		
	农业劳动者报酬		0.116	0.115		0.000	0.000		0.015	0.015		0.101	0.100

（续表）

发起端	受影响终端	SAM会计乘数净效应			转移乘数净效应			开环乘数净效应			闭环乘数净效应		
		N=			N_1＋			N_2＋			N_3		
劳动力账户的细分		无	有		无	有		无	有		无	有	
社会保险账户的设置		无	无	内生	无	无	内生	无	无	内生	无	无	内生
估算模式		1	2	3	1	2	3	1	2	3	1	2	3
通信设备、计算机及其他电子设备制造业	非农业劳动者报酬		0.553	0.552		0.000	0.000		0.369	0.369		0.184	0.182
	农村低收入住户	0.021	0.019	0.018	0.000	0.000	0.000	0.012	0.009	0.008	0.009	0.011	0.010
	农村中等收入住户	0.048	0.044	0.042	0.000	0.000	0.000	0.027	0.020	0.019	0.021	0.024	0.023
	农村高收入住户	0.113	0.106	0.100	0.000	0.000	0.000	0.064	0.053	0.049	0.049	0.053	0.051
	城镇低收入住户	0.048	0.049	0.050	0.000	0.000	0.000	0.023	0.031	0.031	0.025	0.019	0.019
	城镇中等收入住户	0.096	0.100	0.101	0.000	0.000	0.000	0.047	0.065	0.066	0.049	0.035	0.036
	城镇高收入住户	0.200	0.207	0.212	0.000	0.000	0.000	0.094	0.135	0.138	0.106	0.072	0.073
农村低收入住户	农业	0.634	0.755	0.733	0.000	0.000	0.000	0.421	0.484	0.462	0.213	0.271	0.272
	住宿和餐饮业	0.089	0.112	0.114	0.000	0.000	0.000	0.042	0.056	0.058	0.048	0.056	0.056
	社会服务业	0.076	0.095	0.097	0.000	0.000	0.000	0.039	0.052	0.054	0.037	0.044	0.044
	劳动者报酬	0.683			0.000			0.407			0.276		
	农业劳动者报酬		0.352	0.342		0.000	0.000		0.226	0.215		0.126	0.127
	非农业劳动者报酬		0.485	0.492		0.000	0.000		0.274	0.280		0.211	0.212
	农村中等收入住户	0.048	0.075	0.072	0.000	0.000	0.000	0.000	0.000	0.000	0.048	0.075	0.072
	农村高收入住户	0.110	0.166	0.159	0.000	0.000	0.000	0.000	0.000	0.000	0.110	0.166	0.159

（续表）

发起端	受影响终端	SAM 会计乘数净效应			转移乘数净效应			开环乘数净效应			闭环乘数净效应		
		N=			N_1+			N_2+			N_3		
劳动力账户的细分		无	有		无	有		无	有		无	有	
社会保险账户的设置		无	无	内生	无	无	内生	无	无	内生	无	无	内生
估算模式		1	2	3	1	2	3	1	2	3	1	2	3
城镇低收入住户	农业	0.530	0.635	0.636	0.000	0.000	0.000	0.314	0.383	0.384	0.216	0.252	0.252
	住宿和餐饮业	0.119	0.123	0.121	0.000	0.000	0.000	0.071	0.070	0.069	0.048	0.053	0.052
	社会服务业	0.091	0.103	0.102	0.000	0.000	0.000	0.054	0.062	0.061	0.037	0.041	0.041
	劳动者报酬	0.687			0.000			0.409			0.279		
	农业劳动者报酬		0.296	0.296		0.000	0.000		0.178	0.179		0.117	0.118
	非农业劳动者报酬		0.488	0.484		0.000	0.000		0.289	0.286		0.199	0.198
	城镇中等收入住户	0.094	0.094	0.095	0.000	0.000	0.000	0.000	0.000	0.000	0.094	0.094	0.095
	城镇高收入住户	0.192	0.193	0.196	0.000	0.000	0.000	0.000	0.000	0.000	0.192	0.193	0.196

第三节 收入分配对内需和经济增长影响的机制分析

表 6-4 具体反映了对某个产业或某个账户的外部冲击，最终对哪个产业或哪个账户造成了多大程度的影响，即对账户进行点对点的影响分析。表 6-4 分三种估算模式。模式 1：既不区分农业与非农业的劳动报酬，也不设立社会保障基金账户；模式 2：区分农业和非农业的劳动报酬，但不设立社会保障基金账户；模式 3：既区分劳动报酬的农业来源，又设立社会保障基金账户。首先，对模式 1 和模式 2、3 进行比较可以看出，一是在模式 1 中，农业产出的增加所诱发的农村居民 SAM 会计乘数效应比在模式 2 和 3 中的同效应显示出相对偏小的数值，并且与农村居民的收入和消费相比，对城市居民的收入和消费的诱发效应更大。这种分析结果显然不适合用于解释与城市居民相比，农村居民的主要收入更加依存于农业自家经营的现实情况。二是尽管可以通过点对点分析，掌握对劳动报酬的 SAM 会计乘数效果，但是无法反映哪种产业的劳动报酬受到了多大程度的波及(诱发)效应的影响。例如，由于农业产出的增加，农业的劳动者报酬比其他产业的劳动者报酬更多地受到波及(诱发)效应，这在模式 1 中无法体现。相反，由于非农业产业(表中的通信设备、计算机及其他电子设备制造业)的产出增加，非农业的劳动报酬比农业的劳动报酬更多地受到波及效应的影响，这在模式 1 中也无法体现。模式 2 和 3 通过区分农业和非农业的劳动报酬，很明显解决了这两个问题。

其次，再来看模式 2 与 3 的差异，由于农业和通信设备、计算机及其他电子设备制造业的产出增加，在模式 3 中对农村居民的 SAM 会计乘数效应会变小，对城市居民的 SAM 会计乘数效应会变大。虽然变化的数值不大，但是这种差异恰好反映了在农村居民和城市居民具有不同消费结构和劳动收入分配结构的前提下，城市居民享受社会保障后经过经济循环的波及过程所造成的差异。以下的分析主要根据模式 3 的计算结果进一步展开论述。

事实上，除了以上 3 种模式比较之外，表 6-4 同时选取了 4 种有代表性的乘数分析情境，分别从生产活动和居民的内生账户集中，选取两个账户作为外生冲击的发起端，分析其他不同的受影响终端账户被影响的程度，并以乘数效应分解的形式来表示。首先，从作为外生冲击发起端的农业来看，农业产出的增加，对在同一生产活动区块内的第 3 部门食品制造及烟草加工业和第 27 部门社会服务业的产出诱发效应(转移乘数净效应)分别为 0.084 和 0.017，对主要依靠收入流循环产生的闭环乘数净效应分别为 0.198 和 0.054。换而言之，农业生产活动的增长→生产要素收入增加→居民收入增加→消费支出增加→诱发食品制造的产出，这种反馈效应相对显得更大。而且，农业1单位的产出增加，对农业劳动者报酬具有更大的诱发力(0.752)，这必然反映了在带动居民收入增长方面，农业对农村居民收入增长的诱发效应比对城市居民的该诱发效应更大，也是最能提高农村居民收入消费能力增长的产业部门。

如表6-4所示，通信设备、计算机及其他电子设备制造业的单位产出增加不仅在提升劳动者报酬的诱发效应方面不如农业，在对农村居民消费的诱发效应方面也不如农业。从分析结果看，尽管通信设备、计算机及其他电子设备制造业在生产活动区块内对中间品的投入具有极大的诱发力，但是对劳动者报酬的诱发效应相比之下并不大。究其原因在于以下两点：一是该产业属于资本密集型或技术密集型产业，相较于劳动密集型产业，其对资本的分配率相对较大。在2002年我国投入产出表中，通信设备、计算机及其他电子设备制造业的资本分配率(增加值中营业盈余及固定资产折旧的比重)为50.81%。作为劳动密集型产业的农业、非金属矿物制品业、纺织业的资本分配率分别为16.66%、24.59%和34.49%。二是该产业诱发的进口中间品相对较多。在技术结构的约束下，诱发投入的中间品对进口中间品依存度越高，相应进口部分对国外收入的诱发效应越大，对国内劳动者报酬的诱发效应也会相对减少。

从SAM会计乘数矩阵分解的推导过程及其应用中可以发现，社会核算矩阵是投入产出表的扩展和延伸，SAM会计乘数矩阵是基于投入产出分析中乘数矩阵$(\boldsymbol{I}-\boldsymbol{A})^{-1}$的延伸(矩阵$\boldsymbol{A}$是投入系数矩阵)，SAM会计乘数分解后的开环乘数效应以及闭环乘数效应仅靠投入产出分析是无法反映出来的，而这对于准确判断一个部门在经济循环中发挥的作用是十分重要的。

通过本章的实证分析可以发现，在2002年农业的劳动报酬依然是农村居民主要收入来源的现实情况下，农业增加值中劳动分配率的下滑，对农村居民消费支出造成了负面影响，减弱了对农业的反馈效应。农业低收入户与城市低收入户的消费支出增加对农业产出的诱发力出现下滑，其主要原因在于对农产品的居民平均消费倾向与1997年相比出现下降。

以上分析结果证实，农业的发展与农村居民的收入增长息息相关。众所周知，自2002年底开始，我国政府大力推动农村税制改革，力争减轻农民的负担。若将这种减税视为农业的劳动分配率的上升，这对农村居民收入增长造成正面影响，进而再度带动农业产出的增加，营造出一个农业发展和农民增收互动的良好循环。这对改善城市与农村收入差距将发挥积极的正向作用。但是，考虑到居民的消费结构中对农业产品的平均消费倾向呈现下降趋势，仅靠农业发展来改善城市与农村居民的收入差距，从长期而言会出现一定的局限性。因此，在重视农业发展的同时，农村企业或劳动力若能逐渐参与到后向关联效应较大的技术型产业如通信设备、计算机及其他电子设备制造业的产业链中，必将进一步改善城乡收入差距。当然，SAM会计乘数效应较大的服装皮革羽绒及其制品业、建筑业等劳动密集型产业直接向农村转移，无论对扩大内需，还是对改善城乡收入差距，都是十分重要的。

综上所述，本章基于对当时农村居民的主要收入仍然依靠农业的现实考量，从经济循环的角度，利用2002年SAM并通过SAM会计乘数分析，发现农业收入分配率及对农产品平均消费倾向的下降趋势造成了农村居民消费支出的低增长问题。尽管SAM比投入产出表更加全面反映了社会经济核算关系，但是与投入产出分析理论一样，线性结构和平均支出倾向使得分析结果同样存在一定的局限性，因此今后需要进一步改善各种假设条件，研究如何将边际支出倾向和非线性结构纳入分析框架中。

第七章 长三角区域的产业结构变迁[①]

本章所指的产业结构是指经济发展过程中形成的各次产业间的相互关联和数量比例关系。产业结构升级主要表现为主导产业的有序更替和技术进步。现实中,一个经济体的产业结构往往体现的是其内部各子系统产业结构的加总特征。例如我国的产业结构可以理解为各个省市产业结构的加总。换而言之,通常所谓的中国产业结构,实际上是一个相对抽象的概念,省略了我国内部的空间维度。由于我国的西部、中部和东部区域自然条件、要素禀赋等各不相同,形成了各自的区域比较优势,产生了区域分工,使各产业在不同区域的分布情况不同。在各自的区域层面上,各区域产业结构表现为各自经济发展过程中形成的各次产业间的相互关联和数量比例关系;在国民经济层面上,各区域产业结构表现为各区域之间的生产协作关系。因此,可将区域(地区)产业结构分为两个层面理解:①对特定经济体按照一定划分标准划分后,在各经济空间内的发展过程中所形成的各次产业间的相互关联和数量比例关系;②与不同经济空间之间的产业间相互关联和数量比例关系。

聚焦不同地区的经济发展,因地制宜地调整产业结构对促进我国可持续发展至关重要。一方面,从我国经济结构调整的角度看,城乡结构和区域产业结构是结构调整的核心内容。进入 20 世纪 90 年代,随着改革开放的不断深化,地区发展差距,特别是东西部地区发展差距也随之扩大,如何促进地区经济协调发展被提到了重要的战略高度。例如,八届人大四次会议审议通过的《中华人民共和国国民经济和社会发展"九五"计划和 2010 年远景目标纲要》从建立 7 个跨省市的经济区域角度,明确提出了区域经济协调发展的方向和具体政策措施。九届人大四次会议批

---

① 本章内容获得教育部青年基金项目"国内外价值链演变机制的研究"(项目号:15YJC790120)资助,部分实证内容已对外发表。

准的《中华人民共和国国民经济和社会发展第十个五年计划纲要》中明确提出了“实施西部大开发战略，加快中西部地区发展，合理调整地区经济布局，促进地区经济协调发展”的指导方针，按照西部、中部和东部地区的先后次序，对各地区的发展进行了总体安排，与“七五”计划中按东、中、西部梯度推进的思想相比，呈现出明显的变化。

另一方面，从我国制定宏观产业政策的内容看，生产力布局历来是其重要内容之一。例如，原国家计委在“‘八五’期间和九十年代我国区域经济发展和生产力布局的思路”课题中明确提出了我国地区主导产业选择方案。在国家“九五”计划中提出要着力振兴机电、石化、汽车以及建筑业四大支柱产业之后，各省市、自治区在制定“九五”规划和 2010 年远景目标纲要过程中，也相应地提出选择和培育各自的主导产业。这些政策方案反映出，推行主导产业优先发展战略的主体从国家层次细分到区域层次的变化趋势。在这种背景下，关于区域产业结构的深入讨论，成为我国经济理论研究的一个热点。

第一节 经济学理论的发展对区域产业结构研究的推动

通常，一个经济体内部的区域间不存在国境问题，与国际相比，区际的生产要素和商品更具有流动性，但是现实中区际的贸易壁垒仍然存在。若按传统的贸易分工理论，区域产业结构的变化更加富有专业化分工的特征。不过，如果参照发展经济学的各类“追赶”战略理论，区域产业结构也可能更趋“同构化”。因此，理解各类经济学分支学科的理论发展，对研究产业结构的演变机制至关重要。

一、国际经济学理论对区域产业结构研究的推动

国际经济学的传统贸易分工理论经历了从斯密的绝对成本理论到李嘉图的相对成本理论，再到伊・菲・赫克歇尔和贝蒂・俄林(Eli F Heckscher, 1919; Bertil Ohlin, 1933)的要素禀赋理论的转变。在斯密之前，国际贸易理论的核心内容是重商主义学说，早期是货币差额论，后期是贸易差额论，两者都反映出一种认识，即国际贸易的利益属于单边利益，一国所得必然是另一国所失。然而，斯密认为对外贸易的国家可以得到两种不同的利益，从而阐述了其绝对成本理论。他认为国际贸易产生的基础在于国家间生产成本的绝对差异，每个国家都存在拥有绝对有利生产条件的生产部门，若每一个国家都按其绝对有利生产条件展开专业化分工和交换，将会大大提高各自的劳动生产率和物质财富。在绝对成本理论的基础上，李

嘉图阐述了比较成本理论，认为国际贸易产生的基础并不限于国家间生产成本的绝对差异，只要不同国家间存在生产成本的相对差异，国际分工和贸易就有可能发生，进而获得比较利益。绝对成本理论和相对成本理论都强调不同地区生产成本的差异，这种差异主要是由于生产技术的差异造成的。

那么，随着区际劳动力要素的流动和生产技术的相互学习，劳动力成本和生产技术上的差异不再明显，分工还会持续发生吗？与绝对成本理论及相对成本理论相比，对于有两种生产要素和不变规模报酬的赫克歇尔—俄林模型表明，即便不存在李嘉图所述的生产成本（劳动时间）的相对差异，只要国家之间存在着外生的要素禀赋差别，也可能会产生分工经济。如两个国家，一个国家资本相对丰富，另一个国家劳动相对丰富，俄林认为资本富裕的国家，利率水平相对低于工资水平，而劳动富裕的国家，工资水平相对低于利率水平。因此，资本富裕的国家能够相对廉价地生产需要大量资本的资本密集型产品，而劳动富裕的国家可以相对廉价地生产需要大量劳动的劳动密集型产品，则前一个国家应该专业化生产和出口资本密集型产品，后一个国家应该专业化生产和出口劳动密集型产品，通过这种生产和交换，可以使贸易国福利水平提升并带动两国产出达到最高水平。应该说，俄林的禀赋差别理论在现实中很容易被感知。例如，与美国、日本相比，很明显我国的工资水平低而利率水平高，从禀赋角度看，劳动力相对富裕，从贸易结构来看，劳动密集型产品也的确更具国际竞争力，与其他国家相比，我国的劳动密集型产业的规模也相对较大。那么，这是否意味着我国的产业结构未来应该向劳动密集型产业专业化发展呢？

列昂契夫用包括192个产业在内的投入产出表，结合1947年和1951年的贸易统计数据，比较生产100万美元价值的进出口产品所需要的资本—劳动比例后，得出了与俄林的观点刚好相反的结论，即列昂契夫反论。美国是资本密集型国家，但从贸易结构看，美国的进口结构中资本密集型产品占优势，出口结构中劳动密集型产品占优势，这与要素禀赋论的解释刚好相反。不可否认赫克歇尔-俄林的分析框架在应对贸易结构动态变化的问题上存在不足之处。但是，此后也有众多研究根据其他国家贸易数据的检验结果，支持了要素禀赋论的合理性。无论如何，作为传统贸易分工的核心理论之一，要素禀赋论与比较成本理论一样，强调比较优势的作用，提倡国际分工和专业化生产，对各国的产业发展起到了重要的指导作用。

第二次世界大战后，发达国家间产业内贸易的蓬勃发展对传统贸易分工理论提出了巨大的挑战。即假如在发达国家间不存在生产要素禀赋差异的情况下，依据比较优势理论，区域产业分工将难以发生，显然这无法解释发达国家间产业内贸易的发展问题。对此，瑞典经济学家斯戴芬·林德（Staffan B. Linder）提出了偏好相似理论，从需求角度分析工业国之间产生贸易的现象。他认为要素禀赋理论只适合于解释初级产品的贸易，而不适用于工业品的贸易分析。其基本观点是：①产品出口的可能性取决于它的国内需求。因为，相比国外市场，企业家对国内市场更为了解，产品的开发和推广离不开市场信息，若消费市场在国外，企业获取市场信息的成本过高，不利于企业投资，只有先为国内市场进行生产并获利后，才会想到出口产品赚取国外利润。②两个国家的需求结构越相似，其贸易量越大。因为在满足国内需求的生产过程中，企业扩大了生产规模以降低成本，结果产量增速超过了需求增速，从而该国有能力向别国出口，而这些产品只有可能出口到与本国有相似需求结构的国家。③需求结构取决于消费者的偏好，进而又取决于平均收入水平。虽然约翰・穆勒(John S. Mill, 1848)早在19世纪中期，已经从需求的角度解释了国际贸易发生的原因，提出了相互需要理论，但是不可否认在林德的偏好相似理论之前，对于国内需求与国际贸易相互关系的研究一直没有得到应有的重视。从这个角度而言，林德做出了开创性的研究。小岛清(1977)在分析了林德的偏好相似理论之后，认为需求结构相似、平均收入水平相近，意味着资本和劳动禀赋比率差异微小，按比较优势理论，近乎不会发生分工的情况。然而，林德一边强调分工可以发生，一边却未能给出发生分工的原因。因此，小岛清认为，在不适用比较优势的情况下，决定区域分工的主要因素是规模经济；由于这种分工无法通过市场机制实现，需要贸易国之间借助某种协议加以实现，所以他将这种国际分工称为协议性国际分工。

另外，美国经济学家雷蒙德・弗农(Remond Vernon, 1966)提出了产品生命周期理论，用技术、熟练劳动和非熟练劳动等生产要素投入比例的变化规律来分析工业品的国际贸易现象。弗农以美国情况为例，将产品生命周期分为创新、成长和成熟、标准化和衰退这四个阶段。在第一阶段的前期，需要有大量的高端技术人才研究和开发产品，主要是在国内生产和销售，美国通过技术垄断优势获取超额利润，但这时生产成本也相对高；这一阶段的中后期，开始向西欧、日本等国家出口，并且出口量不断增加。进入第二阶段后，技术趋于成熟，竞争优势由技术密集型的美国向资本密集型的西欧、日本等国转移，后者成为技术模仿者，开始生产该产品，并且在后期也具备出口能力，开始向美国和发展中国家出口。进入第三阶段，产品已经实现了标准化生产，生产技术变得普遍，市场价格竞争日益激烈，需要进一步提高规模经济，此时需要大量的非熟练劳动竞争优势由资本密集型国家向劳动密集型的发展中国家转移，后者开始成为产品的主要出口国。这一过程可以一直延续下去，直至该产品在美国失去生产竞争能力，进而完全依赖进口进入衰退阶段。

国际经济学理论的发展不仅说明了国际贸易对贸易国经济发展的好处，也提供了各地区选择产业的依据，特别是专业化分工、比较优势、要素禀赋、偏好相似等概念对区域如何构建本地产业结构起到了重要的指导作用。尽管20世纪80年代至今，以克鲁格曼为代表的新贸易理论学者在产业内贸易理论的基础上，引入哈佛学派的产业组织理论，并进一步用规模报酬递增、不完全竞争、规模外部经济等概念来解释以产业内贸易为主要内容的国际贸易利益来源，但其理论本身并不否定比较优势、要素禀赋和专业化分工等传统概念。相反，发展经济学的诸多理论对贸易分工理论提出了强烈的质疑。

二、发展经济学对区域产业结构研究的推动

在上文中阐述经济发展阶段与产业结构演变时，提到的乔治·弗里德里希·李斯特曾站在发展德国经济的立场上，对李嘉图的比较成本理论提出批判。他认为向外国购买廉价的工业产品，会使德国工业长期处于落后状态。德国应该提高关税，进而扶植和保护国内的幼稚产业，即便工业品的价格暂时上升，但在国家建成了自己的充分发展的产业后，生产费用就会下降，产品的国内价格甚至会低于进口价格。20世纪50年代，日本经济学家篠原三代平根据李斯特的“扶植幼稚产业”理论，提出“动态比较费用”理论。他认为产品的比较成本是可以转化的，日本要赶超欧美发达国家，就应该重视重化工业的发展，因其符合两个基准，即生产率上升率基准和收入弹性基准。前者是以各产业生产率提高的快慢作为选择标准，选取生产率提高得快的产业作为需要培育的战略产业。生产率上升较快的产业，也就是技术进步较快的产业，由于成本的不断降低，能够促进国民收入较快增长。后者以需求收入弹性的高低作为选择标准。对正常商品而言，需求收入弹性系数越大，则市场容量越大，产业发展的潜力也就越大。依据“动态比较费用”理论扶植幼稚产业而获成功的典型例子就是战后日本经济的成功发展。

在对传统贸易分工理论提出质疑方面，普雷维什和辛格同样于1950年在各自发表的论文中指出传统贸易分工理论有关技术进步带来的利益将在贸易国间分配的假设与现实不符，认为与发达国家出口工业品相比，如果发展中国家出口的初级产品的供给是相对缺乏价格弹性的，世界需求的波动会使初级产品的价格波动大于工业品；在贸易自由化鼓励发展中国家推进初级产品专业化的情况下，将增加发展中国家贸易条件的不稳定性。发展中国家的贸易条件长期恶化趋势是结构性的而非周期性的。因此，他们主张发展中国家应通过保护实行进口替代工业化，其论述被称为“普雷维什-辛格假说”。特别是，普雷维什将世界分为两大类国家，一类是以西方七国集团为代表的高度工业化国家，另一类是没有实现工业化的国家，认为前者处于世界体系的中心，后者处于外围，中心与外围进行着不平等的交换，进

而提出了“中心—外围”结构。他把外围国家贸易条件恶化归因于三个因素：①初级产品的需求收入弹性一般低于工业品的需求收入弹性；②中心国家所采取的保护本国初级产品的政策往往会强化这种弹性差异；③技术密集性，即中心国家的技术进步因素将强化贸易条件恶化趋向。因此，他主张发展中国家应当实行进口替代工业化。

与普雷维什-辛格假说一样，瑞典经济学家冈纳·缪尔达尔（Gunnar Myrdal）在其 1957 的著作《经济理论与不发达地区》（*Economic Theory and underdeveloped Regions*）中对传统贸易分工理论有关均等化命题提出了辛辣的批评，指出由于集聚经济的存在，具有发展优势的区域会因其内部和外部经济持续、累积地加速增长，并同时产生两种相反效应。一是回流效应，是指由移民、资本流动和贸易等域外因素造成的劳动和资本从落后区域向发达区域回流的过程，它将引起不发达区域的衰退。二是扩散效应，是指发达区域到不发达区域的投资活动，包括直接投资和间接投资，它有利于落后区域的经济增长。但由于市场机制的作用[①]回流效应总是远大于扩散效应，市场所起的作用是趋向于增加而不是减少区域差异。由于循环积累因果的作用使经济在空间上出现了“地理二元经济”结构，即在一个经济体内发达区域和经济不发达区域同时存在。

赫希曼在《经济发展战略》（*The Strategy of Economic Development*）一书中，借鉴缪尔达尔的回流效应和扩散效应，提出了极化效应和涓滴效应的概念，但他认为缪尔达尔过于强调循环积累因果理论的分析，对发展中国家的发展前景过分悲观。他认为如果在一国之内两个区域长期处在经济差异扩大化的情况，一定会有一个强有力的要因出现来改变此情况的延续，况且与区际相比，国际的回流效应的强度要小得多。因此，他主张发展中国家应实行不平衡发展战略，优先发展那些有竞争优势的区域主导产业，然后通过这些区域的扩散效应带动其他区域的发展。同时为了防范积累性因果循环带来的区域差距扩大，政府应制定相应的措施帮助不发达区域发展经济。但是，缪尔达尔并不认为发展中国家的工业化发展道路是平坦的，首先他质疑伪装性失业的概念，认为农村的富余劳动力对于发展工业而言，其劳动能力的可用性没有被充分考虑在内，发展农业才是发展中国家发展初期解决劳动力利用问题、提高劳动生产率和生活水平的有效途径，此时的工业应该为农业生产服务。工业化和农业生产是相辅相成的，都应该受到重视。即便在早期的发展经济学家中，缪尔达尔的这个观点也是属于非主流的，但是在大部分发展中国家工业化发展遇到挫折之后，他的观点得到了一定的支持。

卡尔多 1970 年在研究区域经济增长方面，继承并发展了缪尔达尔的循环积累

---

① 其中，对于贸易机制引起的回流效应的阐述与普雷比希-辛格假说非常类似。

因果理论，通过出口需求的循环积累效应，研究了英国经济增长的问题，阐述了区域增长过程的持续性和累积性。与缪尔达尔不同的是，他不仅注重规模经济，同时强调发展区域专业化的好处[①]，即有利于提高生产率和竞争优势。他认为，技术革新和资本—劳动比率的增长是提高生产率的两个决定性因素，并强调需求对技术进步和资本—劳动比率增长的推动作用。基于彼得鲁斯·凡登(Petrus J. Verdoorn)的研究，他认为产出增长本身会带来生产率的提高，产出增长取决于出口部门的增长，而出口部门的增长取决于其竞争力，区域出口品的相对价格将影响出口部门的增长。这样就形成了循环累积过程，即生产率上升带动竞争力增强，竞争力增强导致出口增加，出口增加引发产出增长，产出增长本身又会带来生产率的进一步提高。与凡登不同的是，他强调这种规模递增的循环累积效应只存在于制造业中，认为制造业是经济增长的发动机。这不仅是因为制造业发展带来的生产率提高，同时还因为制造业产出增长带动劳动力需求的增长，使其他部门的富余劳动向制造业部门转移，也使得这些部门的生产率提高。正是通过制造业的循环累积效应，带来了整个产业结构的转变。

事实上，与这种被称为后凯恩斯主义分析法的范式相比，德国经济学家维纳·宋巴特(Werner Sombart)早在1927年通过测算柏林出口活动的数量比例，展开对出口需求刺激区域经济增长的研究，这种研究范式一般称为“经济基础模型”[②]。经济基础模型的中心概念是区域经济活动的二重性，非基本活动依靠基本活动。其基本逻辑是，经过一个区域出口产品和服务的外在需求增加，区域经济中的收入得以增长，进而带动对非出口产品与服务的本地需求。乔治·黑尔博兰德(George Hildebrand, 1950)在对洛杉矶大都市区的分析中，构建了可检验的行为假设并清晰地将经济基础理论公式化，为证明经济基础假设的可靠性提供了实证依据。

之后，道格拉斯·诺斯(Douglass C. North, 1956)在对美国区域经济增长的研究中，认为从区域外吸收资本和劳动力的能力是推动区域长期增长的重要决定因素，而这种吸引力的原动力往往是制造业的出口增长。诺斯的理论逻辑与经济基础模型一致，强调外贸乘数效应，他将区域生产的所有可供出口的产品总称为出口基础。该理论在查尔斯·狄鲍尔(Charles M. Tiebout)等学者总结发展后，称为出口基础模型。出口基础的增长，将启动一个乘数过程，其乘数值等于区域出口产业和非出口产业的收入之比。也就是说，决定出口及其收入促进区域经济增长的

---

① 从这一点上可以看出卡尔多在对待传统贸易分工理论上与缪尔达尔的观点是不同的。

② 宋巴特与经济基础概念的研究，参考KRUMME G. Werner sombart and the economic base concept [J]. Land Economics, 1968,44(1): 112-116。

关键因素是区域产业结构的合理比例，如果出口收入除用于简单再生产和居民消费外，其余部分用来扩大出口产业，从区域外吸收资本和劳动力，带动包括非出口产业在内的区域经济增长，最终将得到数倍于初始出口收入的经济收益。显然，出口基础模型过分强调了出口产业对区域经济增长的带动作用，忽视了非出口产业的作用。

注重经济结构的发展经济学理论得以不断完善的时代背景是，第二次世界大战后世界各国面临着战后重建的现实要求，但在既有的世界格局中，与欧洲资本主义国家的重建成果相比，大多数发展中国家的经济发展往往遇到挫折。这不免让关心发展中国家经济发展的学者对传统的西方经济理论提出了质疑。特别是，发展中国家如何参与世界贸易体系才有利于发展的问题成了发展经济学研究的主要焦点之一。不难发现，非均衡增长、进口替代、出口导向、动态比较费用、外贸乘数效应、循环积累效应、极化和涓滴效应等概念为发展中经济体制定产业政策，扶植具有竞争力的产业，动态构建产业结构提供了创新性的理论依据。另外，在分析方法上，这一时期区域 I－O 模型的发展使人们开始怀疑经济基础模型的可靠性。在 1950 年之前，经济基础模型作为首选工具，被区域规划者广泛用于分析区域生产活动的结构变化所产生的影响。但是在 50 年代前半期，由于区域 I－O 模型可以区分两种不同的基础经济活动对区域增长的影响，而简单的经济基础模型却不能做出有效区分。有了这个限制，许多城市规划者开始提倡用 I－O 技术来预测区域经济活动的变化。

三、区域经济学发展对区域产业结构研究的推动

区域经济学是研究区位选址、区域经济发展和区域关系的一门科学，主要研究经济活动的空间分布、组织与协调，以及与此相关的区域创新与区域政策等。早在 19 世纪，德国经济学家约翰·海因利希·冯·杜能(Johann Heinrichvon Thünen, 1826)从区域地租出发，研究基于地价不同所造成的农业分带现象，首创农业区位论。20 世纪初，德国经济学家阿尔弗雷德·韦伯(Alfred Weber, 1909)从运输成本、工资成本和集聚因素等几个方面，分析了工业区位选择的基本原则，首次系统地提出了工业区位论。其后，德国的经济学家奥古斯特·廖什(August Lösch, 1940)基于地理学家沃尔特·克里斯塔勒(Walter Christaller, 1933)的中心地理论，将空间均衡的思想引入区位分析，研究市场规模和需求结构对区位选择和产业配置的影响，发展成为产业的市场区位论。德国传统的区位理论为区域经济学的成型奠定了早期的理论基础。不难发现，虽然贸易理论可以解释分工和贸易发生的经济学机制，但是贸易理论不能回答在哪里生产的问题。区位论恰好回答了在

哪里生产的问题。不过，在区位论中即便考虑了区位和市场的相互影响，市场需求及其分布仍然是给定不变的。

艾萨德(Isard)在 1956 年出版的《区位和空间经济学》(*Location and Space-Economy*)是区域经济学开始成为一门独立的学科的标志。在该书中，艾萨德认为杜能的圈层农业区和廖什的市场区域可以相结合。不过，杜能和廖什对于地形一致、资源分布均匀的假设在韦伯以原料的地域化为前提的分析中是不存在的，艾萨德在韦伯的分析框架中加入杜能和廖什的分析思路，通过代替原则将三者的分析要素融合并引入经济理论。其理论核心是成本与市场的相互关系，主张最大利润原则是确定区位的基本条件，最大利润原则的实现必然要同自然环境、运输成本、工资和区域居民购买力等因素相关。艾萨德的研究改变了传统的观察问题和分析问题的方式，纳入了凯恩斯经济学理论、地理学和经济地理学的"计量革命"所产生的新思想，以国家或区域范围为对象进行宏观、动态和综合的分析研究，形成了区域经济学研究的崭新框架。

自 20 世纪 90 年代后，传统的贸易理论或区位论已无法有效解释欧盟诸国边界逐步消失后经济活动的空间规律。以克鲁格曼、藤田昌久、维纳布鲁斯等为代表的新空间经济学理论学者的著作问世再次吸引了主流经济学对空间和距离的关注。其理论实际上继承了艾萨德对区域科学的前期研究成果，一是认为在区域内除土地外的生产要素是可以流动的，资本流动和产业转移会引发区域间劳动力流动和产业前后向关联的变化；二是认为劳动力流动引起的工资收入分配变化会造成区域间需求结构变化，因此市场需求是内生的；三是认为区域间产业关联效应的变化会导致区域间需求结构变化，进而引发产业集聚和劳动力流动，形成循环累积效应，并结合规模经济与运输成本的相互作用对经济活动的空间规律展开了系统的研究。

为了进一步开展区域间经济循环的研究，艾萨德拓展了投入产出分析框架并将其应用到空间经济的研究，为区域科学的发展奠定了坚实的基础。区域间 I－O 模型最早是将不同区域的 I－O 模型连接成跨区域的投入产出模型，之后，I－O 模型在区域经济学中的应用得到了长足的发展。例如，Chenery(1953)和 Moses(1955)先后提出了区域间进口竞争型 I－O 模型，引入了区域间交易系数的概念。Leontief 和 Strout(1963)首次将引力模型应用到区域间交易矩阵的推算。在哈佛经济研究项目的大力推动下，区域间 I－O 模型在 20 世纪 50—60 年代已在美国的区域经济学中得到广泛应用。日本的通商产业省也在 1963 年开始研制区域间 I－O 表并用于区域经济分析。欧盟统计局发布了 1995 年欧盟的区域间 I－O 表，Hoen(2002)利用该表对欧洲一体化的影响展开了研究。

我国在区域间 I－O 表的构建和应用领域起步虽较晚，却成绩斐然。目前已有的区域间I－O模型主要有：①国务院发展研究中心和日本国际东亚研究中心合作开发的7区域9部门的1987年中国区域间I－O模型；②国家信息中心与亚洲经济研究所合作开发的8区域30部门的1997年中国区域间I－O模型；③国务院发展研究中心开发的2002年中国地区扩展I－O模型；④国家信息中心开发的8区域30部门的2002年和2007年中国区域间I－O模型；⑤中国科学院地理科学与资源研究所在国家统计局的协助下开发的2002年30个省区30个部门的区域间I－O模型；⑥国务院发展研究中心开发的1992年、1997年、2002年、2007年30个省份42个部门的中国区域间I－O模型。

通过梳理各经济学领域对区域产业结构的研究可以清晰地发现，基于对不同时空的经济体发展的研究，各类经济学说都会形成一套逻辑自洽并且说明力强的理论体系。在此不妨尝试从以上诸多经济学家的观点中，总结一些本书认为在研究我国区域产业结构时，应重点关切的要点。①无论是国家层面，还是国家内部区域层面，对发展中经济体，或称对"追赶型"经济体而言，借助域外市场需求发展具有比较优势的本地生产力，诱使人力、物力(商品)和资金等资源向本地集聚，力争形成良性循环积累之势是确保产业结构优化升级的基础条件。②对于经济体量相对较大，如人口相对多、国土相对广，而人均可利用自然资源相对匮乏的发展中经济体而言，能够有效投入整体经济发展的人力、物力和资金等开发性资源往往是有限的。在经济发展的初级阶段，有必要将有限的开发性资源集中倾斜性地投入经济体内特定的增长极区域和特定的产业部门，着力打造牵引经济发展的"火车头"是加快整体经济发展的有效途径。③伴随不平衡发展战略的有效实施，占据资源优势的增长极区域会进一步形成自我强化机制，存在固化经济体内部各系统间发展不平衡的风险，利用政策手段适时有效地将各系统间不平衡发展的状态管控在适度合理的范围是维持整体经济可持续发展的重要保障。④在特定增长极区域经济增长进入由高速转向低速的"换挡期"时，利用政策手段稳步推动经济体内产业转移，合理调整子系统间协同发展机制，积极促成不同区域间协议性分工的发展是维持整体经济可持续发展的核心任务。

第二节　长三角区域各省市主导产业的比较分析

在国发〔2010〕46号《全国主体功能区规划》中，长江三角洲地区作为国家优化开发区域，是我国参与经济全球化的主体区域，有全球影响力的先进制造业基地和现代服务业基地，辐射带动长江流域发展的龙头，我国人口集聚最多、创新能力最强、综合实力最强的三大区域之一。在全国生产分工系统中，依照行政区划分的长三角区域各省市可视为子系统，不仅各子系统的对外进出口贸易，各子系统间的省际贸易也对各省市的经济发展发挥着重要作用。为了实现国家赋予长三角区域各省市的诸多功能，苏浙沪的产业结构之间势必需要做出进一步的调整，进而加大长三角区域协同发展的乘数效应。以下分别对 1997—2007 年间上海、浙江和江苏的主导产业展开比较分析，区分对外贸易和省际贸易对长三角区域内三省市的经济增长的不同影响，结合前述相关理论，梳理长三角区域各省市主导产业的演变趋势，从而把握各省市产业结构的异同，为探讨未来如何推动长三角区域内产业协同发展提供实证依据。

一、分析方法和数据

与作为整体的全国产业结构一样，作为局部的地方产业结构同样可以用 DPG 模型展开具体分析。与之不同的是，在研究地方产业结构时，与其他地方的贸易关系可以得到进一步的细化，这一点也是研究地方经济发展的重要环节。通过矩阵形式表述地区 I－O 表的行模型为

$$\begin{aligned}\boldsymbol{X}^{r} &= \boldsymbol{A}^{r}\boldsymbol{X}^{r} + \boldsymbol{F}^{r} + \boldsymbol{Z}^{r} + \boldsymbol{E}^{r} - \boldsymbol{N}^{r} - \boldsymbol{M}^{r} \\ &= \boldsymbol{A}^{r}\boldsymbol{X}^{r} + \boldsymbol{F}^{r} + \boldsymbol{Z}^{r} + \boldsymbol{E}^{r} - (\hat{\boldsymbol{N}}^{r}\boldsymbol{A}^{r}\boldsymbol{X}^{r} + \hat{\boldsymbol{N}}^{r}\boldsymbol{F}^{r}) - (\hat{\boldsymbol{M}}^{r}\boldsymbol{A}^{r}\boldsymbol{X}^{r} + \hat{\boldsymbol{M}}^{r}\boldsymbol{F}^{r})\end{aligned} \tag{7-1}$$

其中，$\boldsymbol{X}^{r}$ 为 r 地区各部门的国内产出额列向量，$\boldsymbol{A}^{r}$ 为 r 地区中间投入系数矩阵，$\boldsymbol{F}^{r}$ 为 r 区域各部门的国内最终需求额列向量，$\boldsymbol{Z}^{r}$ 为 r 地区各部门的区际调出额列向量，$\boldsymbol{E}^{r}$ 为 r 地区各部门的出口额列向量，$\boldsymbol{N}^{r}$ 为 r 地区各部门的区际调入额列向量，$\boldsymbol{M}^{r}$ 为 r 地区各部门的进口额列向量，$\hat{\boldsymbol{N}}^{r}$为以各部门的区际调入系数[区际调入额/(r 地区中间需求额＋r 地区区内最终需求额)]为对角元素的对角矩阵，$\hat{\boldsymbol{M}}^{r}$为以各部门的进口系数[进口额/(r 地区中间需求额＋r 地区区内最终需求额)]为对角元素的对角矩阵①。

对式(7－1)做初等变换，可得

$$\boldsymbol{X}^{r} = [\boldsymbol{I} - (\boldsymbol{I} - \hat{\boldsymbol{M}}^{r} - \hat{\boldsymbol{N}}^{r})\boldsymbol{A}^{r}]^{-1}[(\boldsymbol{I} - \hat{\boldsymbol{M}}^{r} - \hat{\boldsymbol{N}}^{r})\boldsymbol{F}^{r} + \boldsymbol{Z}^{r} + \boldsymbol{E}^{r}] \tag{7-2}$$

其中，$\boldsymbol{I}$ 为单位矩阵，$[\boldsymbol{I} - (\boldsymbol{I} - \hat{\boldsymbol{M}}^{r} - \hat{\boldsymbol{N}}^{r})\boldsymbol{A}^{r}]^{-1}$ 为$[\boldsymbol{I} - (\boldsymbol{I} - \hat{\boldsymbol{M}}^{r} - \hat{\boldsymbol{N}}^{r})\boldsymbol{A}^{r}]$ 的逆矩阵，即 r 地区的列昂契夫逆矩阵。

利用上述模型，并依照第四章的推导，可得产出额 DPG 值的表达式为

---

① 需要指出的是进口系数通常用来表示某部门的进口品投入占该部产值的比例。参见杨翠红、裴建锁(2009)。此处的进口系数的界定有所不同，使用与本书相同界定的研究可参见金继红(2009)。

$$
\begin{aligned}
\Delta \boldsymbol{X}^{r} = & \boldsymbol{L}_{2}^{r}(\boldsymbol{I}-\hat{\boldsymbol{M}}_{2}^{r}-\hat{\boldsymbol{N}}_{2}^{r})(\boldsymbol{F}_{2}^{r}-\alpha \boldsymbol{F}_{1}^{r})+\boldsymbol{L}_{2}^{r}(\boldsymbol{Z}_{2}^{r}-\alpha \boldsymbol{Z}_{1}^{r})+\boldsymbol{L}_{2}^{r}(\boldsymbol{E}_{2}^{r}-\alpha \boldsymbol{E}_{1}^{r})+ \\
& \boldsymbol{L}_{2}^{r}(\boldsymbol{I}-\hat{\boldsymbol{M}}_{2}^{r}-\hat{\boldsymbol{N}}_{2}^{r})(\boldsymbol{A}_{2}^{r}-\boldsymbol{A}_{1}^{r})\alpha \boldsymbol{X}_{1}^{r}+\boldsymbol{L}_{2}^{r}(\hat{\boldsymbol{M}}_{1}^{r}-\hat{\boldsymbol{M}}_{2}^{r})\alpha(\boldsymbol{F}_{1}^{r}+\boldsymbol{A}_{1}^{r}\boldsymbol{X}_{1}^{r})+ \\
& \boldsymbol{L}_{2}^{r}(\hat{\boldsymbol{N}}_{1}^{r}-\hat{\boldsymbol{N}}_{2}^{r})\alpha(\boldsymbol{F}_{1}^{r}+\boldsymbol{A}_{1}^{r}\boldsymbol{X}_{1}^{r}) \\
= & \boldsymbol{L}_{2}^{r}(\boldsymbol{I}-\hat{\boldsymbol{M}}_{2}^{r}-\hat{\boldsymbol{N}}_{2}^{r})\partial c+\boldsymbol{L}_{2}^{r}(\boldsymbol{I}-\hat{\boldsymbol{M}}_{2}^{r}-\hat{\boldsymbol{N}}_{2}^{r})\partial q+\boldsymbol{L}_{2}^{r}\partial z+\boldsymbol{L}_{2}^{r}\partial e+ \\
& \boldsymbol{L}_{2}^{r}(\boldsymbol{I}-\hat{\boldsymbol{M}}_{2}^{r}-\hat{\boldsymbol{N}}_{2}^{r})(\boldsymbol{A}_{2}^{r}-\boldsymbol{A}_{1}^{r})\alpha \boldsymbol{X}_{1}^{r}+\boldsymbol{L}_{2}^{r}(\hat{\boldsymbol{M}}_{1}^{r}-\hat{\boldsymbol{M}}_{2}^{r})\alpha(\boldsymbol{F}_{1}^{r}+\boldsymbol{A}_{1}^{r}\boldsymbol{X}_{1}^{r})+ \\
& \boldsymbol{L}_{2}^{r}(\hat{\boldsymbol{N}}_{1}^{r}-\hat{\boldsymbol{N}}_{2}^{r})\alpha(\boldsymbol{F}_{1}^{r}+\boldsymbol{A}_{1}^{r}\boldsymbol{X}_{1}^{r})
\end{aligned}
\tag{7-3}
$$

其中，$\boldsymbol{L}_2^r$ 为 r 地区第 2 期的列昂契夫逆矩阵 $[\boldsymbol{I}-(\boldsymbol{I}-\hat{\boldsymbol{M}}^r-\hat{\boldsymbol{N}}^r)\boldsymbol{A}_2^r]^{-1}$，$\hat{\boldsymbol{M}}_2^r$ 为第 2 期的以各部门的进口系数为对角元素的对角矩阵。∂c 代表$c_2-\alpha c_1$，右边第 1 项为由于各部门的消费额的增长速度与所有部门总产值的增长速度的不同所产生的 DPG 值。同样，右边第 2 项、第 3 项和第 4 项视为由于各部门的投资额、调出额和出口额的增长速度与所有部门总产值的增长速度的不同所产生的 DPG 值。右边第 5 项为由于中间投入系数的变化，即加工度变化所产生的 DPG 值。右边第 6 项为各部门的进口系数的变化，即进口依存度变化所产生的 DPG 值。右边第 7 项为各部门的调入系数的变化，即调入依存度变化所产生的 DPG 值。

本章使用的数据来自国务院发展研究中心根据 1997 年和 2007 年的中国地区投入产出表和海关统计数据编制的地区 I－O 扩展表。该表共有 30 个省份和 33 个产业部分，并对调出和出口、调入和进口进行了拆分，具体的制表方法可以参照李善同、齐舒畅等(2010)。本节使用 1997 年和 2007 年上海、浙江和江苏投入产出表作为分析数据。

二、实证分析

表 7－1 给出了 1997—2007 年上海各部门的产出额 DPG 值、各主要因素的贡献值与所有正的产出额 DPG 合计值的相对比例。从产出额 DPG 值来看，通信设备、计算机及其他电子设备制造业，商务服务及社会服务业，运输业，科教文卫业和房地产业的迅速发展是推动 1997—2007 年间上海经济发展和产业结构变化的最主要的五个部门，其产出额 DPG 分别为 36.6、23.2、17.7、7.2 和 6.4。其中，电子设备制造业的增长速度最快，这与该产业成为我国发展最快的主导产业的分析结果相一致，但从诱发该产业发展的主要因素看，除了出口贸易(25.8)以外，区际调出(16.7)对其发展也起了重要推动作用。与全国主导产业演变特征不同的是，上海的生产性服务业，如商务服务及社会服务业、运输业、科教文卫业作为主导产业的功能更为突出。从运输业的快速发展和进出口因素对上海经济发展的影响力

表 7-1　1997—2007 年上海经济增长的 DPG 因素分析

部门编号	部门名称	DPG	农村居民	城镇居民	政府	固定资本形成	调出	出口	其他	调入	进口	技术
1	农业	−3.9	−0.2	0.4	0.0	−0.1	−0.6	0.0	0.0	1.6	−4.0	−1.1
2	煤炭采选业	0.0	0.0	0.0	0.0	0.0	0.0	0.0	0.0	4.9	−4.9	0.0
3	石油和天然气开采业	0.2	0.0	0.0	0.0	0.0	0.1	0.0	0.0	1.9	−1.9	0.0
4	金属矿采选业	0.0	0.0	0.0	0.0	0.0	−0.6	0.0	0.0	0.6	0.0	0.0
5	非金属矿采选业	0.0	0.0	0.0	0.0	0.0	0.0	0.0	0.0	1.3	−1.3	0.0
6	食品制造及烟草加工业	−4.9	−0.8	−1.8	0.0	0.1	−1.5	0.8	−0.1	1.1	−2.5	−0.1
7	纺织业	−14.0	−0.1	−0.1	0.0	0.0	−1.5	−6.8	−0.2	−1.9	−1.4	−1.9
8	服装皮革羽绒及其制品业	−6.9	−0.1	−0.8	0.0	0.0	2.2	−6.4	0.2	−2.0	0.2	−0.1
9	木材加工及家具制造业	0.6	−0.1	−0.3	0.0	0.0	−0.1	1.0	0.1	1.9	−0.2	−1.8
10	造纸印刷及文教用品制造业	−3.3	−0.1	−0.4	0.0	0.1	−0.7	−1.0	−0.4	2.8	−1.2	−2.5
11	石油加工、炼焦、煤气及核燃料加工业	3.6	0.0	0.2	0.0	−0.1	4.6	0.9	0.0	0.1	−3.0	1.1
12	化学工业	−11.6	−0.4	0.2	0.3	−0.6	−6.7	4.0	0.5	−3.2	−5.0	−0.8
13	非金属矿物制品业	−2.8	0.0	0.0	0.0	−2.0	0.6	0.5	0.7	−1.7	0.2	−1.2
14	金属冶炼及压延加工业	−7.8	0.0	0.0	0.0	−1.9	−2.3	7.8	0.9	3.2	−18.2	2.8
15	金属制品业	−3.5	−0.1	−0.1	0.0	0.5	1.1	−1.1	−0.3	−1.2	−0.8	−1.5
16	通用、专用设备制造业	2.5	0.0	0.0	0.0	−2.4	11.2	6.8	−0.4	−2.1	−10.2	−0.2
17	交通运输设备制造业	−7.1	−0.1	0.1	0.0	−0.4	−3.0	13.7	0.2	−11.9	−3.9	−1.7

（续表）

部门编号	部 门 名 称	DPG	农村居民	城镇居民	政府	固定资本形成	调出	出口	其他	调入	进口	技术
18	电气机械及器材制造业	−4.3	−0.1	−0.1	0.0	0.6	−3.0	8.0	−0.2	−4.6	−4.1	−0.8
19	通信设备、计算机及其他电子设备制造业	36.6	0.0	0.0	0.0	0.5	16.7	25.8	−0.7	−2.9	−3.3	0.5
20	仪器仪表及文化、办公用机械制造业	−0.9	0.0	0.5	0.1	−0.6	−0.9	−0.7	−0.1	−0.6	1.1	0.4
21	其他制造业	−3.0	0.0	0.0	0.0	−0.1	−1.0	0.3	0.0	−1.1	−0.2	−0.8
22	电力、热力的生产和供应业	−0.7	−0.2	−0.3	0.1	−1.1	−0.9	1.0	1.2	−2.2	−1.5	3.2
23	水的生产和供应业	0.3	0.0	0.0	0.0	0.0	−0.1	0.0	0.0	0.1	0.0	0.0
24	燃气生产和供应业	0.1	0.0	−0.6	0.0	−0.1	−0.1	0.1	0.0	0.4	−0.3	1.0
25	建筑业	−8.7	0.0	0.1	0.1	−22.7	0.3	0.1	6.6	5.3	0.0	1.6
26	运输业	17.7	−0.3	−0.2	0.1	−0.1	8.9	3.0	1.1	3.8	−3.7	5.0
27	邮电业	−5.3	−0.2	−0.5	0.0	0.0	−1.6	−1.4	0.2	−0.3	0.0	−1.6
28	批发和零售业	−9.4	−0.5	−1.6	0.1	−0.8	−1.9	−0.5	0.2	−3.3	−1.9	1.0
29	金融保险业	−2.1	−0.6	0.4	0.1	0.0	−9.8	2.7	0.2	−1.5	−1.6	8.0
30	房地产业	6.4	−0.2	1.7	0.1	4.7	−1.4	0.3	0.5	−0.1	−0.3	1.2
31	商务服务及社会服务业	23.2	−0.4	1.3	−0.5	−0.1	1.3	3.1	1.7	−3.4	−2.9	23.2
32	科教文卫业	7.2	−0.1	−0.6	2.8	−0.1	1.9	1.1	1.1	0.5	−1.4	2.1
33	公共管理和社会组织	1.8	0.0	0.0	−0.1	0.0	0.0	−0.1	0.4	1.2	0.2	0.1

(将各部门出口和进口 DPG 贡献值简单加总达到 63 和－78)来看,亚洲金融危机之后的上海产业结构的变迁是符合建设国际航运中心和国际贸易中心这两个发展目标的。特别是,调出因素对上海运输业的带动作用明显(8.9),这充分说明了上海的国际航运中心的成功打造离不开长三角区域的综合发展,做大做强区际贸易,深化区域内生产分工体系的相互依存度是未来上海四个“中心”建设成败的关键所在。

从表 7－2 的分析结果看,浙江的主导产业发展趋势与上海的趋势既有相同点也有不同之处。首先,与上海的发展趋势一样,生产性服务业,如金融保险业、商务服务及社会服务业、房地产业、科教文卫业和运输业作为主导产业发展势头迅猛,其产出额 DPG 分别达到 9.5、9、8.5、8.4 和 5.5。但是,产业结构出现服务化的特征没有上海明显。其次,电子设备制造业的发展在浙江并不突出,与该产业在区域内其他省份担当最主要的主导产业不同,存在区域内分工的可能性。其三,重化工产业部门发展速度显著,如石油加工、炼焦、煤气及核燃料加工业(产出 DPG 值为 2.3),金属冶炼及压延加工业(8.8),通用、专用设备制造业(5.9),交通运输设备制造业(10.2),电器、电子设备制造业(4.8)和电力、热力的生产和供应业(13.6)的发展积极促进了浙江经济增长。值得注意的是,调出因素与出口因素同样发挥了重要的带动作用,如调出因素对石油加工、炼焦、煤气及核燃料加工业(1.6),金属冶炼及压延加工业(6.8),通用、专用设备制造业(11.5)和交通运输设备制造业(7.7)增长的诱发作用已超过了出口因素的作用,这反映出浙江的工业化路径不仅仅倚重国际生产分工体系,同时更加注重国内生产分工体系的深化发展,有利于长三角区域的整体性发展。

从表 7－3 的分析结果看,江苏的主导产业发展趋势与上海和浙江明显迥异,其制造业发展速度明显快于服务业,未出现产业结构服务化的征兆,继续保持工业化发展路径的特征明显。特别是,电子设备制造业,金属冶炼及压延加工业,电器、电子设备制造业,交通运输设备制造业,仪器仪表及文化办公用机械制造业的产出 DPG 值分别达到 30.5、28、10.5、6.9 和 3,产业结构向资本密集型和技术密集型产业倾斜的特征十分明显。值得注意的是,出口因素对诱发资本密集型和技术密集型产业的发展起到重要作用。特别是,电子设备制造业的出口因素达到 25.5,说明国外市场的需求对促进江苏电子设备制造业的发展起到至关重要作用。但是,与上海的同产业发展相比,其特征有所不同,即调出因素对该产业的发展未能表现出强劲的诱发作用,这说明了与上海相比,江苏的电子设备业嵌入国内生产分工体系的程度相对较小。另外,与上海和浙江的制造业发展特征相比来看,投资与调入因素对江苏制造业发展起到了更为积极的带动作用,例如,投资因素对带动江苏的交通运输设备制造业(6.1),电器、电子设备制造业(5.9)产出快速增加起到了

表 7-2 1997—2007 年浙江经济增长的 DPG 因素分析

部门编号	部门名称	DPG	农村居民	城镇居民	政府	固定资本形成	调出	出口	其他	调入	进口	技术
1	农业	−25.5	−9.3	−0.2	0.1	0.9	−6.0	0.2	0.5	−3.2	−0.7	−7.7
2	煤炭采选业	−0.2	0.0	0.0	0.0	0.0	0.0	0.0	0.0	−0.2	0.0	0.0
3	石油和天然气开采业	0.0	0.0	0.0	0.0	0.0	0.0	0.0	0.0	−2.8	2.8	0.0
4	金属矿采选业	0.2	0.0	0.0	0.0	0.0	0.1	0.1	0.0	0.2	−0.2	−0.1
5	非金属矿采选业	−1.4	0.0	0.0	0.0	0.0	1.7	−0.4	0.0	0.0	−2.7	0.0
6	食品制造及烟草加工业	−9.3	−4.9	−0.6	0.0	0.2	−2.1	1.0	−0.4	−3.5	−0.3	1.3
7	纺织业	−28.0	−1.4	0.0	0.0	0.3	−8.1	18.0	−4.3	−25.2	−0.7	−6.5
8	服装皮革羽绒及其制品业	0.0	−1.4	0.2	0.0	0.2	5.7	2.9	−3.3	−2.2	0.0	−1.9
9	木材加工及家具制造业	5.7	−0.3	0.3	0.0	0.2	2.1	4.2	0.1	−0.7	−0.6	0.4
10	造纸印刷及文教用品制造业	−0.7	−0.5	0.5	0.2	0.1	1.9	2.9	−0.8	−2.9	−0.1	−1.9
11	石油加工、炼焦、煤气及核燃料加工业	2.3	−0.5	0.7	0.2	0.1	1.6	0.4	−0.3	−1.2	−0.8	2.0
12	化学工业	−0.5	−2.7	1.3	0.1	0.5	7.5	15.3	−1.8	−7.8	−12.0	−0.9
13	非金属矿物制品业	−7.3	0.1	−0.4	0.0	0.2	−0.6	1.0	0.1	−4.4	−0.2	−3.1
14	金属冶炼及压延加工业	8.8	−0.5	0.2	0.0	0.1	6.8	6.8	−0.1	−11.2	−0.4	7.1
15	金属制品业	−1.8	−0.9	0.1	0.1	−0.2	4.8	1.6	−1.4	−5.6	−1.2	0.8
16	通用、专用设备制造业	5.9	−0.3	0.3	0.1	−2.6	11.5	6.8	−0.4	0.0	−1.1	−8.3
17	交通运输设备制造业	10.2	−2.3	1.7	0.0	−0.2	7.7	5.8	0.3	0.1	−0.3	−2.7

（续表）

部门编号	部门名称	DPG	农村居民	城镇居民	政府	固定资本形成	调出	出口	其他	调入	进口	技术
18	电气机械及器材制造业	4.8	−1.4	−0.3	0.0	1.3	4.5	9.6	−1.4	−2.8	−2.5	−2.2
19	通信设备、计算机及其他电子设备制造业	0.3	−0.6	0.4	0.0	−0.2	2.1	4.5	−1.3	−4.0	0.5	−1.0
20	仪器仪表及文化、办公用机械制造业	1.3	0.0	0.0	0.0	0.0	1.8	1.7	0.0	−0.1	−2.0	−0.1
21	其他制造业	−4.8	−0.5	−0.1	0.0	−0.1	−2.0	2.8	−0.4	−0.5	−4.6	0.5
22	电力、热力的生产和供应业	13.6	−1.2	0.2	0.1	0.1	2.9	3.1	0.0	−2.8	−1.4	12.5
23	水的生产和供应业	−0.3	−0.1	−0.1	0.0	0.0	−0.2	0.1	−0.1	−0.3	0.0	0.3
24	燃气生产和供应业	0.6	0.0	0.0	0.0	0.0	0.0	0.1	0.0	0.1	0.0	0.4
25	建筑业	1.5	0.2	0.1	0.0	1.0	0.0	0.1	0.6	−0.2	0.0	−0.4
26	运输业	5.5	−0.6	0.9	0.6	0.2	1.9	2.2	0.4	−2.7	−0.8	3.4
27	邮电业	−5.6	−0.1	−0.1	0.0	0.0	−0.6	0.0	−0.1	−1.4	−0.1	−3.3
28	批发和零售业	−14.7	−1.6	−0.2	0.0	−0.2	−0.5	2.0	−0.9	−8.6	−0.8	−3.9
29	金融保险业	9.5	−1.1	1.9	0.1	0.1	0.5	1.4	0.7	1.9	−0.5	4.4
30	房地产业	8.5	0.2	2.5	0.0	2.5	0.1	0.3	0.5	0.9	−0.1	1.4
31	商务服务及社会服务业	9.0	−2.3	4.4	−0.1	1.1	1.5	1.0	1.1	−2.2	−0.3	4.7
32	科教文卫业	8.4	−0.1	1.6	0.6	0.1	0.9	1.1	0.7	−0.2	−0.6	4.4
33	公共管理和社会组织	4.0	−0.1	0.0	3.7	0.0	−0.8	0.0	0.8	0.0	0.0	0.5

表 7-3 1997—2007 年江苏经济增长的 DPG 因素分析

部门编号	部门名称	DPG	农村居民	城镇居民	政府	固定资本形成	调出	出口	其他	调入	进口	技衍
1	农业	−24.8	−8.0	−2.0	0.2	−0.1	−14.4	1.2	−0.5	2.7	−6.0	2.1
2	煤炭采选业	−0.6	0.0	0.0	0.0	0.0	0.0	0.1	−0.1	2.3	−2.8	0.1
3	石油和天然气开采业	−0.2	0.0	0.0	0.0	0.0	−0.2	0.0	0.0	0.9	−1.2	0.2
4	金属矿采选业	−0.1	0.0	0.0	0.0	0.0	0.1	0.0	0.0	0.7	−0.9	0.0
5	非金属矿采选业	−1.6	0.0	0.0	0.0	−0.1	0.1	0.0	0.0	−1.5	0.0	0.0
6	食品制造及烟草加工业	−14.8	−4.9	−0.9	0.0	0.8	−8.5	0.2	−0.7	−2.3	−0.2	1.8
7	纺织业	−13.3	−1.5	−1.1	0.0	0.9	−15.5	8.3	−5.3	9.1	0.8	−9.0
8	服装皮革羽绒及其制品业	−4.0	−1.1	−0.8	0.0	0.2	−3.0	4.1	−4.4	−0.1	0.3	0.7
9	木材加工及家具制造业	0.8	−0.4	−0.1	0.0	−0.2	0.3	1.8	−0.4	−0.7	0.1	0.4
10	造纸印刷及文教用品制造业	−1.4	−0.4	−0.2	0.0	0.3	−1.9	1.1	−0.6	1.7	−1.0	−0.5
11	石油加工、炼焦、煤气及核燃料加工业	2.5	−0.3	0.1	0.1	−0.1	−1.6	0.5	0.0	1.9	0.0	2.0
12	化学工业	1.2	−3.1	−0.8	0.2	3.8	−18.4	5.6	0.4	14.4	3.9	−4.9
13	非金属矿物制品业	−11.9	−0.6	−0.5	0.0	−3.2	−2.0	0.6	−0.9	−1.8	0.0	−3.3
14	金属冶炼及压延加工业	28.0	−0.9	−0.2	0.0	1.7	4.5	9.5	−0.9	11.7	−0.3	2.8
15	金属制品业	−1.1	−0.7	−0.2	0.0	2.5	−6.4	0.0	−0.8	6.5	0.0	−2.1
16	通用、专用设备制造业	2.8	−0.5	−0.1	0.1	1.1	−6.5	−0.3	−2.3	6.8	3.0	1.5
17	交通运输设备制造业	6.9	−0.9	0.0	0.1	6.1	−5.8	1.5	−1.5	6.1	−0.1	1.4

（续表）

部门编号	部门名称	DPG	农村居民	城镇居民	政府	固定资本形成	调出	出口	其他	调入	进口	技術
18	电气机械及器材制造业	10.5	−1.1	−0.2	0.0	5.9	1.8	4.8	−1.7	3.7	−0.4	−2.2
19	通信设备、计算机及其他电子设备制造业	30.5	−0.3	0.0	0.0	2.5	2.4	25.5	−0.6	2.2	−1.7	0.5
20	仪器仪表及文化、办公用机械制造业	3.0	−0.2	0.0	0.0	1.2	−1.0	0.4	−0.1	1.3	0.5	0.7
21	其他制造业	−2.0	−0.4	−0.3	0.0	−0.2	−2.4	0.2	−0.4	5.5	−0.5	−3.6
22	电力、热力的生产和供应业	1.8	−0.9	−0.6	0.1	0.4	−2.0	1.6	−2.3	1.9	−0.3	3.8
23	水的生产和供应业	−1.1	−0.1	−0.1	0.0	0.0	−0.5	0.1	−0.2	0.0	0.0	−0.3
24	燃气生产和供应业	−0.2	0.0	−0.4	0.0	0.0	0.0	0.0	−0.1	0.1	0.0	0.2
25	建筑业	−12.0	−0.1	0.2	0.0	−21.9	11.9	0.0	−0.8	0.3	−0.4	−1.2
26	运输业	3.0	−0.6	0.3	1.0	−0.7	−1.3	0.7	−0.1	0.9	−0.4	3.3
27	邮电业	−3.1	−0.2	−0.4	0.0	0.0	−0.2	−0.4	0.1	0.7	−0.2	−2.6
28	批发和零售业	−6.2	−2.3	1.7	0.0	2.5	−5.2	−0.9	−0.4	10.3	−0.1	−11.9
29	金融保险业	0.1	−1.5	0.0	0.4	0.2	−1.8	1.2	−0.1	0.2	0.1	1.3
30	房地产业	2.2	−1.9	0.7	0.0	3.7	−0.9	0.2	0.1	−0.1	0.0	0.4
31	商务服务及社会服务业	5.1	−2.0	2.6	−0.2	0.9	−2.9	0.6	0.9	3.6	0.7	1.0
32	科教文卫业	1.8	−0.9	−0.6	1.4	0.2	−1.5	0.4	0.8	0.4	−0.2	1.9
33	公共管理和社会组织	−1.7	0.0	0.0	−0.9	0.0	−1.2	0.0	0.4	0.0	0.0	0.1

比出口因素更大的作用，而在上海和浙江的该产业发展中则未出现相同情况；调入因素对江苏的化学工业(14.4)，金属冶炼及压延加工业(11.7)，通用、专用设备制造业(6.8)，交通运输设备制造业(6.1)的发展也起到了关键作用。不难发现，江苏省的发展路径与全国机械制造业的发展路径极为相似，即通过国外市场扩大销路，做好出口创汇的同时，引导区内产业结构向“高加工度化”“分工化”发展，牢牢把握各产业间中间产品需求的扩大所带来的发展动力，最终提高自身的生产力。随着这条路径的顺利推进，必然会引来相应的追加投资，这更加便于营造出促进产业发展的良性循环。

第三节　长三角区域产业结构演变与产业转移

从产业结构的角度而言，作为我国发达区域的长三角区域各省市的产业结构能否实现可持续的优化，即向欠发达地区转移“夕阳”产业的同时，升级产业结构并扩大对欠发达地区的带动效应，对能否缩小区域间经济发展不平衡问题至关重要。从20世纪日本的发展经验来看，其将丧失比较优势的生产能力逐步转移至周边发展中经济体，事实上缓解了周边地区经济体发展不平衡的问题。由于不同经济体所处的发展阶段迥异，产业结构的演变往往折射出不同经济体之间的产业转移。这种转移既可能是直接的转移，发达经济体将工厂和企业转移到欠发达经济体；也可能是间接的转移，欠发达经济体中部分产业的自发性增长。

通常，对于产业转移的研究方法主要可以分为两大类型。其一就是以钱纳里等人为代表的着眼于经济增长与工业化关系的研究。这类研究主要通过比较分析在不同发展阶段中工业化所表现出的不同特征。如 Chenery & Taylor(1968)和 Haraguchi & Rezonja(2010)研究都发现当人均 GDP 水平达到 4 800 美元(2005 年价格)，食品、饮料和烟草加工业以及纺织和服装制造业比重将达到峰值；然而金属制品和机械制造业比重的峰值则出现得更晚。其二就是直接关注国家或者区域间的产业转移与经济发展的关系。国际上直接对产业转移开展的研究始于 20 世纪 30 年代。日本学者赤松要通过分析日本 1870—1939 年间的主要制造业的变化趋势，提出了著名的“雁行发展”理论。小岛清对日本经济雁行发展的规律进一步归纳了两点。其一在发展时序上各产业分别经历了先通过增加进口带动国内产能上升增加，进而促进出口增加的发展模式。其二产业升级发展的方向是从农业转向轻工业，进而向重化工业等更为高端的产业升级，依从生产技术简单且品种单一的状态逐步向生产技术复杂且品种多样的状态发展的规律。不仅如此，产业发展的雁行形态理论对世界经济的异质化与同质化、贸易市场的邻近化与偏远化的两个命题展开论证，论证结果适用于解释战后东亚地区国际分工体系。因此，区域间产业转移的雁行模式理论具体是指发展中经济体依次追随发达经济体经济发展的过程，承接发达经济体淘汰产业的转移，促进结构升级来实现经济追赶。

对于改革开放以来我国地区产业结构及地区专业分工如何演变，国内学者进行了大量研究。利用相似系数、区位商和区位分工指数等指标测算我国地区产业结构及地区分工变化状况是实证分析的主要方法。较早采用相似系数分析我国地区专业分工的是蒋清海(1995)，他将 1981 年和 1989 年我国工业总产值的部门结构作为标准结构，计算出各省区与该标准结构的相似系数，得到当时我国地区产业结构趋同不断加剧的结论。其后，贺灿飞等(2008)、陈秀山、徐瑛(2008)也利用相似系数对我国地区产业专业分工演变情况进行了分析。采用区域分工指数分析我国地区专业分工状况的主要有梁琦(2004)和范剑勇(2004)等。梁琦研究得出的结论是我国地区间的专业化分工不断加深，但地区间的专业化分工发展较不平衡；范剑勇研究得出的研究结论是改革开放以来我国地区间的专业化水平和市场一体化水平已有所提高，产业布局已发生根本改变，绝大部分行业已经或正转移进入东部沿海地区。较早采用区位商分析我国地区专业分工的是王海鸿(1997)，其后，蒋金荷(2005)等也使用区位商对我国地区专业分工进行了系统分析。

曲玥、蔡昉、张晓波的研究结果发现 1998—2008 年间我国区域间劳动密集型制造业发展存在“飞雁模式”的特征，东部沿海地区产业集聚效应已经减弱，已发生向中西部内陆地区产业转移的事实。但是从雁行模式的核心规律来看，其文没有揭示欠发达地区实现追赶发展的有效路径，也没有刻画出发达地区渐失比较优势的产能转移具体发生在哪些产业部门，而且其使用的数据口径是规模以上企业，对劳动密集型产业而言，该数据的代表性受到一定的限制。刘红光等(2011)虽然着眼于最终需求与中间使用对产业转移的作用，基于区域间投入产出表对区域间产业转移进行了测度，并发现沿海地区维持出口导向型发展模式和东部消费市场的集中水平是阻碍产业转移的两个原因。但由于其分析数据是八大区域的分类，因此对区域内部产业转移的说明无法得以展开。

过去的 20 年中，上海产业结构转变速度之快，不仅反映了上海经济建设的迫切需求，也反映了长三角地区发展的迫切需求，并且对上海产业转型升级的需求在未来的 20 年中还将持续。但绝大多数文献都未给出过去 20 多年来，苏浙沪到底转调出哪些产业部门的生产能力？长三角区域已经转移了的传统制造业给该地区的经济发展带来了什么影响？基于雁行模型的核心规律，发达地区在升级产业结构的同时会向周边的欠发达地区转迁一些比较优势出现下降的生产能力。一般用来判断比较优势的指标有 RCA(显性比较优势)或者 LQ(区位商)等指标。本书认为以上各类指标通常只关注产出额或进出口贸易额等单一口径，因此无法从生产过程角度准确地评价产业转移的发生，所以主张用拓展后的天际图分析框架来研究地区产业转移问题。

以下在展开长三角各省市天际图分析之前，首先通过考察全国各省市1997—2007年10年间的LQ的变化，直观地把握全国各省市间各部门的比较优势的变化。另外，基于传统的雁行模型主要聚焦农业与制造业之间的替代和制造业内部的产业升级问题，因此本章不把矿业与服务业作为重点的分析部门，主要以纺织业、木材加工及家具制造业代表劳动密集型产业，以金属冶炼及压延加工业和交通运输设备制造业代表资本密集型产业，以电气机械及器材制造业和通信设备、计算机及其他电子设备制造业代表技术密集型产业，着重分析制造业产业转移的情况。

一、1997—2007年间中国各地区制造业区位商的变化

区位商表示在某个特定地区j的i行业在本地区总产出中的份额与全国i行业占全国总产出的份额之比。其计算公式是

$$\text{区位商 } LQ_i^j = \frac{X_i^j / \sum_{i=1}^{n} X_i^j}{\sum_{j=1}^{N} X_i^j / \sum_{j=1}^{N}\sum_{i=1}^{n} X_i^j} \quad i=1,2,\cdots,n \quad j=1,2,\cdots,N$$

式中，LQ_i^j为j地区i部门的区位商；X_i^j为j地区i部门的产出额；n为投入产出表中的部门个数，N为地区的个数。其含义是，当$LQ_i^j>1$时，意味着j地区与全国的产业结构相比i部门的产出集中度更高，间接反映了j地区的i部门具有一定的比较优势；当$LQ_i^j<1$时，j地区与全国的产业结构相比i部门的产出集中度不高，间接反映了j地区的i部门不具备比较优势。

本节使用1997年和2007年30个省市自治区的地区I-O扩展表作为分析数据。通过计算1997年与2007年各地区6个行业部门的区位商，来考察各地区制造业部门比较优势的变化。

（一）劳动密集型产业的区位商变化

根据表7-4的分析得知，在1997年纺织业中具有比较优势的地区是河北、江苏、浙江、广东、湖北、新疆。10年后，江苏、浙江、湖北依然保持着比较优势，但河北、广东、新疆的比较优势已不复存在。相反，山东、福建、宁夏纺织业的比较优势得以显现。

表 7-4　劳动密集型产业的区位商

纺织业

地区	1997 年	2007 年	地区	1997 年	2007 年	地区	1997 年	2007 年
北京	0.41	0.09	上海	0.93	0.33	重庆	0.32	0.41
天津	0.97	0.18	江苏	1.92	2.10	四川	0.42	0.48
山东	0.87	1.58	安徽	0.83	0.61	湖北	1.39	1.25
河北	1.09	0.91	浙江	2.76	2.73	贵州	0.11	0.04
山西	0.43	0.10	广东	1.12	0.76	云南	0.15	0.04
河南	0.95	0.81	福建	0.39	1.26	陕西	0.59	0.24
辽宁	0.51	0.27	海南	0.22	0.13	宁夏	0.13	1.02
吉林	0.19	0.14	广西	0.41	0.24	甘肃	0.40	0.10
黑龙江	0.28	0.14	江西	0.65	0.80	青海	0.38	0.09
内蒙古	0.91	0.69	湖南	0.45	0.50	新疆	1.45	0.42

木材加工及家具制造业

地区	1997 年	2007 年	地区	1997 年	2007 年	地区	1997 年	2007 年
北京	0.49	0.21	上海	0.55	0.62	重庆	0.15	0.28
天津	1.48	0.26	江苏	0.70	0.78	四川	1.02	0.62
山东	0.81	0.97	安徽	1.94	0.78	湖北	1.17	0.87
河北	0.75	1.92	浙江	0.86	1.61	贵州	0.38	0.17
山西	0.24	0.11	广东	0.80	1.18	云南	1.38	0.16
河南	1.50	1.98	福建	1.50	1.38	陕西	0.30	0.12
辽宁	0.75	0.98	海南	0.61	0.44	宁夏	0.32	0.07
吉林	1.33	1.45	广西	1.65	0.92	甘肃	0.44	0.13
黑龙江	2.33	0.73	江西	1.84	1.90	青海	0.10	0.02
内蒙古	0.98	0.63	湖南	1.60	1.08	新疆	0.19	0.21

在 1997 年木材加工及家具制造业中具有比较优势的地区是天津、河南、吉林、黑龙江、安徽、福建、广西、江西、湖南、四川、湖北、云南。除福建与天津以外，该部门具有比较优势的地区多处内陆省份是 1997 年该部门产能分布的特点。10 年后，仍保持比较优势的地区是河南、吉林、福建、江西、湖南。比较优势明显上升的地区是河北、浙江、广东。另外，2007 年山东、辽宁、上海、江苏的区位商虽然小于

1，但其值呈现上升趋势。

（二）资本密集型产业的区位商变化

与劳动密集型产业相比，各地区金属冶炼及压延加工业的比较优势变化并不明显。天津、河北、山西、辽宁、内蒙古、安徽、贵州、云南、宁夏、甘肃、青海的比较优势在这10年间依然持续。北京、上海、重庆、四川、湖北的比较优势出现明显下降。同期，比较优势明显上升的地区是河南、江苏、广西、江西、湖南。与纺织业的区位商相比，金属冶炼及压延加工业的区位商大于1的地区明显较多。这说明我国各地区的产业结构变化更偏向于资源依存度较大的重工业（见表7-5）。

表7-5 资本密集型产业的区位商

金属冶炼及压延加工业

地区	1997年	2007年	地区	1997年	2007年	地区	1997年	2007年
北京	1.37	0.26	上海	1.86	0.73	重庆	1.04	0.96
天津	1.04	1.59	江苏	0.79	1.25	四川	1.04	0.86
山东	0.44	0.87	安徽	1.39	1.14	湖北	1.43	0.61
河北	1.78	2.30	浙江	0.79	0.63	贵州	1.43	1.22
山西	2.33	2.68	广东	0.44	0.44	云南	1.55	2.03
河南	0.73	1.16	福建	0.33	0.54	陕西	0.43	0.72
辽宁	1.97	1.34	海南	0.01	0.10	宁夏	1.93	1.10
吉林	0.70	0.38	广西	0.75	1.43	甘肃	2.11	1.86
黑龙江	0.34	0.23	江西	0.90	1.38	青海	3.18	2.24
内蒙古	1.95	1.74	湖南	0.66	1.27	新疆	0.40	0.52

交通运输设备制造业

地区	1997年	2007年	地区	1997年	2007年	地区	1997年	2007年
北京	1.21	0.98	上海	3.02	1.67	重庆	6.08	4.95
天津	2.23	1.79	江苏	0.65	0.85	四川	0.65	0.70
山东	0.52	0.67	安徽	0.61	1.08	湖北	1.44	1.13
河北	0.55	0.49	浙江	0.96	1.15	贵州	1.06	0.47
山西	0.36	0.18	广东	0.82	0.92	云南	0.16	0.27
河南	0.56	0.48	福建	0.59	0.64	陕西	1.21	1.41

（续表）

地区	1997 年	2007 年	地区	1997 年	2007 年	地区	1997 年	2007 年
辽宁	0.62	1.38	海南	0.93	1.10	宁夏	0.03	0.07
吉林	5.02	5.29	广西	0.66	1.43	甘肃	0.06	0.10
黑龙江	0.42	0.56	江西	1.13	0.41	青海	0.06	0.32
内蒙古	0.32	0.40	湖南	0.43	0.56	新疆	0.04	0.04

再看交通运输设备制造业。1997 年具有比较优势的地区是北京、天津、吉林、上海、江西、重庆、湖北、贵州、陕西。10 年后，除北京、江西、贵州之外，其他具有比较优势的地区依然保持不变，甚至辽宁、安徽、浙江、海南、广西的比较优势也得以显现。这也说明我国各地区的产业结构变化偏向资本密集型产业的发展。

（三）技术密集型产业的区位商变化

与资本密集型产业相比，技术密集型产业的区位商大于 1 的地区明显较少。特别是除陕西外，内陆省份的区位商普遍很低，这种情况在这 10 年中几乎没有变化，即便陕西的技术密集型产业的比较优势在 2007 年也不复存在（见表 7－6）。

从电气机械及器材制造业看，1997 年具有比较优势的地区主要集中在北部沿海的天津、山东，东部沿海的上海、江苏、浙江，南部沿海的广东和内陆的陕西。10 年后，除山东以外，具有比较优势的沿海省份依然保持不变，邻近东部沿海的内陆省份安徽的比较优势也得以显现。

表 7－6 技术密集型产业的区位商

电气机械及器材制造业

地区	1997 年	2007 年	地区	1997 年	2007 年	地区	1997 年	2007 年
北京	0.58	0.35	上海	1.87	1.21	重庆	0.68	0.79
天津	1.36	1.08	江苏	1.11	1.57	四川	0.53	0.53
山东	1.09	0.90	安徽	0.98	1.60	湖北	0.45	0.38
河北	0.69	0.59	浙江	1.48	1.45	贵州	0.31	0.28
山西	0.19	0.17	广东	2.37	2.17	云南	0.25	0.20
河南	0.56	0.38	福建	0.91	0.67	陕西	1.59	0.61
辽宁	0.86	0.76	海南	0.13	0.17	宁夏	0.21	0.23
吉林	0.43	0.10	广西	0.39	0.38	甘肃	0.44	0.21

（续表）

地区	1997 年	2007 年	地区	1997 年	2007 年	地区	1997 年	2007 年
黑龙江	0.45	0.37	江西	0.46	0.89	青海	0.08	0.11
内蒙古	0.11	0.09	湖南	0.49	0.51	新疆	0.16	0.26

通信设备、计算机及其他电子设备制造业

地区	1997 年	2007 年	地区	1997 年	2007 年	地区	1997 年	2007 年
北京	3.06	1.63	上海	1.89	2.45	重庆	0.42	0.15
天津	3.50	2.25	江苏	1.40	1.84	四川	1.96	0.41
山东	0.49	0.47	安徽	0.18	0.13	湖北	0.33	0.34
河北	0.17	0.05	浙江	1.30	0.59	贵州	0.28	0.08
山西	0.05	0.01	广东	2.24	2.90	云南	0.06	0.02
河南	0.21	0.06	福建	1.40	1.27	陕西	1.95	0.27
辽宁	0.61	0.34	海南	0.04	0.04	宁夏	0.03	0.04
吉林	0.22	0.06	广西	0.24	0.13	甘肃	0.13	0.04
黑龙江	0.31	0.03	江西	0.25	0.32	青海	0.00	0.00
内蒙古	0.09	0.11	湖南	0.20	0.14	新疆	0.03	0.02

其次从通信设备、计算机及其他电子设备制造业看，10 年中具有比较优势的地区基本维持在北京、天津、上海、江苏、广东、福建不变。除此以外，1997 年，浙江、四川、陕西曾具有比较优势，但 10 年后其比较优势也不复存在。这间接说明了技术密集型产业并未出现由沿海发达地区向内陆欠发达地区转移的迹象。

二、1997—2007 年间长三角区域的天际图分析

区位商如实反映了各地区产业部门比较优势的变化情况。但仅通过区位商的变化可否断定具备比较优势地区的产业转移情况，如上海和浙江的金属冶炼及压延加工业的生产能力在向外转移吗？显然，这种推断还需必要的判定条件来支持。以下通过拓展后的天际图分析框架，对长三角各地区产业结构的升级优化与雁阵模型经验的吻合程度展开研究。设 r 地区竞争输入型 I－O 表的行模型为

$$\begin{aligned} \boldsymbol{X} &= \boldsymbol{AX}+\boldsymbol{F}+\boldsymbol{Z}+\boldsymbol{E}-\boldsymbol{N}-\boldsymbol{M} \\ &= \boldsymbol{AX}+\boldsymbol{F}+\boldsymbol{Z}+\boldsymbol{E}-\hat{\boldsymbol{N}}(\boldsymbol{AX}+\boldsymbol{F})-\hat{\boldsymbol{M}}(\boldsymbol{AX}+\boldsymbol{F}) \end{aligned} \tag{7-4}$$

其中,$\boldsymbol{X}$ 为 r 地区各部门的区内产出额列向量,$\boldsymbol{A}$ 为 r 地区中间投入系数矩阵,$\boldsymbol{F}$ 为 r 地区各部门的区内最终需求额列向量,$\boldsymbol{Z}$ 为 r 地区各部门的区际调出额列向量,$\boldsymbol{E}$ 为 r 地区各部门的出口额列向量,$\boldsymbol{N}$ 为 r 地区各部门的区际调入额列向量,$\boldsymbol{M}$ 为 r 地区各部门的进口额列向量,$\hat{\boldsymbol{N}}$ 为以 r 地区各部门的调入系数[区际调入额/(中间需求额+r 地区区内最终需求额)]为对角元素的对角矩阵。$\hat{\boldsymbol{M}}$ 为以 r 地区各部门的进口系数[进口额/(中间需求额+r 地区区内最终需求额)]为对角元素的对角矩阵。

对式(7－4)做初等变换,可得

$$\boldsymbol{X} = [\boldsymbol{I} - (\boldsymbol{I} - \hat{\boldsymbol{N}} - \hat{\boldsymbol{M}})\boldsymbol{A}]^{-1}[(\boldsymbol{I} - \hat{\boldsymbol{N}} - \hat{\boldsymbol{M}})\boldsymbol{F} + \boldsymbol{Z} + \boldsymbol{E}] \tag{7-5}$$

其中,$\boldsymbol{I}$ 为单位矩阵,$[\boldsymbol{I} - (\boldsymbol{I} - \hat{\boldsymbol{N}} - \hat{\boldsymbol{M}})\boldsymbol{A}]^{-1}$ 为$[\boldsymbol{I} - (\boldsymbol{I} - \hat{\boldsymbol{N}} - \hat{\boldsymbol{M}})\boldsymbol{A}]$ 的逆矩阵,即列昂契夫逆矩阵。

通过式(7－4)可知,若把调入和进口如同区内最终需求一样视为外生变量,即不假设调入和进口与中间需求、最终需求存在一定比例,那么在调入和进口可被区内生产完全替代的假定下,传统的天际图分析中的由作为外生变量的调入和进口所诱发的区内产出额部分可表达为

$$\boldsymbol{X}_{\mathrm{N}} + \boldsymbol{X}_{\mathrm{M}} = (\boldsymbol{I} - \boldsymbol{A})^{-1}(\boldsymbol{N} + \boldsymbol{M}) \tag{7-6}$$

对调入和进口内生化时区分中间产品的调入和进口与最终产品的调入和进口则可得到:

$$\boldsymbol{N} = \boldsymbol{N}^{\mathrm{a}} + \boldsymbol{N}^{\mathrm{f}} = \hat{\boldsymbol{N}}^{\mathrm{a}}\boldsymbol{A}\boldsymbol{X} + \hat{\boldsymbol{N}}^{\mathrm{f}}\boldsymbol{F} \tag{7-7}$$

其中,$\boldsymbol{N}^{\mathrm{a}}$ 为 r 地区各部门的中间产品的调入额列向量,$\boldsymbol{N}^{\mathrm{f}}$ 为 r 地区各部门的最终产品的调入额列向量,$\hat{\boldsymbol{N}}^{\mathrm{a}}$为以 r 地区各部门的中间产品的调入系数(中间产品进口额/中间需求额)为对角元素的对角矩阵,$\hat{\boldsymbol{N}}^{\mathrm{f}}$为以 r 地区各部门的最终产品的调入系数(最终产品进口额/r 地区区内最终需求额)为对角元素的对角矩阵。

$$\boldsymbol{M} = \boldsymbol{M}^{\mathrm{a}} + \boldsymbol{M}^{\mathrm{f}} = \hat{\boldsymbol{M}}^{\mathrm{a}}\boldsymbol{A}\boldsymbol{X} + \hat{\boldsymbol{M}}^{\mathrm{f}}\boldsymbol{F} \tag{7-8}$$

其中,$\boldsymbol{M}^{\mathrm{a}}$ 为 r 地区各部门的中间产品的进口额列向量,$\boldsymbol{M}^{\mathrm{f}}$ 为 r 地区各部门的最终产品的进口额列向量,$\hat{\boldsymbol{M}}^{\mathrm{a}}$为以 r 地区各部门的中间产品的进口系数(中间产品进口额/中间需求额)为对角元素的对角矩阵,$\hat{\boldsymbol{M}}^{\mathrm{f}}$为以 r 地区各部门的最终产品的进口系数(最终产品进口额/r 地区区内最终需求额)为对角元素的对角矩阵。

式(7－7)+式(7－8)则为

$$\boldsymbol{N} + \boldsymbol{M} = (\hat{\boldsymbol{N}}^{\mathrm{a}} + \hat{\boldsymbol{M}}^{\mathrm{a}})\boldsymbol{A}\boldsymbol{X} + (\hat{\boldsymbol{N}}^{\mathrm{f}} + \hat{\boldsymbol{M}}^{\mathrm{f}})\boldsymbol{F} \tag{7-9}$$

同样,与式(7-5)相似的调入和进口内生化的I-O行模型的均衡产出决定式可表达为

$$\begin{aligned}\boldsymbol{X} &= [\boldsymbol{I}-(\boldsymbol{I}-\hat{\boldsymbol{N}}^{a}-\hat{\boldsymbol{M}}^{a})\boldsymbol{A}]^{-1}[(\boldsymbol{I}-\hat{\boldsymbol{N}}^{f}-\hat{\boldsymbol{M}}^{f})\boldsymbol{F}+\boldsymbol{Z}+\boldsymbol{E}] \\ &= \boldsymbol{L}^{*}[(\boldsymbol{I}-\hat{\boldsymbol{N}}^{f}-\hat{\boldsymbol{M}}^{f})\boldsymbol{F}+\boldsymbol{Z}+\boldsymbol{E}]\end{aligned} \tag{7-10}$$

其中,$\boldsymbol{L}^{*}$ 为调入和进口内生化的 r 地区列昂契夫逆矩阵。为了简化说明,设 $\hat{\boldsymbol{N}}^{a}+\hat{\boldsymbol{M}}^{a}=\boldsymbol{N}\hat{\boldsymbol{M}}^{a}$,$\hat{\boldsymbol{N}}^{f}+\hat{\boldsymbol{M}}^{f}=\boldsymbol{N}\hat{\boldsymbol{M}}^{f}$,把式(7-10)代入式(7-9)可得

$$\boldsymbol{N}+\boldsymbol{M}=\boldsymbol{N}\hat{\boldsymbol{M}}^{f}\boldsymbol{F}+\boldsymbol{N}\hat{\boldsymbol{M}}^{a}\boldsymbol{A}\boldsymbol{L}^{*}(\boldsymbol{I}-\boldsymbol{N}\hat{\boldsymbol{M}}^{f})\boldsymbol{F}+\boldsymbol{N}\hat{\boldsymbol{M}}^{a}\boldsymbol{A}\boldsymbol{L}^{*}(\boldsymbol{Z}+\boldsymbol{E}) \tag{7-11}$$

再把式(7-11)代入式(7-6)可得到

$$\begin{aligned}\boldsymbol{X}_{N}+\boldsymbol{X}_{M} &= (\boldsymbol{I}-\boldsymbol{A})^{-1}(\boldsymbol{N}+\boldsymbol{M})=\boldsymbol{L}(\boldsymbol{N}+\boldsymbol{M}) \\ &= \boldsymbol{L}\hat{\boldsymbol{N}}^{a}\boldsymbol{A}\boldsymbol{L}^{*}(\boldsymbol{F}+\boldsymbol{Z}+\boldsymbol{E})+\boldsymbol{L}\hat{\boldsymbol{M}}^{a}\boldsymbol{A}\boldsymbol{L}^{*}(\boldsymbol{F}+\boldsymbol{Z}+\boldsymbol{E}) \\ &\quad +\boldsymbol{L}^{*}\hat{\boldsymbol{N}}^{f}\boldsymbol{F}+\boldsymbol{L}^{*}\hat{\boldsymbol{M}}^{f}\boldsymbol{F}\end{aligned} \tag{7-12}$$

其中,第1项代表,若在区内完全替代生产由区内最终需求、区际调出和出口诱发区际调入中间产品时被带动的区内产出额部分,即 $\boldsymbol{X}_{NF}^{a}=\boldsymbol{L}\hat{\boldsymbol{N}}^{a}\boldsymbol{A}\boldsymbol{L}^{*}\boldsymbol{F}$,$\boldsymbol{X}_{NZ}^{a}=\boldsymbol{L}\hat{\boldsymbol{N}}^{a}\boldsymbol{A}\boldsymbol{L}^{*}\boldsymbol{Z}$,$\boldsymbol{X}_{NE}^{a}=\boldsymbol{L}\hat{\boldsymbol{N}}^{a}\boldsymbol{A}\boldsymbol{L}^{*}\boldsymbol{E}$;第2项代表,若在区内完全替代生产由区内最终需求、区际调出和出口诱发进口中间产品时被带动的区内产出额部分,即 $\boldsymbol{X}_{MF}^{a}=\boldsymbol{L}\hat{\boldsymbol{M}}^{a}\boldsymbol{A}\boldsymbol{L}^{*}\boldsymbol{F}$,$\boldsymbol{X}_{MZ}^{a}=\boldsymbol{L}\hat{\boldsymbol{M}}^{a}\boldsymbol{A}\boldsymbol{L}^{*}\boldsymbol{Z}$,$\boldsymbol{X}_{ME}^{a}=\boldsymbol{L}\hat{\boldsymbol{M}}^{a}\boldsymbol{A}\boldsymbol{L}^{*}\boldsymbol{E}$;第3项代表,若在区内完全替代生产由区内最终需求直接诱发的区际调入最终产品时被带动的区内产出额部分,即 $\boldsymbol{X}_{NF}^{f}=\boldsymbol{L}^{*}\hat{\boldsymbol{N}}^{f}\boldsymbol{F}$;第4项代表,若在区内完全替代生产由区内最终需求直接诱发进口最终品时被带动的区内产出额部分,即 $\boldsymbol{X}_{MF}^{f}=\boldsymbol{L}^{*}\hat{\boldsymbol{M}}^{f}\boldsymbol{F}$。

通过上述对天际图分析的拓展并在地区投入产出分析中加以运用,不仅区分了由区内最终需求与由区际调出和出口所诱发的部分,同时也细分了由中间产品与由最终产品所诱发的部分,以至于在没有确切的非竞争进口型I-O表数据时,也可以近似地分析反映出对外技术依存的中间产品的区际调入和进口的变化。

同样,对于在传统模型中由区际调出和出口所诱发的区内产出额部分 $\boldsymbol{X}_{Z}$ 和 $\boldsymbol{X}_{E}$ 也可以进一步地细分。细分结果表达为

$$\begin{aligned}\boldsymbol{X}_{Z} &= (\boldsymbol{I}-\boldsymbol{A})^{-1}\boldsymbol{Z}=\boldsymbol{L}\boldsymbol{Z} \\ &= \boldsymbol{L}^{*}\boldsymbol{Z}+\boldsymbol{L}\hat{\boldsymbol{N}}^{a}\boldsymbol{A}\boldsymbol{L}^{*}\boldsymbol{Z}+\boldsymbol{L}\hat{\boldsymbol{M}}^{a}\boldsymbol{A}\boldsymbol{L}^{*}\boldsymbol{Z} \\ &= \boldsymbol{X}_{Z}^{*}+\boldsymbol{X}_{NZ}^{a}+\boldsymbol{X}_{MZ}^{a}\end{aligned} \tag{7-13}$$

同理,

$$\begin{aligned}\boldsymbol{X}_E &= (\boldsymbol{I}-\boldsymbol{A})^{-1}\boldsymbol{E} = \boldsymbol{LE} \\ &= \boldsymbol{L}^*\boldsymbol{E} + \boldsymbol{L}\hat{\boldsymbol{N}}^{a}\boldsymbol{AL}^*\boldsymbol{E} + \boldsymbol{L}\hat{\boldsymbol{M}}^{a}\boldsymbol{AL}^*\boldsymbol{E} \\ &= \boldsymbol{X}_E^* + \boldsymbol{X}_{NE}^{a} + \boldsymbol{X}_{ME}^{a}\end{aligned} \tag{7-14}$$

其中，$\boldsymbol{X}_Z^*$，$\boldsymbol{X}_E^*$ 分别代表由调出和出口诱发的区内产出额部分，$\boldsymbol{X}_{NZ}^{a}$，$\boldsymbol{X}_{NE}^{a}$ 分别代表若在区内完全替代生产由调出和出口诱发的区际调入中间产品时被带动的区内产出额部分，$\boldsymbol{X}_{MZ}^{a}$，$\boldsymbol{X}_{ME}^{a}$ 分别代表若在区内完全替代生产由调出和出口诱发的进口中间产品时被带动的区内产出额部分。

把式(7-12)、式(7-13)和式(7-14)代入传统的天际图分析模型，可得到拓展后的表达式为

$$\begin{aligned}\boldsymbol{X} = {}& \boldsymbol{X}_F + \boldsymbol{X}_Z^* + \boldsymbol{X}_{NZ}^{a} + \boldsymbol{X}_{MZ}^{a} + \boldsymbol{X}_E^* + \boldsymbol{X}_{NE}^{a} + \boldsymbol{X}_{ME}^{a} - \boldsymbol{X}_{NF}^{f} - \\ & \boldsymbol{X}_{MF}^{f} - \boldsymbol{X}_{NF}^{a} - \boldsymbol{X}_{NZ}^{a} - \boldsymbol{X}_{NE}^{a} - \boldsymbol{X}_{MF}^{a} - \boldsymbol{X}_{MZ}^{a} - \boldsymbol{X}_{ME}^{a}\end{aligned} \tag{7-15}$$

其中，$\boldsymbol{X}_F$ 为由国内最终需求诱发的区内产出额部分，即 $\boldsymbol{X}_F = (\boldsymbol{I}-\boldsymbol{A})^{-1}\boldsymbol{F}$。

由于本章使用的分析数据中部门数为 33 部门，为了方便表达各部门的几类指标，可把式(7-15)改写为

$$\begin{aligned}[X_i] = {}& [X_{Fi}] + [X_{Zi}^*] + [X_{Ei}^*] + [X_{NZi}^{a}] + [X_{MZi}^{a}] + [X_{NEi}^{a}] + \\ & [X_{MEi}^{a}] - [X_{NFi}^{f}] - [X_{MFi}^{f}] - [X_{NZi}^{a}] - [X_{MZi}^{a}] - \\ & [X_{NEi}^{a}] - [X_{MEi}^{a}] - [X_{NFi}^{a}] - [X_{MFi}^{a}] \\ & (i = 1,2,\cdots,33)\end{aligned} \tag{7-16}$$

将式(7-16)的两边都除以 $[X_{Fi}]$ 可得到

$$\begin{aligned}[P_i] = {}& \frac{[X_i]}{[X_{Fi}]} = \frac{[X_{Fi}]}{[X_{Fi}]} + \frac{[X_{Zi}^*]}{[X_{Fi}]} + \frac{[X_{Ei}^*]}{[X_{Fi}]} + \frac{[X_{NZi}^{a}]}{[X_{Fi}]} + \frac{[X_{MZi}^{a}]}{[X_{Fi}]} + \\ & \frac{[X_{NEi}^{a}]}{[X_{Fi}]} + \frac{[X_{MEi}^{a}]}{[X_{Fi}]} - \frac{[X_{NFi}^{f}]}{[X_{Fi}]} - \frac{[X_{MFi}^{f}]}{[X_{Fi}]} - \frac{[X_{NZi}^{a}]}{[X_{Fi}]} - \\ & \frac{[X_{MZi}^{a}]}{[X_{Fi}]} - \frac{[X_{NEi}^{a}]}{[X_{Fi}]} - \frac{[X_{MEi}^{a}]}{[X_{Fi}]} - \frac{[X_{NFi}^{a}]}{[X_{Fi}]} - \frac{[X_{MFi}^{a}]}{[X_{Fi}]} \\ = {}& \boldsymbol{I} + [\rho_{Zi}^*] + [\rho_{Ei}^*] + [\rho_{NZi}^{a}] + [\rho_{MZi}^{a}] + [\rho_{NEi}^{a}] + [\rho_{MEi}^{a}] - \\ & [\rho_{NFi}^{f}] - [\rho_{MFi}^{f}] - [\rho_{NZi}^{a}] - [\rho_{MZi}^{a}] - [\rho_{NEi}^{a}] - [\rho_{MEi}^{a}] - \\ & [\rho_{NFi}^{a}] - [\rho_{MFi}^{a}] (i = 1,\ 2,\ \cdots,\ 33)\end{aligned} \tag{7-17}$$

其中，$\boldsymbol{\rho}_i$ 为第 i 部门的以区内最终需求规模为基准的自给率；$\boldsymbol{\rho}_{Zi}^*$ 为第 i 部门的以区内最终需求规模为基准来衡量的区际调出比例，本章视之为区内产品的调出依存度；$\boldsymbol{\rho}_{Ei}^*$ 为第 i 部门的以区内最终需求规模为基准来衡量的出口比例，本章视之为区内产品的出口依存度；$\boldsymbol{\rho}_{NZi}^{a}$，$\boldsymbol{\rho}_{NEi}^{a}$，$\boldsymbol{\rho}_{NFi}^{a}$ 分别为第 i 部门的以区内最终需求

规模为基准来衡量的由区际调出、出口、区内最终需求诱发的区际调入中间产品的比例，本章把非农、非矿业部门的该指标视为其部门生产区际调出、出口、区内最终需求产品的对区外技术依存度；$\boldsymbol{\rho}_{MZi}^{a}$，$\boldsymbol{\rho}_{MEi}^{a}$，$\boldsymbol{\rho}_{MFi}^{a}$ 分别为第 i 部门的以区内最终需求规模为基准来衡量的由区际调出、出口、区内最终需求诱发的进口中间产品的比例，本章把非农、非矿业部门的该指标视为其部门生产区际调出、出口、区内最终需求产品的对区外技术依存度；$\boldsymbol{\rho}_{NFi}^{f}$ 为第 i 部门的以区内最终需求规模为基准来衡量的由区内最终需求诱发的区际调入最终产品的比例，本章视之为区外最终产品进口依存度；$\boldsymbol{\rho}_{MFi}^{f}$ 为第 i 部门的以区内最终需求规模为基准来衡量的由区内最终需求诱发的进口最终产品的比例，本章视之为区外最终产品进口依存度。

为了说明以上各部门的几类指标如何反映产业转移，首先须给出产业转移的界定。张公嵬等(2010)指出产业转移不仅包括产业在地理位置上的部分或整体迁移还包括产业区位的变化。刘红光等(2011)把产业转移定义为一定时期内，在扣除自身需求增长后，产业生产份额在区位的变化。本章认为生产能力的转出主要反映在中间品生产交易过程中，本地自产(区内自产)中间品交易份额的下降会造成本地产品自给率下降。具体表现在两个基本方面。其一，生产能力的转出不仅仅反映在该部门的产出份额的下降，同时会影响该部门满足本地最终需求的生产能力，即自给率会下降。其二，由于该部门转出一部分生产能力，其生产出口品或区际移出品时带动本地(区内)产出的能力会下降，即反映在本地(区内)产品的出口比率和区际移出比率会下降。此两点判定条件用天际图分析中的指标可表达为 $\Delta\boldsymbol{\rho}_{i}<0$，且 $\Delta\boldsymbol{\rho}_{Zi}^{*}+\Delta\boldsymbol{\rho}_{Ei}^{*}<0$。相反，生产能力得到转入的部门可表达为 $\Delta\boldsymbol{\rho}_{i}>0$，且 $\Delta\boldsymbol{\rho}_{Zi}^{*}+\Delta\boldsymbol{\rho}_{Ei}^{*}>0$，$\Delta$代表2007年与1997年相关指标的差，如 $\Delta\boldsymbol{\rho}_{i}=\boldsymbol{\rho}_{i}^{2007}-\boldsymbol{\rho}_{i}^{1997}$。值得注意的是，与生产能力转出相比，所谓生产能力转入的相对意义更大，即其生产能力的增长包含了其本地产业的自我强化和扩张的部分。

为了突出各地区生产能力的转移变化，以下的分析把识别各部门生产能力转出的条件设定为初始自给率大于 90%，且 $\Delta\boldsymbol{\rho}_{i}<-10\%$，$\Delta\boldsymbol{\rho}_{Zi}^{*}+\Delta\boldsymbol{\rho}_{Ei}^{*}<0$，$\Delta\boldsymbol{\rho}_{NFi}^{a}+\Delta\boldsymbol{\rho}_{MFi}^{a}<0$，$\Delta\boldsymbol{\rho}_{NFi}^{f}+\Delta\boldsymbol{\rho}_{MFi}^{f}>0$。因为当本地生产能力出现转出时，除了自给率和供应区外需求的生产力会下降，同时为了满足本地最终需求的生产所需的中间投入品会下降，相应的，对区外最终产品的需求会上升；把识别各部门生产能力转入的条件设定为 $\Delta\boldsymbol{\rho}_{i}>10\%$，$\Delta\boldsymbol{\rho}_{Zi}^{*}+\Delta\boldsymbol{\rho}_{Ei}^{*}>0\%$，因为当本地生产能力出现转入时，自给率和供应区外需求的生产力会上升，但由于替代效应和加工贸易比重上升的可能性同时存在，所以生产所需的中间投入品升降的可能性也同时存在。

(一) 劳动密集型产业的天际图分析

首先,从长三角各地区的纺织业来看,1997—2007年的10年中,上海纺织业的自给率出现10%以上的下降,其$\boldsymbol{\rho}_E^*$从1997年的117.6%下降到2007年的84.6%,满足国外需求的生产能力也呈现明显下降,同时用于满足上海最终需求生产的区际中间投入品的比率$\boldsymbol{\rho}_{NFi}^a$从1997年的42%下降到2007年的34.3%,上海天际图分析数据的变化符合生产能力转出的识别条件。相反,浙江和江苏纺织业的自给率出现10%以上的上升,同时这两个省用于满足国外需求的能力显著上升,$\boldsymbol{\rho}_E^*$分别从1997年的96.9%和76.7%上升到2007年的282.6%和368.9%,这两个省的天际图分析数据的变化也符合生产能力转入的识别条件。与内陆劳动力成本更低的省份相比,临海的区位优势降低了贸易成本,使其更容易与海外市场交易,而海外市场的需求正是带动纺织业产出上升的主要诱因,因此浙江和江苏依然维持着承接该部门生产能力转入的地位。

其次,就木材加工及家具制造业来看,长三角各省市该部门的自给率未出现明显下降的趋势。相反,苏浙沪天际图分析数据的变化符合生产能力转入的判定条件,这种迹象说明木材加工及家具制造业的产业布局并未遵从雁行发展的规律。由于带动该部门产出增加的最主要诱因是海外需求的上升,因此可以判断距离产生的贸易费用对该部门的产业布局起到决定性作用,临海的区位优势成为绝对优势。

(二) 资本密集型产业的天际图分析

从金属冶炼及压延加工业来看,江苏符合生产能力转入的判定条件,其$\boldsymbol{\rho}$和$\boldsymbol{\rho}_E^*$分别从1997年的44.6%和7%上升到2007年的115.3%和35.3%。虽然,上海和浙江的自给率也出现下降的趋势,但是上海和浙江不符合本章判定生产能力转出的其他条件。上海的自给率下降主要由于对本地产品的外部需求结构从偏重移出依存的格局向偏重出口依存的格局变化造成的,其$\boldsymbol{\rho}_Z^*$从1997年的50.7%下降到2007年的27.6%的同时,$\boldsymbol{\rho}_E^*$从1997年的23.5%上升到2007年的42.2%,因此满足本地以外最终需求的既有生产能力并未出现明显的下降。然而,不管是出口还是本地最终需求对进口产品的依存度都有明显的上升。特别是$\boldsymbol{\rho}_{MF}^a$从1997年的26.6%上升到2007年的59.4%,以中间品进口比例代表的对国外技术依存度的大幅上升说明了上海金属冶炼及压延加工业面临着需求结构的变化所带来的产业技术必须相应升级的挑战。这也说明了上海该部门正处于新一轮的“进口增加带动本地生产能力上升”的发展阶段。可以判断,江苏的金属冶炼及压延加工业的生产能力得到迅速的发展,但这部分生产能力的提高并不是由上海转出的。金属冶炼及压延加工业的产业转移不完全遵从雁行发展的规律,很大程度上,临海的区位优势决定了产业布局，该部门的中间投入品主要依赖进口的现实或许是最根本的原因所在。

再从交通运输设备制造业来看，上海和浙江的自给率有显著上升，符合生产能力转入的判定条件，其 $\boldsymbol{\rho}$ 分别从 1997 年的 158.8%和 124.7%上升到 2007 年的 207.4%和 286.4%；$\boldsymbol{\rho}_E^*$ 分别从 1997 年的 17.4%和 9.5%上升到 2007 年的 124%和 76%，虽然江苏的同部门自给率有所下降，但并不符合生产能力转出的其他条件，这反映了交通运输设备制造业的布局并不一定遵循雁行模式的规律，沿海发达地区的生产能力并没有向外转出的迹象。

(三) 技术密集型产业的天际图分析

通过分析电气机械及器材制造业天际图变化得知，浙江和江苏符合生产能力转入判定条件，其 $\boldsymbol{\rho}$ 分别从 1997 年的 152.2%和 123.6%上升到 2007 年的 242%和 161.5%；$\boldsymbol{\rho}_E^*$ 分别从 1997 年的 17.5%和 15%上升到 2007 年的 100.7%和 43.1%。必须指出的是，虽然上海的自给率上升幅度没有浙江和江苏的大，但是根据其 $\boldsymbol{\rho}_E^*$ 从 1997 年的 42%上升到 2007 年的 126.7%来看，上海该部门的生产能力并未转出。

从通信设备计算机及其他电子设备制造业来看，上海、江苏和浙江都符合生产能力转入判定条件。$\boldsymbol{\rho}$ 分别从 1997 年的 155.1%、135.6%和 160.2%上升到 2007 年的 294.2%、165%和 199.5%；$\boldsymbol{\rho}_E^*$ 分别从 1997 年的 57.6%、31%和 42.6%上升到 2007 年的 175.1%、72.4%和 132%。

事实上，雁行发展理论所揭示的规律符合日本经济发展的一些特性。其一，该理论主要揭示了第二次世界大战后亚洲工业基础普遍薄弱的时代，日本从欠发达国家转型为发达国家的发展路径。其二，东亚雁行模式是在日本与东亚国家间劳动力要素不可移动，劳动力报酬形成倍差的前提下，开始逐步成形。其三，东亚雁行模式是日本对工业制品的潜在消费市场将会转向东亚国家的判断前提下，由日本主动推行的产业转移模式。从以上三个特性可以看出，雁行发展理论所揭示的规律必定包括合理性与局限性的两个方面。本章的分析结果显示，中国的不同区域、不同部门的产业转移呈现出各自不同的特征，并不完全遵守雁行发展的规律。

首先，从纺织业的转移来看，上海的纺织业生产能力呈现出向周边沿海省份转出的特征。仅从这点而言，上海的产业转移符合雁行模式。不过，中国的劳动力要素在区域间是可移动的，这在很大程度上抑制了沿海省份与内陆省份劳动力报酬差异扩大化，同时也抑制了资本积极流向内陆省份的动因。事实上，罗浩(2003)提出劳动力无限供给会形成产业区域黏性，这也就给出了中国纺织业集聚沿海省份的理由之一。根据本章的计算，2007 年江苏纺织业的人均工资是安徽的 1.5 倍，江西、湖北、广西、重庆、贵州的 1.6 倍，河北、河南、黑龙江、云南的 1.8 倍，到了 2011 年江苏纺织业的人均工资与上述地区的差距进一步缩小。然而东亚雁行模式的经验是，1982 年日本纺织业的劳动力成本是中国香港的 2.5 倍、韩国的 3.7 倍、印度尼西亚的 17 倍，1995 年日本纺织业的劳动力成本仍然是泰国的 16 倍。这种国际劳动力成本的巨大差额在同一国家内出现是无法想象的。另外一个主要原因是海外市场的需求对带动纺织业的产出而言是至关重要的，与内陆省份相比，临海的区位优势可以大大削减贸易成本。刘红光(2011)提出出口活动仍集中在沿海地区是产业转移滞缓的主要原因。其对出口因素的分析与本章的分析结果大致吻合，不同的是，本章认为既然中国选择了东亚多数国家所采纳的出口导向型经济发展的路径，临海的区位优势必然发挥出节约贸易成本的巨大优势，劳动力要素的比较优势会进而影响地区间产出转移。直辖市的纺织业在向周边沿海省份转出生产能力本身说明了产业转移并未出现滞缓，只是未集中向内陆省份转出。

其次，木材加工及家具制造业的生产能力是从内陆不发达地区向沿海发达地区的转移，从转移的方向上明显不符合雁行发展的规律，但从比较优势决定产业转移的角度看，其转移方式仍遵循雁行发展理论。因为作为生产成本的劳动力报酬的比较优势并不是该产业生产能力转移的唯一决定性因素，恰恰是劳动力要素的区间流动与沿海的区位优势大幅降低了生产与消费环节中的贸易成本，这种贸易成本上的比较优势很大程度上决定了出口导向型经济体的产业转移的方向，而非阻碍了产业转移的发生。

最后，金属冶炼及压延加工业是典型的资本密集型产业，因此劳动力要素的比较优势不能决定性地影响该类部门的产业转移。我国该产业的布局与历史因素有很大关系。特别是“三线建设”时期，重工业的生产能力迅速地向中部及西部的内陆省份转移，为内陆省份重工业的发展打下了一定的基础，同时也造成了一定的沉积成本，进而阻碍了资本密集型产业转移的发生。1997—2007 年的 10 年间中国经济增长速度迅猛，对金属冶炼及压延加工业的国内需求强劲，这必然会促使有重工业基础的内陆省份扩大生产能力，而金属冶炼及压延加工业的产出扩大必然带动炼焦、煤气等相关部门产出的提升。部分内陆地区的经济发展就是以金属冶炼及压延加工业的发展为抓手，这种经济发展显然与雁行模式的规律不一致。事实上，金属冶炼及压延加工业的主要原料铁矿石的进口依存度很高，临海的区位优势对同类部门的产业布局起到重要的影响，新兴的金属冶炼及压延加工业的生产能力通常会在沿海省份布局。江苏生产能力的转入反映出临海型布局的特点。因此，总体而言重工业的产业转移仍旧遵循生产成本比较优势的变化，符合雁行发展的规律。由于中国重工业的产业布局受到历史上不同发展时期的影响，在中西部内陆省份已具有一定的生产能力，而且以“东锭西移”为代表的轻工业产业转移战略无法显出成效的现实情况下，中西部内陆省份加大重工业的生产能力，把握经济增长的机遇符合其自身发展需求。但从结果而言，这显然会加剧同部门生产能力过剩的趋势。

从区位商分析看，沿海省份的技术密集型产业在域内的比较优势是十分明显的。但根据天际图分析结果，沿海省份的技术密集型产业的生产能力并未向省外转移。主要原因是技术密集型产业本身就是沿海省份实现产业升级的抓手。例如，通信设备、计算机及其他电子设备制造业的增长对上海和江苏的经济发展起到了至关重要的作用。然而，从天际图分析结果可知，其发展路径是依托出口带动产能提升，在部分生产技术上依赖国外的进口，重视加工贸易进而做大产值。因此，拥有技术竞争力的外国企业在该部门的比较优势十分显著，如果区域间劳动力报酬不存在大幅差距，在需求依靠海外市场的格局不发生变化的预期下，吸引外国企业把生产能力从具有临海区位优势、产业集聚优势的沿海省份转移到贸易成本较高的内陆省份事实上难以实现。与之不同的是，交通运输设备制造业的生产能力在沿海省份与内陆省份均得以提升与外国企业对消费市场向中国国内转移的判断息息相关。众所周知，20 世纪 90 年代末，汽车消费市场在西方发达国家已相对饱和，而当时的中国汽车消费市场潜力是无法估量的，这种判断促使各国的汽车制造巨头纷纷进入中国，与国内企业合作扩大了同部门的生产能力。

综上所述，由于中国经济发展的特性使国内的产业转移方式不可能完全遵循东亚国家间的雁行发展理论。但是，沿海省份技术密集型产业的产业升级符合“进口增加带动国内生产能力上升进而促进出口增加”的发展模式。与日本产业升级经验相比，沿海省份技术密集型产业的发展尚未完成技术上的进口替代，正处于“干中学”的过程。因此，国内企业在区域间技术密集型产业的转移上，无法发挥主动性，积极地推动生产能力向周边内陆省份转移。另外，由于纺织业的需求很大程度上依赖海外市场，结合国内劳动力要素的可移动性，造成了本来应该由沿海省份向更具有劳动力报酬比较优势的中西部内陆省份转移的生产能力只能局限在各区域内省份间转移。总而言之，仅从产业依据比较优势开展转移的事实和沿海省份技术密集型产业的发展模式这两个角度而言，我国区域发展符合雁行模式的客观发展规律。但是，从国内发达地区与欠发达地区之间的产业转移方向而言，我国区域发展情况明显与东亚雁行模式不吻合。

表 7 - 7 至表 7 - 12 为 1997 年和 2007 年上海、浙江与江苏产业结构天际图的数据。

表 7-7　1997 年上海产业结构天际图的数据

1997	上　海	ρ_i	ρ^*_{Zi}	ρ^a_{NZi}	ρ^a_{MZi}	ρ^*_{Ei}	ρ^a_{NEi}	ρ^a_{MEi}	ρ^a_{NFi}	ρ^f_{NFi}	ρ^a_{MFi}	ρ^f_{MFi}	S_i
1	农业	23.9	5.4	17.8	5.5	3.8	14.0	4.7	39.8	32.9	8.9	4.3	1.54
2	煤炭采选业	0.0	1.8	58.7	15.3	0.8	29.2	9.5	77.3	0.3	20.7	0.2	0.00
3	石油和天然气开采业	0.0	3.2	42.4	25.9	1.7	23.7	14.9	61.2	0.6	35.1	0.3	0.00
4	金属矿采选业	0.0	18.5	48.9	66.1	−11.1	24.6	32.4	55.0	−2.0	64.1	−3.6	0.00
5	非金属矿采选业	0.4	0.1	14.5	5.9	0.1	8.7	3.6	80.7	0.2	18.5	0.0	0.00
6	食品制造及烟草加工业	74.4	27.0	11.7	4.0	14.9	8.0	2.8	25.7	32.8	6.8	6.5	3.57
7	纺织业	181.3	36.5	21.9	19.5	117.6	50.8	45.6	42.0	4.4	28.8	5.5	4.31
8	服装皮革羽绒及其制品业	276.7	14.6	2.8	3.6	203.5	2.1	5.5	5.7	1.6	6.2	17.8	3.15
9	木材加工及家具制造业	52.4	14.6	16.9	8.2	15.9	12.7	5.8	45.6	12.5	17.8	4.0	0.62
10	造纸印刷及文教用品制造业	101.7	29.3	22.7	15.0	39.0	16.2	10.5	44.5	7.8	21.6	3.7	2.15
11	石油加工、炼焦、煤气及核燃料加工业	78.7	31.9	17.5	15.7	18.4	10.4	9.3	33.1	7.3	24.4	3.2	1.34
12	化学工业	139.1	79.6	21.2	29.8	34.1	15.4	19.8	32.4	6.6	31.7	5.1	10.76
13	非金属矿物制品业	39.2	5.9	7.7	3.4	5.1	4.5	2.1	50.5	5.7	8.1	1.0	1.78
14	金属冶炼及压延加工业	91.4	50.7	25.3	18.5	23.5	13.7	10.4	37.1	3.8	26.6	6.1	7.25
15	金属制品业	125.5	41.5	7.3	15.9	39.9	4.8	10.3	14.6	6.9	28.6	6.6	3.00
16	通用、专用设备制造业	83.7	26.0	4.7	11.5	12.6	3.1	6.3	9.2	5.4	19.1	26.2	5.95
17	交通运输设备制造业	158.8	77.7	6.5	10.0	17.4	2.9	3.5	9.6	5.9	11.4	11.4	8.02

（续表）

1997	上　　海	ρ_i	ρ^*_{Zi}	ρ^a_{NZi}	ρ^a_{MZi}	ρ^*_{Ei}	ρ^a_{NEi}	ρ^a_{MEi}	ρ^a_{NFi}	ρ^f_{NFi}	ρ^a_{MFi}	ρ^f_{MFi}	S_i
18	电气机械及器材制造业	185.3	88.6	8.2	17.2	42.0	5.1	10.4	14.5	5.8	25.1	10.9	5.21
19	通信设备、计算机及其他电子设备制造业	155.1	61.7	6.4	34.7	57.6	4.1	23.3	10.4	2.9	38.2	20.2	4.63
20	仪器仪表及文化、办公用机械制造业	143.6	65.1	5.1	23.7	42.3	3.1	12.0	9.5	2.8	32.6	21.0	1.03
21	其他制造业	97.4	46.8	27.5	14.0	26.3	16.7	8.8	43.1	8.5	19.4	4.4	1.12
22	电力、热力的生产和供应业	93.2	48.7	15.1	13.1	20.4	9.6	8.4	28.5	7.4	17.9	5.5	2.09
23	水的生产和供应业	9.8	8.7	38.3	8.0	0.4	20.8	5.3	60.9	26.4	11.1	0.1	0.02
24	燃气生产和供应业	79.4	27.3	13.2	5.5	6.6	7.7	3.5	21.2	22.8	7.7	2.0	0.18
25	建筑业	73.3	1.6	0.5	0.2	0.8	0.2	0.1	0.8	12.0	0.3	0.6	7.69
26	运输业	83.5	34.6	26.7	9.9	29.4	15.4	6.2	48.5	12.3	14.6	2.7	1.87
27	邮电业	188.3	76.4	6.9	9.2	60.8	4.7	5.7	16.3	5.9	13.6	7.6	1.39
28	批发和零售业	143.8	51.4	12.6	7.8	40.4	9.5	5.6	24.5	11.2	10.5	4.0	6.06
29	金融保险业	284.4	195.4	8.9	10.4	19.3	6.1	6.2	17.2	6.8	13.5	6.1	5.46
30	房地产业	165.2	66.1	3.3	2.9	8.6	2.4	1.9	6.5	4.1	3.9	2.1	1.51
31	商务服务及社会服务业	148.1	58.2	9.9	10.6	34.3	5.8	5.7	16.8	9.9	13.8	8.9	4.33
32	科教文卫业	103.2	27.7	3.6	2.2	8.7	2.3	1.4	9.8	12.5	3.8	4.9	3.07
33	公共管理和社会组织	71.7	0.0	0.0	0.0	1.5	0.0	0.0	0.0	22.6	0.0	4.4	0.92

表 7-8　2007 年上海产业结构天际图的数据

2007	上　海	ρ_i	ρ^*_{Zi}	ρ^a_{NZi}	ρ^a_{MZi}	ρ^*_{Ei}	ρ^a_{NEi}	ρ^a_{MEi}	ρ^a_{NFi}	ρ^f_{NFi}	ρ^a_{MFi}	ρ^f_{MFi}	S_i
1	农业	15.4	0.7	5.9	4.3	2.6	5.8	4.4	13.4	47.9	6.9	20.4	0.59
2	煤炭采选业	0.0	0.0	26.3	68.6	0.0	27.7	69.8	31.8	0.0	67.5	0.7	0.00
3	石油和天然气开采业	3.1	2.2	40.5	119.3	0.7	31.0	79.2	31.6	0.4	66.3	1.3	0.05
4	金属矿采选业	0.0	0.0	24.9	87.0	0.0	29.3	107.7	25.0	0.4	70.2	4.4	0.00
5	非金属矿采选业	0.0	0.0	9.5	22.8	0.0	10.6	23.2	25.5	0.0	74.8	−0.3	0.00
6	食品制造及烟草加工业	90.1	33.0	15.0	11.7	32.4	14.0	11.6	27.0	25.2	15.9	12.2	2.40
7	纺织业	148.5	45.5	41.9	40.7	84.6	52.3	50.2	34.3	12.0	31.1	9.4	0.95
8	服装皮革羽绒及其制品业	291.6	128.2	10.1	8.7	130.6	10.5	9.2	12.3	30.5	8.4	14.3	1.49
9	木材加工及家具制造业	226.3	35.6	4.5	7.5	118.4	6.1	10.4	7.2	8.1	11.4	12.8	0.76
10	造纸印刷及文教用品制造业	163.6	45.9	15.2	32.2	69.2	16.5	36.1	18.4	5.3	33.6	6.7	1.36
11	石油加工、炼焦、煤气及核燃料加工业	107.9	76.5	26.6	65.6	24.8	26.6	63.0	27.0	4.3	51.6	6.3	2.20
12	化学工业	140.9	64.7	29.6	51.8	55.0	31.4	56.1	27.8	6.7	39.4	7.2	7.96
13	非金属矿物制品业	56.4	15.2	17.8	12.8	14.9	20.0	14.9	61.5	2.8	10.9	1.0	1.12
14	金属冶炼及压延加工业	75.2	27.6	24.0	66.4	42.2	27.5	74.7	24.8	2.3	59.4	3.9	5.37
15	金属制品业	130.9	67.1	20.2	37.0	34.6	21.4	40.2	20.1	6.8	29.5	10.2	2.16
16	通用、专用设备制造业	233.7	147.1	12.7	44.9	83.3	12.9	41.8	12.0	6.7	36.7	29.7	6.56
17	交通运输设备制造业	207.4	63.2	15.5	13.6	124.0	19.9	16.0	15.3	39.3	12.0	22.5	6.32

（续表）

2007	上　海	ρ_i	ρ^*_{Zi}	ρ^a_{NZi}	ρ^a_{MZi}	ρ^*_{Ei}	ρ^a_{NEi}	ρ^a_{MEi}	ρ^a_{NFi}	ρ^f_{NFi}	ρ^a_{MFi}	ρ^f_{MFi}	S_i
18	电气机械及器材制造业	193.9	52.8	24.8	39.8	126.7	31.7	50.9	19.7	19.7	26.6	22.8	4.17
19	通信设备、计算机及其他电子设备制造业	294.2	124.7	33.2	105.3	175.1	44.3	143.9	16.9	6.6	44.1	22.2	13.44
20	仪器仪表及文化、办公用机械制造业	99.9	37.5	13.1	22.4	23.0	13.3	23.4	15.9	8.8	21.5	10.3	0.82
21	其他制造业	90.1	22.4	33.2	43.4	58.8	44.7	49.7	33.4	12.9	38.3	3.1	0.41
22	电力、热力的生产和供应业	80.8	28.7	27.5	32.2	27.9	28.6	34.9	32.8	8.5	24.3	6.2	1.92
23	水的生产和供应业	101.1	23.4	10.9	15.1	19.5	11.3	16.3	12.6	6.8	12.4	4.8	0.08
24	燃气生产和供应业	64.3	27.1	26.5	26.0	20.7	28.3	28.9	42.5	12.1	22.5	6.3	0.21
25	建筑业	103.5	6.4	2.1	2.9	3.6	2.1	3.1	2.1	0.9	2.2	0.9	5.59
26	运输业	191.7	104.6	25.8	51.4	56.0	25.1	48.9	25.2	6.6	38.7	8.8	6.12
27	邮电业	117.7	17.8	7.7	10.8	26.1	7.7	11.4	9.2	8.0	9.5	6.7	0.12
28	批发和零售业	125.6	51.5	34.4	35.7	47.0	36.2	40.3	34.6	10.5	26.7	6.2	3.79
29	金融保险业	166.8	68.7	21.1	31.3	46.7	22.1	33.5	21.1	8.1	23.5	6.8	4.96
30	房地产业	113.6	10.9	3.7	5.7	7.8	3.8	6.1	3.7	1.6	4.4	1.9	3.04
31	商务服务及社会服务业	111.3	42.9	26.7	32.0	30.9	27.0	34.1	28.2	9.0	25.8	6.7	9.91
32	科教文卫业	129.8	38.4	4.1	6.9	15.4	4.3	7.2	4.5	6.6	6.3	13.3	4.79
33	公共管理和社会组织	105.1	0.5	0.2	0.2	0.4	0.2	0.3	0.2	0.1	0.2	0.1	1.34

表 7－9　1997 年浙江产业结构天际图的数据

1997	浙　江	ρ_i	ρ^*_{Zi}	ρ^a_{NZi}	ρ^a_{MZi}	ρ^*_{Ei}	ρ^a_{NEi}	ρ^a_{MEi}	ρ^a_{NFi}	ρ^f_{NFi}	ρ^a_{MFi}	ρ^f_{MFi}	S_i
1	农业	106.2	30.3	8.0	1.4	10.9	4.1	0.8	17.4	15.1	2.7	1.9	7.09
2	煤炭采选业	4.7	1.9	41.3	2.8	0.6	19.2	1.5	91.1	0.4	5.9	0.1	0.04
3	石油和天然气开采业	0.0	1.9	20.0	17.7	1.8	13.0	14.6	49.9	0.4	45.1	0.1	0.00
4	金属矿采选业	14.6	3.7	28.4	5.2	2.1	15.0	2.8	76.3	0.5	14.1	0.3	0.05
5	非金属矿采选业	132.7	24.3	3.9	1.2	20.6	2.0	0.6	10.3	1.9	3.2	0.5	0.59
6	食品制造及烟草加工业	105.0	26.3	5.3	0.9	12.2	2.5	0.4	13.3	22.5	2.0	2.8	4.38
7	纺织业	373.9	162.5	16.3	8.4	96.9	9.6	5.8	21.9	3.7	9.1	1.8	12.80
8	服装皮革羽绒及其制品业	255.7	41.5	3.9	2.1	109.9	2.2	2.3	8.4	2.2	4.5	2.5	4.63
9	木材加工及家具制造业	101.9	14.2	4.8	1.3	27.8	2.8	0.8	13.3	3.7	3.8	1.1	0.96
10	造纸印刷及文教用品制造业	150.4	53.3	6.7	5.4	30.0	3.5	2.9	15.1	5.4	11.6	1.7	2.84
11	石油加工、炼焦、煤气及核燃料加工业	101.0	21.1	11.2	3.5	23.0	5.6	1.8	29.1	4.3	9.4	1.3	1.08
12	化学工业	129.8	51.0	21.8	6.4	23.7	10.9	3.4	35.2	5.0	10.4	1.5	10.60
13	非金属矿物制品业	108.5	18.3	2.4	0.5	4.3	1.2	0.3	10.7	1.6	1.6	0.4	3.39
14	金属冶炼及压延加工业	53.5	13.9	19.2	3.7	7.8	10.0	2.0	52.9	1.9	10.3	1.3	3.08
15	金属制品业	144.0	32.6	4.4	2.1	26.7	2.2	1.1	10.4	4.0	5.3	2.2	3.58
16	通用、专用设备制造业	107.2	30.8	4.1	2.8	11.4	2.0	1.3	10.4	5.4	7.8	6.3	6.08
17	交通运输设备制造业	124.7	26.8	4.4	0.8	9.5	2.1	0.4	10.1	8.4	1.7	0.7	2.56

（续表）

1997	浙　江	ρ_i	ρ^*_{Zi}	ρ^a_{NZi}	ρ^a_{MZi}	ρ^*_{Ei}	ρ^a_{NEi}	ρ^a_{MEi}	ρ^a_{NFi}	ρ^f_{NFi}	ρ^a_{MFi}	ρ^f_{MFi}	S_i
18	电气机械及器材制造业	152.2	42.6	3.8	1.6	17.5	1.9	0.8	9.4	3.1	4.3	2.1	4.12
19	通信设备、计算机及其他电子设备制造业	135.6	25.8	2.8	4.3	31.0	1.5	3.8	6.6	2.2	12.6	6.2	3.19
20	仪器仪表及文化、办公用机械制造业	109.9	16.5	4.6	2.2	19.9	2.4	1.2	10.8	2.5	6.7	2.4	0.48
21	其他制造业	183.6	92.0	8.5	2.1	21.3	4.5	1.2	20.2	5.7	4.8	1.3	2.72
22	电力、热力的生产和供应业	74.1	24.2	15.2	2.9	10.6	7.7	1.5	35.7	4.7	6.5	1.1	1.00
23	水的生产和供应业	146.6	47.6	5.1	1.5	10.2	2.6	0.8	11.1	4.3	3.2	1.0	0.16
24	燃气生产和供应业	95.5	123.2	50.3	1.9	−3.0	18.4	1.1	78.8	37.9	3.7	−0.2	0.02
25	建筑业	96.6	1.1	0.3	0.1	0.5	0.1	0.0	0.6	0.4	0.1	0.1	7.43
26	运输业	110.7	29.6	10.7	2.9	21.0	5.5	1.6	25.5	5.7	6.9	1.6	1.69
27	邮电业	122.7	31.7	6.8	1.7	11.3	3.4	1.0	15.3	3.6	3.9	1.3	1.08
28	批发和零售业	176.5	54.5	7.5	2.0	34.9	4.1	1.2	15.1	5.1	4.0	1.2	6.47
29	金融保险业	59.2	14.0	15.8	1.3	6.3	9.2	0.8	34.1	22.6	2.8	0.4	0.65
30	房地产业	66.2	5.4	4.3	0.4	2.2	2.4	0.2	10.9	27.8	0.8	0.2	0.42
31	商务服务及社会服务业	122.3	32.0	6.4	1.8	16.1	3.4	1.0	15.0	6.9	4.2	2.0	3.64
32	科教文卫业	97.4	8.6	1.5	0.2	1.6	0.8	0.1	3.7	8.7	0.5	0.2	1.89
33	公共管理和社会组织	107.2	10.9	0.0	0.0	0.0	0.0	0.0	0.0	0.0	0.0	0.0	1.29

表 7-10　2007 年浙江产业结构天际图的数据

2007	浙　江	ρ_i	ρ_{Zi}^*	ρ_{NZi}^a	ρ_{MZi}^a	ρ_{Ei}^*	ρ_{NEi}^a	ρ_{MEi}^a	ρ_{NFi}^a	ρ_{NFi}^f	ρ_{MFi}^a	ρ_{MFi}^f	S_i
1	农业	92.1	14.6	12.5	2.7	16.8	14.5	2.9	21.0	17.5	3.9	2.4	2.57
2	煤炭采选业	0.2	0.1	68.6	7.3	0.0	59.2	6.8	91.2	0.0	8.7	0.0	0.00
3	石油和天然气开采业	0.0	0.0	66.9	12.9	0.0	50.5	11.3	83.2	0.0	16.8	0.0	0.00
4	金属矿采选业	19.7	8.4	55.9	11.7	6.7	45.9	9.9	79.2	0.6	13.4	0.5	0.09
5	非金属矿采选业	90.4	89.6	8.1	17.1	0.6	8.0	13.7	17.7	0.1	78.0	0.0	0.34
6	食品制造及烟草加工业	102.1	26.7	10.6	1.9	25.3	10.0	1.8	23.4	26.6	3.3	2.8	2.74
7	纺织业	431.7	119.3	82.5	14.2	282.6	133.3	17.2	54.6	4.6	12.2	1.5	7.82
8	服装皮革羽绒及其制品业	369.9	133.8	16.1	4.3	186.8	19.1	4.8	17.2	4.6	4.4	1.8	4.63
9	木材加工及家具制造业	210.2	57.2	14.2	6.6	105.4	15.1	7.1	22.8	4.3	10.1	2.3	1.98
10	造纸印刷及文教用品制造业	205.6	91.8	27.7	11.1	79.5	27.0	10.3	32.6	5.3	11.9	2.3	2.72
11	石油加工、炼焦、煤气及核燃料加工业	99.6	39.7	29.5	11.4	24.5	28.1	10.6	39.1	5.8	14.0	2.3	1.49
12	化学工业	151.6	65.0	45.3	24.1	61.1	47.8	24.1	44.3	4.0	22.5	2.5	10.51
13	非金属矿物制品业	94.9	17.3	7.8	1.4	12.1	7.1	1.3	33.1	2.2	2.1	0.4	2.10
14	金属冶炼及压延加工业	38.9	14.2	51.2	6.1	12.6	41.4	5.1	77.3	1.1	8.1	0.5	4.65
15	金属制品业	122.1	55.8	32.0	7.3	32.9	26.4	6.2	43.9	3.6	9.0	2.7	3.26
16	通用、专用设备制造业	205.4	97.0	7.1	4.7	48.2	6.2	3.4	9.9	4.5	6.3	8.5	7.12
17	交通运输设备制造业	286.4	115.2	6.6	1.7	76.0	5.9	1.5	8.6	7.0	2.1	1.8	4.36

（续表）

2007	浙　江	ρ_i	ρ^*_{Zi}	ρ^a_{NZi}	ρ^a_{MZi}	ρ^*_{Ei}	ρ^a_{NEi}	ρ^a_{MEi}	ρ^a_{NFi}	ρ^f_{NFi}	ρ^a_{MFi}	ρ^f_{MFi}	S_i
18	电气机械及器材制造业	242.0	85.9	12.6	7.6	100.7	11.2	6.5	17.7	7.4	10.2	6.7	4.98
19	通信设备、计算机及其他电子设备制造业	165.0	43.9	13.5	5.6	72.4	15.3	6.2	20.7	9.0	8.2	4.1	3.24
20	仪器仪表及文化、办公用机械制造业	271.4	127.7	11.7	30.9	142.7	11.1	27.8	15.7	1.7	38.1	30.0	0.70
21	其他制造业	94.5	46.4	39.2	20.0	37.2	32.6	17.3	57.6	1.3	20.1	4.6	1.87
22	电力、热力的生产和供应业	105.4	41.0	32.1	7.2	29.2	30.1	6.8	43.5	3.5	8.9	1.5	3.41
23	水的生产和供应业	86.4	27.0	27.6	6.1	21.4	24.9	5.6	43.5	4.4	8.1	1.3	0.10
24	燃气生产和供应业	150.1	65.5	18.4	4.9	26.3	18.0	4.7	24.3	3.7	5.8	1.4	0.12
25	建筑业	98.3	1.0	0.5	0.1	0.8	0.5	0.1	0.7	0.2	0.2	0.1	7.69
26	运输业	123.1	38.9	26.1	6.7	34.4	24.6	6.2	35.7	8.5	9.2	2.1	2.67
27	邮电业	90.9	12.3	10.6	2.2	11.3	9.6	2.0	21.8	11.9	3.4	1.0	0.10
28	批发和零售业	142.2	50.4	31.9	6.5	45.5	31.9	6.2	41.3	8.2	7.4	1.3	3.86
29	金融保险业	125.5	27.7	16.5	4.5	24.7	16.1	4.2	22.5	4.1	5.4	1.3	2.35
30	房地产业	112.0	6.8	3.1	0.8	6.1	3.1	0.8	4.0	1.1	0.9	0.3	1.92
31	商务服务及社会服务业	122.9	31.9	12.3	3.0	16.7	11.7	2.8	19.2	8.0	4.0	1.2	5.24
32	科教文卫业	111.4	16.2	7.4	2.1	10.0	7.1	2.0	10.2	4.2	2.8	2.4	3.38
33	公共管理和社会组织	104.6	0.5	0.3	0.1	0.5	0.4	0.1	0.5	0.4	0.1	0.1	2.00

表 7-11 1997 年江苏产业结构天际图的数据

1997	江　苏	ρ_i	ρ^*_{Zi}	ρ^a_{NZi}	ρ^a_{MZi}	ρ^*_{Ei}	ρ^a_{NEi}	ρ^a_{MEi}	ρ^a_{NFi}	ρ^f_{NFi}	ρ^a_{MFi}	ρ^f_{MFi}	S_i
1	农业	111.3	42.5	11.4	2.0	4.0	2.8	0.6	16.3	17.0	2.5	2.2	9.11
2	煤炭采选业	48.6	25.9	67.7	8.2	4.1	15.3	2.2	71.0	2.7	7.4	0.7	0.34
3	石油和天然气开采业	17.6	11.5	78.2	14.0	1.9	18.4	3.4	79.7	0.9	13.2	0.2	0.14
4	金属矿采选业	23.5	18.0	89.7	15.7	2.3	20.1	3.7	80.0	1.2	14.0	0.5	0.09
5	非金属矿采选业	99.6	32.5	26.0	5.3	9.2	5.9	1.4	37.0	3.3	5.1	0.8	0.48
6	食品制造及烟草加工业	121.5	43.3	9.4	1.8	7.2	2.3	0.5	14.2	18.0	2.4	2.6	5.99
7	纺织业	327.8	178.5	83.6	22.3	76.7	38.0	10.2	45.6	6.8	12.5	3.2	8.93
8	服装皮革羽绒及其制品业	297.1	50.3	6.6	2.5	100.1	1.8	1.5	7.4	1.9	3.8	7.2	3.75
9	木材加工及家具制造业	110.3	17.4	11.0	3.1	16.5	3.2	1.0	16.8	5.7	6.0	2.4	0.79
10	造纸印刷及文教用品制造业	144.7	71.1	37.1	9.3	30.2	10.7	2.8	42.7	7.5	9.9	1.8	1.98
11	石油加工、炼焦、煤气及核燃料加工业	47.2	28.2	56.2	10.5	5.8	14.0	2.7	65.9	3.0	11.0	0.7	0.65
12	化学工业	154.4	101.2	54.9	19.1	19.1	13.9	4.9	46.8	6.8	14.7	2.1	11.22
13	非金属矿物制品业	118.1	43.2	17.3	3.4	5.8	4.2	1.0	30.5	4.3	3.7	0.8	4.45
14	金属冶炼及压延加工业	44.6	27.6	65.6	10.8	7.0	14.8	2.6	64.8	4.4	10.7	1.8	3.06
15	金属制品业	157.7	112.2	48.9	8.9	21.0	11.6	2.3	55.4	7.8	9.2	1.6	3.06
16	通用、专用设备制造业	134.2	80.0	19.1	9.0	10.7	4.5	2.0	21.2	15.5	10.3	13.0	5.92
17	交通运输设备制造业	115.7	72.0	43.1	4.3	15.0	11.0	1.2	43.9	30.0	4.1	1.4	1.73

（续表）

1997	江　苏	ρ_i	ρ^*_{Zi}	ρ^a_{NZi}	ρ^a_{MZi}	ρ^*_{Ei}	ρ^a_{NEi}	ρ^a_{MEi}	ρ^a_{NFi}	ρ^f_{NFi}	ρ^a_{MFi}	ρ^f_{MFi}	S_i
18	电气机械及器材制造业	123.6	59.7	30.7	7.7	15.0	8.0	2.1	34.3	9.9	7.9	2.9	3.10
19	通信设备、计算机及其他电子设备制造业	160.2	107.4	52.9	28.7	42.6	17.9	10.1	41.0	13.3	20.2	8.3	3.43
20	仪器仪表及文化、办公用机械制造业	140.6	111.2	42.3	20.1	56.0	11.6	5.7	51.9	19.8	25.4	12.9	0.41
21	其他制造业	63.6	36.2	59.2	8.0	9.0	14.8	2.1	63.1	9.3	7.9	1.0	1.46
22	电力、热力的生产和供应业	124.7	55.6	36.7	8.2	10.4	9.1	2.2	37.1	6.4	7.4	1.8	2.24
23	水的生产和供应业	209.6	111.0	19.2	4.4	7.9	5.0	1.2	19.6	5.6	4.1	1.4	0.36
24	燃气生产和供应业	113.8	12.5	2.7	0.6	1.1	0.7	0.2	3.3	3.2	0.6	0.2	0.11
25	建筑业	106.1	8.6	0.7	0.2	0.7	0.2	0.0	0.9	0.9	0.2	0.2	8.44
26	运输业	118.8	45.7	29.1	7.1	18.1	7.4	1.9	33.4	6.6	7.3	1.6	1.86
27	邮电业	99.9	25.0	20.2	3.4	17.4	5.0	0.9	27.8	6.8	3.3	1.0	0.74
28	批发和零售业	111.4	48.1	39.5	5.8	18.7	11.0	1.7	43.1	12.0	5.1	1.1	4.87
29	金融保险业	120.9	41.3	19.6	5.4	8.0	5.2	1.5	20.5	4.8	5.3	2.4	1.95
30	房地产业	117.3	21.0	5.8	1.2	3.0	1.6	0.3	6.3	1.9	1.2	0.4	1.22
31	商务服务及社会服务业	105.4	30.6	17.5	4.7	12.9	4.7	1.3	20.8	8.3	5.6	3.1	3.51
32	科教文卫业	99.3	17.0	4.3	0.8	1.3	1.1	0.2	5.3	9.7	0.8	0.6	2.87
33	公共管理和社会组织	116.7	17.9	0.0	0.0	0.0	0.0	0.0	0.0	0.0	0.0	0.0	1.76

表 7-12　2007 年江苏产业结构天际图的数据

2007	江　苏	ρ_i	ρ^*_{Zi}	ρ^a_{NZi}	ρ^a_{MZi}	ρ^*_{Ei}	ρ^a_{NEi}	ρ^a_{MEi}	ρ^a_{NFi}	ρ^f_{NFi}	ρ^a_{MFi}	ρ^f_{MFi}	S_i
1	农业	83.9	13.6	8.9	5.5	18.0	12.2	8.6	19.5	13.3	11.4	8.4	3.67
2	煤炭采选业	26.6	15.8	32.7	54.0	5.5	22.9	38.5	37.3	0.8	54.1	0.6	0.21
3	石油和天然气开采业	5.2	2.3	49.8	36.1	1.4	35.1	27.4	58.2	0.3	39.5	0.2	0.09
4	金属矿采选业	6.5	5.7	39.3	58.7	0.6	25.7	41.5	43.8	0.1	55.2	0.2	0.07
5	非金属矿采选业	47.0	28.8	81.8	8.7	7.0	39.5	9.7	75.5	1.0	10.0	0.7	0.13
6	食品制造及烟草加工业	79.8	12.3	8.7	3.0	12.2	9.4	3.8	21.8	20.6	5.0	2.6	2.76
7	纺织业	541.4	113.9	13.5	8.7	368.9	34.7	23.5	17.2	4.7	10.9	3.0	6.01
8	服装皮革羽绒及其制品业	328.1	12.7	5.9	3.9	254.1	6.8	5.2	8.0	4.4	5.0	3.0	2.87
9	木材加工及家具制造业	170.0	41.2	25.1	7.6	94.0	25.1	7.6	35.5	7.9	9.0	1.6	0.97
10	造纸印刷及文教用品制造业	165.9	59.6	16.7	15.2	69.4	16.5	17.9	23.7	5.2	22.2	3.4	1.68
11	石油加工、炼焦、煤气及核燃料加工业	58.5	22.5	44.1	17.0	15.1	31.0	14.8	52.7	3.0	19.4	1.5	1.20
12	化学工业	189.4	78.0	20.5	11.3	50.8	19.8	13.5	25.0	6.7	13.3	3.9	11.49
13	非金属矿物制品业	133.3	63.7	37.9	7.5	20.1	17.2	8.4	38.8	3.2	8.2	2.1	1.85
14	金属冶炼及压延加工业	115.3	51.2	33.9	14.0	35.3	21.8	11.6	39.4	3.7	16.1	3.0	9.19
15	金属制品业	142.3	61.6	11.4	10.0	26.2	9.8	10.2	13.7	4.4	11.5	4.9	2.81
16	通用、专用设备制造业	128.2	59.3	10.5	8.7	11.6	7.3	6.5	13.0	5.2	10.4	6.4	6.52
17	交通运输设备制造业	103.1	11.5	6.4	3.7	22.5	5.3	3.6	10.3	6.9	4.9	2.3	3.23

（续表）

2007	江　苏	ρ_i	ρ^*_{Zi}	ρ^a_{NZi}	ρ^a_{MZi}	ρ^*_{Ei}	ρ^a_{NEi}	ρ^a_{MEi}	ρ^a_{NFi}	ρ^f_{NFi}	ρ^a_{MFi}	ρ^f_{MFi}	S_i
18	电气机械及器材制造业	161.5	58.2	7.5	6.9	43.1	6.4	6.6	9.5	5.2	8.5	6.2	5.39
19	通信设备、计算机及其他电子设备制造业	199.5	58.9	22.0	28.0	132.0	39.5	52.4	23.5	11.6	29.3	15.6	10.12
20	仪器仪表及文化、办公用机械制造业	126.6	38.1	11.6	9.4	36.8	9.7	9.0	15.3	6.9	12.2	7.1	1.05
21	其他制造业	125.1	52.8	22.5	13.9	33.1	16.4	12.8	26.5	4.3	16.2	3.9	1.02
22	电力、热力的生产和供应业	108.9	48.4	28.6	18.0	29.0	21.3	16.1	33.2	4.3	19.3	2.7	2.62
23	水的生产和供应业	154.6	88.3	26.1	16.4	29.8	19.8	15.1	30.5	4.8	17.5	2.9	0.12
24	燃气生产和供应业	202.9	127.5	23.2	15.3	41.8	18.8	15.2	28.1	6.8	17.1	3.7	0.07
25	建筑业	200.1	110.4	0.4	0.2	1.0	0.3	0.2	0.5	0.3	0.3	1.2	5.80
26	运输业	106.2	30.6	21.0	10.9	22.8	15.8	10.1	27.4	7.3	13.0	3.1	2.52
27	邮电业	133.1	26.0	10.6	8.0	36.5	10.0	9.2	14.3	5.2	11.5	3.2	0.07
28	批发和零售业	127.0	25.0	7.9	5.2	19.4	7.2	6.2	10.0	3.3	6.0	2.2	3.50
29	金融保险业	115.4	26.0	16.8	9.1	27.3	15.5	10.6	21.9	7.1	10.4	2.8	1.96
30	房地产业	98.8	4.7	2.4	1.3	5.3	2.4	1.5	3.8	9.0	1.5	0.5	1.70
31	商务服务及社会服务业	120.1	20.4	8.3	5.2	18.0	7.2	5.6	11.0	4.5	6.1	2.1	4.62
32	科教文卫业	98.5	11.5	4.9	2.8	6.0	4.1	2.9	6.9	11.0	3.3	1.9	3.27
33	公共管理和社会组织	104.8	0.3	0.1	0.1	0.3	0.1	0.1	0.2	0.1	0.1	0.0	1.39

通过实证篇的分析，我们发现 20 世纪 90 年代至 21 世纪初，我国产业结构呈现高加工度化，主导产业作为促进产业结构转变的主要推手，其增长诱因主要是出口。根据研究结果，主导产业已经出现由化学工业和金属冶炼及压延加工业等资本密集型制造业向以技术密集型制造业所代表的高加工度化产业转变的迹象。尤其是金属冶炼及压延加工业，交通运输设备制造业，电器、机械及器材制造业，通信设备、计算机及其他电子设备制造业和其他服务业是最主要的五个部门。

加入 WTO 之后，第一产业的增长速度依然相对缓慢，而 1997—2002 年间的产业结构趋向服务化的态势在加入 WTO 之后并没有显现。在带动经济增长、推动产业结构变化方面，作为主导产业的第二产业的贡献度越发明显。出口因素已成为所有主导产业增长的主要因素。例如通用、专用设备制造业和交通运输设备制造业的产出额 DPG 分别为 7.4 和 8.8，其中出口因素的影响效应分别为 5.5 和 4.3。特别是出口对通信设备、计算机及其他电子设备制造业的快速发展起到决定性作用。

资本密集型制造业和技术密集型制造业的自给率都显著提高。金属冶炼及压延加工业，通用、专用设备制造业，电器、机械及器材制造业，交通运输设备制造业和通信设备、计算机及其他电子设备制造业的自给率分别从 1992 年的 85.5%、84.6%、94.4%、86.6%和 88.2%上升到 2005 年的 98.4%、92.8%、110.6%、103.8%和 112.9%，这五个主导产业带动了经济增长，改善了出口贸易的结构，扩大了获取外汇的空间，并提升了满足国内最终需求的国内生产能力。

从全球生产分工角度而言，主导产业的生产对中间投入品的进口依存度呈上升趋势，反映出由本国技术升级所带动的增加值上升的效应未能显现。上述五个主导产业，特别是通信设备、计算机及其他电子设备制造业与国外经济的关联变得更为紧密的同时，吸收国外生产技术的溢出效应、带动自身技术升级方面的表现并不突出，如其生产出口品和国内最终品的对外技术依存度分别从 1992 年的 8%和 8.6%上升到 2005 年的 18%和 15%。加入 WTO 后，技术密集型产业的国内生产能力虽然得到明显的发展，而对外技术依存度出现上升的这一现象清楚地说明了技术密集型产业的发展还未完成从量变走向质变的转型过程。在进一步向高加工度产业升级的过程中，如何有效培育自主创新能力、加大政策定向扶持的力度应成为未来制定产业政策的内容之一。

如上述主导产业和技术升级的分析结果所示，我国在分析期间的经济增长引擎在于以通信设备、计算机及其他电子设备制造业为代表的技术密集型制造业。同时，由于主导产业的生产对中间品投入的进口依存度上升，反映出我国的这种经济增长路径，对带动国外的国民收入增长是十分有益的。从经济循环的角度而言，生产结构决定了分配结构，而分配结构又制约着生产结构。在我国快速实现工业化、主导产业领先发展的此消彼长中,传统产业渐渐呈现出发展动力不足、产业比重萎缩的态势,导致我国经济同时经历了一段消费增长低迷的发展过程。

通过实证分析发现,尽管通信设备、计算机及其他电子设备制造业在生产活动区块内对中间品的投入具有极大的诱发力,但是对劳动者报酬的诱发效应相比之下并不大,其单位产出增加不仅在提升劳动者报酬的诱发效应方面不如农业,在对农村居民消费的诱发效应方面也不如农业。究其原因在于以下两点:一是该产业属于技术密集型产业,相较于劳动密集型产业,其对资本的分配率相对较高。二是该产业诱发的进口中间品相对较多。在技术结构的约束下,诱发投入的中间品对进口中间品依存度越高,相应进口部分对国外收入的诱发效应越大,对国内劳动者报酬的诱发效应也会相对减少。另外,就分配结构而言,在 2002 年农业的劳动报酬依然是农村居民主要收入来源的现实情况下,农业增加值中劳动分配率的下滑,对农村居民消费支出造成了负面影响,减弱了对农业的反馈效应。农业低收入户与城市低收入户的消费支出增加对农业产出的诱发力出现下滑,其主要原因在于对农产品的居民平均消费倾向与 1997 年相比出现下降。

显然,农业的发展与农村居民的收入增长息息相关。自 2002 年底开始,我国政府大力推动农村税制改革,力争减轻农民的负担。若将这种减税视为农业的劳动分配率的上升,这将对农村居民收入增长产生正面影响,进而再度带动农业产出的增加,营造出一个农业发展和农民增收互动的良好循环。这对改善城市与农村收入差距将发挥积极的正向作用。但是,考虑到居民的消费结构中对农业产品的平均消费倾向呈现下降趋势,仅靠农业发展来改善城市与农村居民的收入差距,从长期而言会出现一定的局限性。因此,在重视农业发展的同时,农村企业或劳动力若能逐渐参与后向关联效应较大的技术型产业如电子信息产品制造业的产业链中,必将进一步改善城乡收入差距。当然,SAM 会计乘数效应较大的劳动密集型产业直接向农村转移,无论对扩大内需,还是对改善城乡收入差距,都是十分重要的。

与全国主导产业演变特征不同的是,上海的生产性服务业,如商务服务及社会服务业、运输业、科教文卫业作为主导产业的功能更为突出。从运输业的快速发展和进出口因素对上海经济发展的影响力来看,亚洲金融危机之后的上海产业结构的变迁是符合建设国际航运中心和国际贸易中心这两个发展目标的。特别是,调出因素对上海运输业的带动作用明显,这充分说明了上海的国际航运中心的成功打造离不开长三角区域的综合发展,做大做强省际贸易,深化区域内生产分工体系的相互依存度是未来上海四个中心建设成败的关键所在。

浙江与上海的发展趋势一样,生产性服务业,如金融保险业、商务服务及社会服务业、房地产业、科教文卫业和运输业作为主导产业的发展势头迅猛。但是,产业结构出现服务化的特征没有上海明显。电子设备制造业的发展在浙江并不突出，与该产业在长三角区域内其他省份担当最主要的主导产业不同，存在区域内分工的可能性。浙江的重化工产业部门发展速度显著，如石油加工、炼焦、煤气及核燃料加工业，金属冶炼及压延加工业，通用、专用设备制造业，交通运输设备制造业，电器、电子设备制造业和电力、热力的生产和供应业的发展积极促进了浙江经济的增长。调出因素与出口因素一样发挥了重要的带动作用，如调出因素对石油加工、炼焦、煤气及核燃料加工业，金属冶炼及压延加工业，通用、专用设备制造业和交通运输设备制造业增长的诱发作用已超过了出口因素的作用，这反映出浙江的工业化路径不仅仅倚重国际生产分工体系，同时更加注重国内生产分工体系的深化发展，有利于长三角区域的整体性发展。

江苏的主导产业发展趋势与上海和浙江明显迥异，其制造业发展速度明显快于服务业，未出现产业结构服务化的征兆，继续保持工业化发展路径的特征明显。出口因素对诱发江苏资本密集型和技术密集型产业的发展起到重要作用。特别是，电子设备制造业的出口因素发挥重要作用，说明国外市场的需求对促进江苏电子设备制造业的发展起到至关重要作用。但是，与上海的同产业发展相比，其特征有所不同，即调出因素对该产业的发展未能表现出强劲的诱发作用，这说明与上海相比，江苏的电子设备业嵌入国内生产分工体系的程度相对较小。另外，与上海和浙江的制造业发展特征相比来看，投资与调入因素对江苏制造业发展起到了更为积极的带动作用，而在上海和浙江的该产业发展中则未出现相同情况。江苏省的发展路径与全国机械制造业的发展路径极为相似，即通过国外市场扩大销路，做好出口创汇的同时，引导区内产业结构向“高加工度化”“分工化”发展，牢牢把握各产业间中间产品需求的扩大所带来的发展动力，最终提高自身的生产力。

沿海省份的技术密集型产业的生产能力并未向省外转移。其主要原因是技术密集型产业本身就是沿海省份实现产业升级的抓手。例如，通信设备、计算机及其他电子设备制造业的增长对上海和江苏的经济发展起到了至关重要的作用。然而，从天际图分析结果可知，其发展路径是依托出口带动产能提升，在部分生产技术上依赖国外的进口，重视加工贸易进而做大产值。因此，拥有技术竞争力的外国企业在该部门的比较优势十分清楚，如果区域间劳动力报酬不存在大幅差距，在需求依靠海外市场的格局不发生变化的预期下，吸引外国企业把生产能力从具有临海区位优势、产业集聚优势的沿海省份转移到贸易成本高的内陆省份事实上难以实现。

虽然我国产业转移方式没有完全遵循东亚国家间的雁行发展规律，但是沿海省市技术密集型的产业升级符合“进口增加带动国内生产能力上升进而促进出口增加”的发展模式。目前，沿海省份技术密集型产业仍然处于“干中学”的过程。因此,国内技术密集型企业无法积极地推动产能向内陆省份转移。此外,纺织业的需求很大程度上依赖海外市场,又因为国内劳动力要素的可移动性,造成了纺织业产能无法向生产要素更具比较优势的中西部内陆省份转移。简而言之,仅从国内发达地区与欠发达地区之间的产业转移方向而言,我国区域经济发展情况明显与东亚的雁行模式不吻合。

针对阻碍沿海省份向更具有劳动力报酬比较优势的中西部内陆省份转移生产能力的原因,本书提出三个方面的政策建议。

(1) 加大对技术密集型产业相关部门关键技术研发的投资力度。如新能源汽车、数码机床、工业机器人、光通信、专业医疗设备等。提升技术密集型产业产品附加价值,带动各部门生产效率的提高,从而进一步提高沿海省份的劳动力报酬。由于近年来,部分沿海省市已出现“用工难”的问题,如果沿海省份劳动力报酬进一步上升势必会促使劳动密集型产业率先做出转移的决定。

(2) 促进临近沿海的内陆省份基础设施建设,特别需要加强新兴工业区配套设施的建设。力争降低铁路、公路、河道等多渠道运输的成本,并倾斜性地降低内陆省份劳动密集型企业的各类税负,加强劳动力基本技能的培训,积极营造生产能力转移后所产生的利润率大于在沿海生产所得利润率的格局。

(3) 保持审慎稳健的货币政策,防止人民币汇率大幅升值,确保出口产业的国际竞争力不受人民币大幅升值的影响,从而稳定出口产业的就业水平,并管控城市的住房成本,进而提高城市居民对食品、服装、家居用品、出行、娱乐的消费能力,带动农产品、纺织品、服务业价格的合理上涨,有序地推动内陆省份承接劳动密集型产业转入的同时,加速促进沿海省份向技术密集型产业与服务业的转型。

不难发现,本书的实证篇研究成果的分析时间至今已过去 10 年甚至 20 年之久,其主要原因在于:一是投入产出表反映了产业和机构部门间相互依存关系的大量统计数据,一份投入产出表基础表从编制到公布在全球各个国家都需要 5 年以上的工作时间,因此利用投入产出表做经济结构的实证分析往往在时间上出现滞后性;二是本次三大关系的实证分析大多基于笔者之前已投稿的研究成果修改而成,所以在分析时间上未能反映出近年来我国经济增长和经济循环的相关特征。为此,笔者会在未来的研究中,继续围绕我国经济增长和经济循环的主题,深入研究全球经济一体化进程出现放缓后的世界经济分工体系的变化,对我国国民收入可持续增长造成的影响。

参考文献

[1] ADELMAN I, ROBINSON S. Income distribution policy in developing countries: a case study of Korea [M]. London: Oxford University Press, 1978.

[2] ALMON C Jr. A modified Leontief dynamic model for consistent forecasting or indicative planning [J]. Econometrica, 1963, 31(4): 665-678.

[3] ALMON C Jr. A perhaps adequate demand system [C]//Paper presented at the 4th Inforum World Conference at the Shonan Village Center, Japan: 1996.

[4] ALMON C Jr. A system of consumption functions and its estimation for belgium [J]. Southern Economic Journal, 1979, 46(1): 85-106.

[5] ALMON C Jr. The craft of economic modeling [M]. Needham Heights: Ginn Press, 1989.

[6] ALMON C Jr. The inforum approach to inter-industry model [J]. Economic Systems Research, 1991, 3(3): 1-7.

[7] ALMON C. Jr. The american economy to 1975: An interindustry forecast [M]. New York: Harper and Row, 1966.

[8] ARNDT S W. Globalization and the open economy [J]. North American Journal of Economics and Finance, 1997, 8(1): 71-79.

[9] ARROW K J. Alternative proof of the substitution theorem for Leontief models in the general case [M]//Brown G W. Activity analysis of production and allocation. New York: John Wiley & Sons, 1951.

[10] BARKER T, PETERSON W. The cambridge multisectoral dynamic model of the British economy [M]. New York: Cambridge University

Press, 1987.

[11] BARNA T. The structural interdependence of the economy [M]. New York: John Wiley & Sons, 1955.

[12] BERGSTRAND J H. The heckscher-ohlin-samuelson model, the linder hypothesis and the determinants of bilateral intra-industry trade [J]. The Economic Journal, 1990,100(403): 1216 - 1229.

[13] BLIN J M, COMBES J L, RENARDM F. Are the spillover effects between coastal and noncoastal regions in China [J]. China Economic Review, 2002 (13): 161 - 169.

[14] BLIN J M, MARPHY F. On measuring economic interrelatedness [J]. Review of Economic Studies, 1974,41(3): 437 - 440.

[15] BOOMSMA P, Oosterhaven J. A double-entry method for the construction of bi-regional input-output tables [J]. Journal of Regional Science, 2010,32 (3): 269 - 284.

[16] BRAKMAN S, GARRETSEN H, MARREWIJK V C. An introduction to geographical economics [M]. New York: Cambridge University Press, 2009.

[17] BRODY A. Proportion price and planning [M]. Amsterdam: North-Holland Publishing Company, 1974.

[18] BYRON R P. The estimation of large social account matrices [J]. Journal of the Royal Statistical Society, 1978,141(3): 359 - 367.

[19] CARTER A P, BRODY A. Applications of input output analysis [M]. Amsterdam: North Holland Publishing Company, 1970b.

[20] CARTER A P, BRODY A. Contributions to input output analysis [M]. Amsterdam: North Holland Publishing Company, 1970a.

[21] CHENERY H B, ROBINSON S, SYRQUIN M. Industrialization and growth: a comparative study [M]. New York: Oxford University Press, 1987.

[22] CHENERY H B, TAYLOR L. Development patterns: among countries and over time [J]. Review of Economics and Statistics, 1968,50(4): 391 - 416.

[23] CHENERY H B, SHISHIDO S, WATANABE T. The pattern of Japanese growth, 1914 - 1954 [J]. Econometrica, 1962,30(1): 98 - 139.

[24] CHENERY H B, WATANABE T. International comparisons of the

structure of production [J]. Econometrica, 1958,26(4): 487 - 521.

[25] CHENERY H B. Patterns of industrial growth [J]. American Economic Review, 1960,50(4): 624 - 654.

[26] CHENERY H B. Regional analysis [G]//CHENERY H B, CLARK P, PINNA V. The structure and growth of the italian economy. Rome: U. S. Mutual Security Agency, 1953.

[27] CHRISTALLER W. Die zentralen orte in suddeutschland [M]. Jena: Gustav Fischer Verlag, 1933.

[28] CHRISTENSEN L R, JORGENSON D W, LAU L J. Transcendental logarithmic production frontiers [J]. Review of Economics & Statistics, 1973,55(1): 28 - 45.

[29] CLARK C. The condition of economic progress [M]. 3rd ed. London: Macmillan, 1940.

[30] DEATON A, MUELLBAUER J. Economics and consumer behavior [M]. Cambridge: Cambridge University Press, 1980.

[31] DIETZENBACHER E, LINDEN J A van D, STEENGE A E. The regional extraction method: EC input-output comparisons [J]. Economic Systems Research, 1993,5(2): 185 - 206.

[32] DIETZENBACHER E, LINDEN J A van D. Sectoral and spatial linkages in the EC production structure [J]. Journal of Regional science, 2010,37(2): 235 - 257.

[33] DIETZENBACHER E, ROMERO I. Production chains in an interregional framework. Indentification by means of average propagation lengths [J]. International Regional Science Review, 2007,30(4): 362 - 383.

[34] DORFMAN R, SAMUELSON P A, SOLOW R M. Linear programming and economic analysis [M]. New York: McGraw Hill, 1958.

[35] EUROSTAT. The ESA 95 Input-output manual, compilation and analysis [M]. Version: August, 2002.

[36] FEENSTRA R C. Integration of trade and disintegration of production in the global economy [J]. Journal of Economic Perspectives, 1998,12(4): 31 - 50.

[37] FUJITA M, KRUGMAN P, VENABLES A J. The spatial economy: cities, regions, and international trade [M]. Cambridge: MIT Press, 1999.

[38] FUJITA M, THISSE J F. Economics of agglomeration: cities, industrial location, and regional growth [M]. New York: Cambridge University Press, 2002.

[39] GILLIS M, PERKINS D H, ROEMER M, et al. Economics of development [M]. New York: W. W. Norton and Co, 1992.

[40] GROENEWOLD N, LEE G, CHEN A. Regional output spillover in China: estimate from a var model [J]. Regional Science, 2007,86(1): 101 - 122.

[41] HARAGUCHI N, REZONJA G. In Search of general patterns of manufacturing development [J]. UNIDO Working paper, 2010.

[42] HELLEINER G K. Manufactured exports from less-developed countries and multinational firms [J]. The Economic Journal, 1973(83).

[43] HEWINGS G J D, OKUYAMA Y, SONIS M. Economic interdependence within the Chicago metroplitan area: a miyazawa analysis [J]. Journal of Regional Science, 2010,41(2): 195 - 217.

[44] HILDEBRAND G H, MACE A Jr. The employment multiplier in an expanding industrial market. los angeles county, 1940 - 47 [J]. Review of Economics and Statistics, 1950,32(3): 241 - 249.

[45] HIRSHMAN A O. The strategy of economic development [M]. New Haven: Yale University Press, 1958.

[46] HIRSHMAN A O. The strategy of economic development [M]. New Haven: Yale University Press, 1958.

[47] HOEN A R. An input-output analysis of european integration [M]. Amsterdam: Elsevier Science, 2002.

[48] HOFFMANN W G. Studien und typen der industrialisierung: ein beitrag zur quatitativen analyse historischer wirtscaftsprozesse [M]. Jena: Gustav Fischer, 1931.

[49] HOFFMANN W G. Studien und Typen der Industrialisierung: ein Beitrag zur Quatitativen Analyse Historischer Wirtscaftsprozesse [M]. Jena: Gustav Fischer, 1931.

[50] HUMMELS D L, RAPOPORT D, YI K M. Vertical specialization and the changing nature of world trade [J]. FRBNY Economic Policy Review, 1998,4(6): 79 - 99.

[51] IDE-JETRO. How to make Asian input-output tables institute of

developing economies [M]. JETRO, 2006.

[52] ISARD W. Interregional and regional input-output analysis: a model of a space-economy [J]. The Review of Economics and Statistics, 1951,33(4): 318 - 328.

[53] ISARD W. Location and space-economy [M]. Cambridge: MIT Press, 1956.

[54] JOHANSEN L A. A multi sectoral study of economic growth [M]. Amsterdam: North Holland Publishing Company, 1960.

[55] JOHNSON H G, LINDER S B. Review of S. B. Linder, an essay on trade and transformation [J]. Economica, 1964,31(21): 86.

[56] KALDOR N. The case for regional policies [J]. Scottish Journal of Political Economy, 2010,17(3): 337 - 348.

[57] KINDLEBERGER C P, HERRICK B H. Economic Development [M]. New York: McGraw-Hill, 1983.

[58] KLEIN L R. The supply side [J]. American Economic Review, 1978(1): 1 - 7.

[59] KLEIN L R. On the interpretation of professor Leontief's system [J]. The Review of Economic Studies, 1952,20(2): 131 - 136.

[60] KOOPMANS T C. Activity analysis of production and allocation [M]. New York: John Wiley & Sons, 1951.

[61] KRUGMAN P. Geography and trade [M]. Cambridge: MIT Press, 1991.

[62] KRUGMAN P. Increasing returns and economic geography [J]. Journal of Political Economy, 1991,99(3): 483 - 499.

[63] KRUMME G. Werner sombart and the economic base concept [J]. Land Economics, 1968,44(1): 112 - 116.

[64] KUZNETS S. Economic growth of nations: total output and production structure [M]. Cambridge: Harvard University Press, 1971.

[65] LEONTIEF W W, Strout A. Multiregional input-output analysis [G]// TIBOR B. Structural interdependence and economic development. London: Macmillan(St. Martin' Press), 1963.

[66] LEONTIEF W W. Input-output economics [M]. New York: Oxford University Press, 1966.

[67] LEONTIEF W W. Input-output economics [M]. New York: Oxford University Press, 1986.

[68] LEONTIEF W W. Studies in the structure of the American economy [M]. New York: Oxford University Press, 1953.

[69] LEONTIEF W W. The dynamic inverse [G]//CARTER A P, BRODY A. Contribution to input-output analysis. Amsterdam: North Holland Publishing Company, 1970.

[70] LEONTIEF W W. The structure of development [G]//LEONTIEF W W. Input-output economics, New York: Oxford University Press, 1966.

[71] LEONTIEF W W. Lags and stability of dynamic systems: A Rejoinder [J]. Econometrica, 1961,29(4): 674 - 675.

[72] LEONTIEF W W. Quantitative input and output relations in the economic system of the United States [J]. Review of Economics and Statistics, 1936, 18(3): 105 - 125.

[73] LEONTIEF W W. The structure of American economy: 1919 - 1939 [M]. New York: Oxford University Press, 1951.

[74] LÖSCH A. The economics of location [M]. New Haven: Yale University Press, 1954.

[75] LYSY F J, TAYLOR L. A computable general equilibrium model for the functional income distribution: Experiments for Brazil, 1959 - 1971 [R]. Development Research Center, World Bank, 1977.

[76] MARIA L, ANTONIO M. Income distribution in a regional economy: A SAM model [J]. Journal of Policy Modeling, 2004(26): 689 - 702.

[77] MILL J S. Principles of political economy: with some of their applications to social philosophy [M]. Toronto: University of Toronto Press, 1985.

[78] MILLER R E, BLAIR P D. Input-output analysis: foundations and extensions [M]. New York: Cambridge University Press, 2009.

[79] MILLER R E. Further results on interregional feedback effects in input-output models [J]. Western Economic Journal, 1969,7(1): 41 - 50.

[80] MOORE H L. Synthetic economics [M]. New York: Macmillan Company, 1929.

[81] MORISHIMA M. Walras's economics: a pure theory of capital and money [M]. New York: Cambridge University Press, 1977.

[82] MOSES L N. The stability of interregional trading patterns and input-output analysis [J]. The American Economic Review, 1955,45(5): 803 - 826.

[83] MYRDAL G. Economic theory and under-developed regions [M]. London: Duckworth, 1957.

[84] NG L S. An Income distribution and employment consistency model of the philippines [D]. Lowa: Lowa State University, 1974.

[85] NORTH D C. Exports and regional economic growth: a reply [J]. Journal of Political Economy, 1956,64(2): 165 - 168.

[86] NURKSE R. Problems of capital formation in underdeveloped countries [J]. Basil Blackwell, 1953,8(1): 413 - 420.

[87] OHLIN B. Interregional and international trade [M]. Boston: Harvard University Press, 1933.

[88] OKAMOTO N. Comparative analysis on China 1985 and 1990 input-output table [M]. Tokyo: Institute of Developing Economics, 1996.

[89] OOSTERHAVEN J, Linden J A van D. European community intercountry input-output relations: construction method and main results for 1965 - 1985 [J]. Economic Systems Research, 1997,9(4): 393 - 412.

[90] PONCET S. The magnitude of Chinese provinces' internal and interregional trade integration, is Chinese province's greater international openness threatening China's domestic market integration [C]. International Conference on the Chinese Economy, 2001.

[91] PORTER M E. Competitive advantage: creating and sustaining superior performance [M]. New York: Free Press, 1985.

[92] PREBISCH R. The economic development of Latin America and its principal problems [J]. Geographical Review, 1950,2010(1): 171 - 173.

[93] PYATT G, Thorbecke E. Planning techniques for a better future [M]. Geneva: International Labor Office, 1976.

[94] PYATT G. Employment and income policies for Iran: methodology for macro-economic projections [R]. Geneva: International Labor Office, 1972.

[95] PYATT G. Fundamentals of social accounting [J]. Economic Systems Research, 1991,3(3): 315 - 341.

[96] PYATTG, ROUND J I. Accounting and fixed-price multipliers in a social accounting matrix framework [J]. Economic Journal, 1979,89(356): 850 - 873.

[97] PYATTG, ROUND J I. Social accounting matrices [M]. Washington, D. C: The World Bank, 1985.

[98] RADELET S, Sachs J. Asia's reemergence [J]. Foreign Affairs, 1997,76(6): 44-59.

[99] RASMUSSEN P N. Studies in intersectoral relations [M]. Amsterdam: North-Holland Publishing Company, 1956.

[100] RICARDO D. On the principles of political economy and taxation [M]// SRAFFA P. Works and correspondence of David Ricardo [M]. New York: Cambridge University Press, 1951.

[101] ROLAND-HOLST D W, SANCHO F. Relative income determination in the united states: a social accounting perspective [J]. Review of Income and Wealth, 1992,38(3): 311-327.

[102] ROSENSTEIN-RODAN P. Problems of industrialization of eastern and southeastern Europe [J]. Economic Journal, 1943(53): 202-211.

[103] SAMUELSON P A. Abstract of a theorem concerning substitutability in open Leontief Models [G]//KOOPMANS T C. Activity analysis of production and allocation. New York: John Wiley & Sons, 1951.

[104] SATOSHI I, KUWAMORI H. Papers and proceeding of the international workshop: emergenceof Chinese economy and re-organization of Asian industrial structure, Asian international input-output series [M]. Tokyo: Development Studies Center, IDE-JETRO, 2007.

[105] SINGER H W. The distribution of gains between investing and borrowing countries [M]. American Economic Review, 1950(40): 473-485.

[106] SMITH A. An inquiry into the nature and cause of the wealth of nations [M]. London: Routledge, 1776,1808.

[107] SOLOW R M, SAMUELSON P A. Balanced growth under constant returns to scale [J]. Econometrica, 1953,21(3): 412-424.

[108] SOLOW R M. Competitive valuation in a dynamic input-output system [J]. Econometrica, 1959(27): 30-53.

[109] STONE R, STONE G. National income and expenditure [M]. London: Bowes and Bowes, 1977.

[110] STONE R. Linear expenditure systems and demand analysis: an application to the pattern of British demand [J]. Ecoonomic Journal, 1954(64): 511-528.

[111] STONE R. The social account from a consumer point of view [J]. Review of Income and Wealth, 2010,12(1): 1-33.

[112] THORBECKE E. Intersectoral linkages and their impact on rural poverty alleviation: a social accounting approach [R]. United Nations Development Organization (UNIDO), 1995.

[113] THÜNEN J H. Der isolierte Staat [M]. Oxford: Pergamon Press, 1826.

[114] TIEBOUT C M. Exports and regional economic growth [J]. Journal of Political Economy, 1956,64(2): 160 - 164.

[115] URATA S. Source of economic growth and structural change in China: 1956 - 1981 [J]. Journal of Comparative Economics, 1987,11(1): 96 - 115.

[116] VERNON R. International investment and international trade in the product cycle [J]. Quarterly Journal of Economics, 1966,80(2): 190 - 207.

[117] WEBER A. The theory of the location of industries [M]. Chicago: Chicago University Press, 1929.

[118] WURTELE Z S. A note on some stability properties of leontief's dynamic models [J]. Econometrica, 1959,27(4): 672 - 675.

[119] YAN C, AMES E. Economic interrelatedness [J]. Review of Economic Studies, 1965(32): 299 - 310.

[120] ZHANG Q, FELMINGHAM B. The role of FDI, exports and spillover effects in the regional development of China [J]. Journal of Development Studies, 2002,38(4): 157 - 78.

[121] “中国 2007 投入产业表分析应用”课题组. 正确认识出口贸易对中国经济增长的贡献[J]. 统计研究,2010(11): 3 - 8.

[122] 艾萨德. 区域科学导论[M]. 陈宗兴,尹怀庭,陈为民,等译. 北京: 高等教育出版社,1991.

[123] 安場保吉・江崎光男. 経済開発論[M]. 日本: 創文社,1985.

[124] 陈秀山,徐瑛. 中国制造业空间结构变动及其对区域分工的影响[J]. 经济研究,2008(10): 104 - 116.

[125] 范剑勇. 市场一体化、地区专业化与产业集聚趋势[J]. 中国社会科学,2004(6): 39 - 51.

[126] 高山晟. 開発経済学の現状[M]//安場保吉・江崎光男. 経済開発論. 日本: 創文社,1985.

[127] 高颖,何建武. 中国产业结构与收入分配的特征—基于中国 1997 年 SAM 的实证分析[M]//王其文、李善同. 社会核算矩阵. 北京: 清华大学出版

社,2008.
[128] 宫川幸三.スカイライン・チャートによる産業構造分析の新たな視点[J].産業連関,2005,13(2):54-66.
[129] 顾朝林,于涛方,张敏,等.长江三角洲城市群空间规划[J].城市与区域规划研究,2009,2(3):39-65.
[130] 国家统计局核算司,中国人民大学.可比价投入产出序列表[M].中国 1992～2005 年可比价投入产出序列表及分析[M].北京:中国统计出版社,2010.
[131] 国家信息中心.中国区域间投入产出表[M].北京:社会科学文献出版社,2005.
[132] 贺灿飞,谢绣珍.中国制造业地理集中与省区专业化[J].地理学报,2006,61(2):212-222.
[133] 华尔特・惠特曼・罗斯托.经济增长的阶段:非共产党宣言[M].郭熙保,王松茂,译.北京:中国社会出版社,2001.
[134] 贾晓峰,王家新,等.长三角产业结构研究[M].北京:经济科学出版社,2011.
[135] 蒋金荷.我国高技术产业同构性与集聚的实证分析[J].数量经济技术经济研究,2005,22(12):91-97.
[136] 蒋清海.论区域分工与区域产业结构的协调[J].求索,1995(5):13-18.
[137] 今川健・長谷川聰哲・篠井保彦.JIDEAモデルの作成とAccountant[J].総合政策研究.2001(8):291-323.
[138] 金继红.中国经济结构变化与二氧化碳排放实证分析[G]//彭志龙,刘起运,佟仁城.中国投入产出理论与实践:2007.北京:中国统计出版社,2009.
[139] 靖学青.长三角产业结构变动对经济增长贡献研究[J].上海交通大学学报,2009,17(5):59-64.
[140] 李国平,等.京津冀区域发展报告[M].北京:科学出版社,2014.
[141] 李国平.京津冀一体化发展战略及对策[J].前线,2014(8):103-105.
[142] 李靖宇,殷志林.东北地区成长为中国第四大经济增长极的现实论证[J].财经问题研究,2004(2):45-48.
[143] 李娜,王飞.中国主导产业演变及其原因研究:基于 DPG 方法[J].数量经济技术经济研究,2012(1):19-33.
[144] 李善同,冯杰.东北老工业基地改造和振兴的思路和建议[R].北京:国务院发展研究中心,2005.
[145] 李善同,高传盛,等.中国生产者服务业发展与制造业升级[M].上海:上海三联书店,2008.

[146] 李善同,何建武,等. 中国可计算一般均衡模型及其应用[M]. 北京：经济科学出版社,2010.

[147] 李善同,侯永志,冯杰. 实现地区协调发展的战略思路和政策措施[R]. 北京：国务院发展研究中心,2003.

[148] 李善同,齐舒畅,等. 2002 年中国地区扩展投入产出表：编制与应用[M]. 北京：经济科学出版社,2010.

[149] 李善同,王寅初. 中国宏观经济多部门动态模型(MUDAN)[G]//王慧炯,李伯溪,李善同. 中国实用宏观经济模型：1999. 北京：中国财政经济出版社.

[150] 梁琦. 中国制造业分工、地方专业化及其国际比较[J]. 世界经济,2004(12)：32－40.

[151] 刘红光,刘卫东,刘志高. 区域间产业转移定量测度研究——基于区域间投入产出表分析[J]. 中国工业经济,2011(6)：79－88.

[152] 刘红光,王云平. 中国产业发展报告(2012—2013)：我国产业跨区域转移研究[M]. 北京：经济管理出版社,2013.

[153] 刘勇. 关于促进中部崛起战略的四点思考[R]. 北京：国务院发展研究中心,2005.

[154] 刘再兴,等. 区域经济理论与方法[M]. 北京：中国物价出版社,1996.

[155] 刘志彪,郑江淮,等. 长三角转型升级研究[M]. 北京：中国人民大学出版社,2012.

[156] 刘遵义,陈锡康,杨翠红,等. 非竞争型投入占用产出模型及其应用—中美贸易顺差透视[J]. 中国社会科学,2007(5)：91－103.

[157] 罗浩. 中国劳动力无限供给与产业区域黏性[J]. 中国工业经济,2003(4)：53－58.

[158] 潘文卿,李子奈,中国沿海与内陆间经济影响的反馈与溢出效应[J]. 经济研究,2007(5)：68－77.

[159] 潘文卿,李子奈. 三大增长极对中国内陆地区经济的外溢性影响研究[J]. 经济研究,2008(6)：85－94.

[160] 潘文卿. 地区间经济影响的反馈与溢出效应[J]. 系统工程理论与实践,2006(7)：86－91.

[161] 曲玥,蔡昉,张晓波. “飞雁模式”发生了吗？对 1998—2008 年中国制造业的分析[J]. 经济学(季刊),2013,12(3)：757－775.

[162] 沈利生,吴振宇. 出口对中国 GDP 增长的贡献——基于投入产出表的实证分析[J]. 经济研究,2008(11)：33－41.

[163] 沈玉芳,等.产业结构升级与城镇空间模式协同性研究——以长江三角洲地区为例[M].北京:科学出版社,2009.

[164] 石敏俊,张卓颖.中国省区间投入产出模型与省区间经济联系[M].北京:科学出版社,2012.

[165] 市村真一,王慧炯.中国经济区域间投入产出表[M].北京:化学工业出版社,2007.

[166] 苏东水,等.产业经济学[M].北京:高等教育出版社,2005.

[167] 陶为群,陶川.马克思两部类扩大再生产模型中的投资乘数[J].当代经济研究,2011(6):19-24.

[168] 通商産業大臣官房調査統計部.昭和35年地域間産業連関表による日本経済の地域連関分析[M].日本経済新聞社,1967.

[169] 王诚尧.改革个人所得税制完善收入分配调节机制[J].财政研究,2004(2):10-15.

[170] 王海鸿.中国工业区际分工程度研究[J],中国工业经济,1997(3):38-42.

[171] 王慧炯,李伯溪,李善同.中国实用宏观经济模型1999[M].北京:中国财政经济出版社,1999.

[172] 王巾英.中国利用外资:理论、效益、管理[M].北京:北京大学出版社2002.

[173] 王其文,李善同,高颖,等.社会核算矩阵[M].北京:清华大学出版社,2008.

[174] 魏后凯.重构“十一五”中国区域经济版图[N].上海证券报,2006-02-06.

[175] 吴群刚,杨开忠.关于京津冀一体化发展的思考[J].城市问题,2010(1):11-16.

[176] 夏兴园,胡俊超.区域经济协调与我国中部地区的经济发展[J].经济评论,2005(4):63-67.

[177] 小岛清.海外直接投資論[M].ダイヤモンド社,1977.

[178] 小岛清.日本貿易と経済発展[M].日本:国元書房,1958.

[179] 徐春华,吴易风.马克思经济学与西方经济学“加速原理”比较研究[J].当代经济研究,2015(8):37-44.

[180] 徐赟.2002年中国SAMの構築[J].産業連関,2012,20(2):165-175.

[181] 闫海洲.长三角地区产业结构高级化及影响因素[J].财经科学,2010(12):50-57.

[182] 杨翠红,裴建锁.中国对外贸易中的进口依赖度的研究[G]//彭志龙,刘起运,佟仁城.中国投入产出理论与实践2007.北京:中国统计出版社,2009.

[183] 杨公仆,干春晖,等.产业经济学[M].上海：复旦大学出版社,2005.
[184] 杨公朴,夏大慰,等.产业经济学教程[M].上海：上海财经大学出版社,2002.
[185] 杨建文,等.产业经济学教程[M].上海：学林出版社,2004.
[186] 张公嵬,梁琦.产业转移与资源的空间配置效应研究[J].产业经济评论,2010,9(3)：7－27.
[187] 曾刚,林兰,叶森.长三角区域产业联动的理论与实践[J].上海城市规划,2011(2)：18－25.
[188] 张亚雄,齐舒畅.中国区域间投入产出表[M].北京：中国统计出版社,2012.
[189] 张亚雄,赵坤.区域间投入产出分析[M].北京：社会科学文献出版社,2006.
[190] 郑敏.产业集聚与区域经济增长关系研究——对长江三角洲地区的实证研究[J].中国城市经济,2010(9)：34－35.
[191] 周利群.京津冀都市圈的崛起和中国经济发展[M].北京：经济科学出版社,2012.
[192] 周振华.论战略产业扶植培育政策[J].财经问题研究,1992(1)：20－25.
[193] 祝尔娟.京津冀一体化中的产业升级和整合[J].经济地理,2009,29(6)：881－886.
[194] 左学金.泛长三角产业转移与区域合作[J].江淮论坛,2010,239(1)：10－13.

索 引

S

T

W

X

Y

Z